Les Carnets d'Esther

Florence Roche

Les Carnets d'Esther

Édition du Club France Loisirs,
avec l'autorisation des Éditions De Borée.

Éditions France Loisirs,
123, boulevard de Grenelle, Paris
www.franceloisirs.com

Le Code de la propriété intellectuelle n'autorisant, aux termes des paragraphes 2 et 3 de l'article L. 122-5, d'une part, que les « copies ou reproductions strictement réservées à l'usage privé du copiste et non destinées à une utilisation collective » et, d'autre part, sous réserve du nom de l'auteur et de la source, que les « analyses et les courtes citations justifiées par le caractère critique, polémique, pédagogique, scientifique ou d'information », toute représentation ou reproduction intégrale ou partielle, faite sans le consentement de l'auteur ou de ses ayants droit ou ayants cause, est illicite (article L. 122-4). Cette représentation ou reproduction, par quelque procédé que ce soit, constituerait donc une contrefaçon sanctionnée par les articles L. 335-2 et suivants du Code de la propriété intellectuelle.

© Éditions De Borée, 2014.

ISBN : 978-2-298-07880-0

Aux lectrices et aux lecteurs
de France Loisirs,
avec toute ma sympathie.

Partez avec Esther sur les
traces d'un musicien réchappé
des camps de la mort.
Une histoire à rebondissements,
un destin hors du commun,
entre Paris et New York.

Bien à vous,

F. Roche

Prologue

C'est curieux comme la chaleur est déjà vive. Il est pourtant à peine 10 heures du matin. Il est là, près des ruines de la petite chapelle, juste derrière la villa, comme convenu. Il est là, qui attend. Le ciel est tellement bleu qu'il paraît blanc, laiteux, avec des nuages allongés qui ressemblent à des résidus de coton égarés çà et là, flottant au loin sur les collines. Dans un autre contexte, il aurait aimé s'asseoir sur le banc en bois et contempler, respirer, se reposer.

Il passe le revers de sa manche sur son front moite. Il devrait quitter sa veste noire et rester en chemise. Mais il en est incapable, trop tendu. Il est fébrile. Il est anxieux. Il a peur.

Il n'a pas envie de le revoir. L'autre. Cet autre. Cet ami de toujours qu'il aimait, qu'il admirait. Celui qui avait changé sa vie par le passé. Celui qui avait sauvé sa vie. Celui qui avait adouci sa vie. Celui qui lui avait donné confiance en lui, celui qui lui avait appris à rire, à réussir. Celui qui lui avait permis de marcher droit, la tête haute, faisant taire le mépris des autres.

Cela fait tellement longtemps qu'ils ne se sont pas vus. Vingt ans. Vingt années qui lui ont permis de se reconstruire une vie riche et dense.

Il est parcouru par un frisson d'angoisse qui le fige. Et si son ami lui demandait des comptes ?

S'il cherchait à revenir sur le passé pour lui faire des ennuis ?

S'il venait gâcher sa réussite après toutes ces années sans nouvelles ?

Pourquoi ce rendez-vous ?

Il hésite à s'enfuir. Il vacille. Il doute encore. Ses pensées s'emmêlent, s'entrechoquent, le fatiguent, l'épuisent. Il a un nouveau frisson plus glacial que le premier. Son ventre se noue. Il a la nausée. Il ne peut pas revenir sur le passé. Il ne le veut pas. Sa vie est enfin pleine et satisfaite après les traumatismes, les souffrances endurées autrefois. Il regarde droit devant lui, se retourne, marche de long en large d'un pas rageur pour se donner une contenance et apaiser ses craintes.

— Bonjour, mon ami, prononce soudain un homme derrière lui.

Mon Dieu ! frissonne-t-il. Cette voix. C'est la voix de son fidèle compagnon. De son frère d'adoption, de son autre. Une voix tellement grave qu'elle en est belle, profonde, percutante. Cette voix qui l'avait aidé à se redresser, à se relever, la tête haute, de multiples fois.

Il se tourne vers lui.

Il est là.

Il est là à le regarder avec le même sourire franc qu'autrefois. Son amitié paraît intacte, bien au fond de ses yeux, au milieu de mille autres émotions. Ses cheveux sont complètement blancs, maintenant, ainsi que ses épais sourcils qui se rejoignent sur son nez bombé. Des rides profondes sillonnent son visage. Il a conservé cette même impression de bonté que par le passé. Mais il porte les marques de profonde tristesse qu'il n'avait pas autrefois. Une tristesse nouvelle. Certainement l'ancrage de ses souvenirs de guerre. Son regard clair a conservé le pouvoir d'exprimer ses sentiments. Il peut encore y lire dedans. Il y voit du bonheur.

— Je suis heureux de te voir, confirme l'homme.

— J'aurais préféré qu'on ne se revoie pas, répond-il tout bas, comme s'il craignait que quelqu'un les entende.

L'ami le regarde avec de la peine. Il a encore sa grande taille et ses épaules larges même si son dos est légèrement voûté. Il articule :

— La vie nous a bien maltraités… Mais sache que tu es dans chacune de mes pensées. Je ne t'ai pas oublié et je sais ce que je te dois.

— Moi aussi, je te dois beaucoup. Nous sommes quittes. Nous ne pouvons plus nous fréquenter sans briser ce que nous avons sauvé de la guerre. Sans briser celle que nous aimons. Je ne voulais pas te revoir.

— Dis-moi comment elle est.

— À quoi cela servirait-il ? s'agace-t-il en triturant nerveusement les boutons de sa veste.

— Elle est heureuse ?

— Très.

— Alors je suis rassuré… et content. Sache que je pense beaucoup à elle et que je t'envie de vivre à ses côtés.

— Tu dois partir… Tu dois rester éloigné de nous. Tu me l'avais juré.

— Ne te trompe pas sur mes intentions. Tu es la dernière personne à laquelle j'ai envie de nuire… Si je suis revenu te voir, c'est pour te dire quelque chose d'important.

— Quoi ?

— Elle a tout compris…

— Quoi ? articule-t-il dans un souffle.

— Elle sait depuis quelques semaines ce que nous avons fait.

— Mon Dieu…

— Elle a trouvé mes souvenirs de guerre… Je lui ai tout avoué. Elle est en France et j'ai peur de ce dont elle est capable.

Chaque mot le frappe en plein cœur. Il tangue. Il suffoque. Il perd pied. Il a l'impression que la terre se dérobe sous lui. Son ami reste impassible, toujours figé derrière son regard clair, imperturbable, inébranlable, comme il l'était déjà dans les pires situations de leur jeunesse. Comme il l'avait été durant cette nuit de juillet 1942 où les policiers avaient débarqué dans l'immeuble pour y semer la terreur.

Il doit se ressaisir face à ce monstre de sang-froid, face à cette force de caractère. Il doit réagir.

Il s'approche de lui. Comme pour le serrer dans ses bras mais il glisse furtivement une main dans la poche de sa veste, sort son revolver Mas 1892 8 mm et lui tire une balle en plein cœur.

Son ami le contemple un instant, incrédule, et murmure dans un dernier souffle :

— Je ne voulais pas te la reprendre… Je voulais juste te mettre en garde…

Puis l'ami s'écroule, mort. Sa tête roule sur le côté, à même la terre du chemin.

Il s'agenouille près du corps, serre une de ses mains, prend sa tête dans ses bras et remonte son buste contre le sien pour le serrer une dernière fois. Des larmes inondent ses joues. Il a abattu celui qui avait le plus compté dans sa vie. Il venait de se tuer par moitié. De se meurtrir. Et il serre cet ami absolu et unique qu'il vient de tuer froidement, sans sommation ni explication. Cet ami qu'il vient d'abattre comme un ennemi, pris d'une panique immaîtrisable.

Qu'a-t-il fait ?

Soudain, il se ressaisit et pose le corps à terre.

Vivement, il se relève. Il regarde autour de lui. Personne. Il voit la vieille chapelle restaurée. Il empoigne le cadavre par les épaules et le tire dans l'édifice. Il y fait frais. Il y fait sombre. Avec mille efforts, il traîne le cadavre pour le cacher. Il parvient à la crypte, voit une ancienne dalle rabattue contre un mur. Il la pousse et glisse le cadavre derrière, à l'abri des regards. Puis il tombe à genoux, se prend la tête entre les mains et pousse un hurlement de chagrin.

Personne ne devait savoir.

Personne ne devait comprendre.

Surtout pas elle.

Première partie

LESCURE & Co

I

Esther s'était réveillée le cœur léger et heureux en ce matin du 3 août 1962. Elle venait d'avoir vingt-trois ans et la vie était belle. Elle avait des projets et des idées plein la tête. À midi, toute la famille et les administrateurs de l'entreprise mangeraient ensemble sur la grande terrasse de la villa. C'était la coutume à la fin de chaque été, pour la réouverture de l'usine dont on arrêtait la production trois semaines en août. Elle comptait en profiter pour faire une annonce. Elle avait un grand projet dans lequel son père la suivrait, elle n'en doutait pas. Elle se réjouissait d'avance en songeant au regard fier qu'il poserait sur elle, comme une caresse, devant les autres. Il dirait sûrement, comme il se plaisait à répéter : « Ma fille est une grande chef d'entreprise. » Et il sourirait en la serrant dans ses bras massifs qu'elle aimait tant.

Pendant ses plus jeunes années à Melun, la vie de l'entreprise et son avenir ne l'avaient guère préoccupée. Elle n'aimait pas ce large bâtiment de tôles qui avalait des centaines d'ouvrières chaque matin, pour les rejeter le soir. Elle aimait encore moins les bureaux attenants à l'entreprise, avec leurs murs crépis et leurs grandes fenêtres derrière lesquelles son père, Bertrand, passait ses journées. Il rentrait à la villa seulement pour dîner, fatigué, l'esprit préoccupé. Le soir, il s'enfermait dans son bureau pour finir des papiers. Parfois, elle venait lire sur le fauteuil, près de lui, quand il le permettait et c'étaient des moments de plaisir. Elle l'observait alors du coin de l'œil, ce père qui faisait toute son admiration. Elle se sentait en sécurité. Elle se savait guidée. Inconsciemment, elle prenait modèle sur lui et ne doutait pas qu'il était le meilleur des hommes d'affaires, et surtout le meilleur des pères.

Bertrand était un homme de taille moyenne, mais au physique massif, avec des épaules larges sur lesquelles aboutissait un cou épais. Les travaux paysans de l'enfance avaient façonné sa stature comme celle d'un forçat. Les cheveux, bruns, étaient épais et rappelaient les sourcils broussailleux qui soulignaient un regard noir sur un nez large et bombé. Une impression d'infinie douceur se dégageait de ce visage pourtant masculin et rustique. Il avait de larges mains qu'Esther aimait par-dessus tout, ces mains qui la serraient, ces mains qui la portaient, qui glissaient sur ses cheveux. La présence de Bertrand à ses côtés avait sauvegardé Esther de toute forme d'angoisses juvéniles et elle s'était construit une personnalité équilibrée et saine. Sa seule crainte était de décevoir ce père qu'elle admirait sur tous points. Alors elle s'était toujours appliquée à le satisfaire, à le surprendre, à le combler de fierté. Il n'avait jamais rien eu à lui reprocher.

En vivant à ses côtés, elle avait appris de lui, jour après jour, l'importance du travail et l'opiniâtreté. Bertrand avait été un modèle. Il incarnait la force tranquille. Il était un roc.

Quand Bertrand était à la villa, les soirs ou les dimanches, les frères d'Esther, Jean-Paul et Thierry, cessaient de se moquer d'elle ou de la chahuter. Ils se tenaient à carreau. Bertrand ne tolérait pas qu'on ennuie sa fille ou qu'on lui refuse quoi que ce soit. Ce régime de faveur était un sujet de querelle permanent entre son père et sa grand-mère, Honorée, qui vivait avec eux. Bertrand avait dû faire appel à elle quand il s'était installé à Paris pour l'aider à élever les trois enfants. Honorée était venue de son Auvergne natale pour s'occuper des enfants et suppléer son fils dans leur éducation. Elle tenait déjà ce rôle en Auvergne. En effet, leur maman était morte, des années plus tôt, juste après la naissance d'Esther, d'une tuberculose mal soignée.

Honorée était une femme simple qui avait conservé de son enfance paysanne le goût du jardinage et des économies. La vie n'avait pas été facile pour elle. Elle avait dû travailler dès l'enfance dans les champs. À cinq ans, elle avait été placée dans les fermes pour garder les bêtes. On lui avait montré bien peu d'intérêt et elle n'avait pas reçu d'affection. Aussi elle avait élevé Esther et ses deux frères sans grandes démonstrations d'amour, d'une façon rude mais avec un dévouement sans bornes. Elle avait remplacé leur mère tant bien que mal, préparant les repas, lavant leur linge, tenant la villa propre. Au fond, elle aimait profondément ses trois petits-enfants mais sans pouvoir le dévoiler par des gestes ou des mots. On ne lui avait jamais montré comment faire, on ne lui avait pas appris le langage des sentiments. Ses trois petits-enfants étaient pourtant toute sa vie.

Quand Bertrand avait commencé à devenir riche et qu'il avait acheté la villa, il avait embauché des domestiques et une cuisinière. Esther avait alors une dizaine d'années. Elle se souvenait parfaitement que sa grand-mère n'avait pas apprécié. Honorée ne supportait pas l'inactivité, elle qui avait toujours travaillé durement. Elle assimilait l'oisiveté à la paresse, à une mauvaise vie. Elle reprochait à son fils de devenir un «bourgeois» et, dans sa bouche, c'était une insulte. Honorée continuait à s'affairer en cuisine ou au ménage de la villa, comme autrefois, aux côtés des domestiques, malgré les réprimandes de son fils. Leurs altercations étaient vives et fréquentes. Ils n'étaient pas d'accord concernant l'éducation d'Esther. Honorée reprochait à Bertrand de céder aux caprices de sa fille, alors qu'il était très ferme avec ses deux fils. Et elle n'avait pas tort, Esther en avait bien conscience. Son père avait toujours eu un faible pour elle et il la surprotégeait, projetant sur elle son propre ressenti, ses émotions, comme si elle était son double.

Ses deux frères étaient entrés en pension au collège des jésuites, à Paris, dès leurs onze ans. Ils ne revenaient à la villa qu'aux vacances de Noël et l'été. Comme Esther était plus jeune qu'eux, elle avait vécu trois années seule avec Bertrand. Quand elle avait été en âge de partir en pension, au collège, pour suivre sa scolarité après le certificat d'études, elle n'avait pas supporté l'internat. Elle avait fugué dès le premier soir, s'élançant sur la route qui menait à la villa de Melun, seule, en pleine nuit, incapable de pouvoir dormir loin de son père. On l'avait retrouvée morte de fatigue sur le bas-côté du chemin au petit matin. Bertrand n'avait pas insisté. Le chagrin de sa fille lui avait été insoutenable. Il supportait mal, lui aussi, leur séparation. Il avait donc ordonné à son chauffeur d'emmener sa fille chaque matin au collège, à plus de quarante kilomètres, et d'aller la rechercher le soir.

De fait, Bertrand et Esther avaient vécu ensemble pendant de longues années. Une grande complicité s'était construite entre eux et un amour sans bornes les liait. Bertrand se retrouvait en sa fille. Il se reconnaissait en elle. Il aimait sa spontanéité, sa façon impatiente et fougueuse de mordre la vie à pleines dents. Elle aimait rire, elle aimait parler, elle écoutait les conversations des adultes et sa maturité le surprenait parfois. Elle ne travaillait guère en classe mais comprenait tout des chiffres. Esther était intelligente sans chercher à se cultiver. Elle avait surtout du bon sens, et elle faisait l'admiration de son père. Parfois, Esther demeurait des heures assises dans le bureau, à ses côtés, à vérifier ses comptes en posant les additions, les soustractions, les divisions en même temps que lui, comme un jeu. Elle travaillait vite et interprétait bien les chiffres. Très jeune, elle avait commencé à soumettre des idées sur la production de l'entreprise.

Quand sa grand-mère la surprenait à traîner dans le bureau de son père, tard le soir, à fouiner dans ses affaires, elle s'agaçait et répétait inlassablement que ce n'était pas la place d'une jeune fille collégienne de bonne famille de gérer une entreprise. Bertrand souriait et lui répondait toujours : « Maman, on n'est plus au début du siècle… » Il y avait un monde entre eux, ces quelques années d'après-guerre qui avaient vu l'émancipation des femmes et leur entrée dans la vie active. Bertrand ne comptait pas laisser sa fille devenir une femme au foyer. Il avait des ambitions pour elle, au même titre que pour ses deux fils dont il avait suivi la scolarité scrupuleusement. Bertrand avait construit une entreprise plus puissante d'année en année pour ses enfants. Pour qu'ils ne soient jamais dans la misère comme il avait pu l'être. Il voulait leur donner l'instruction qui lui avait manqué. Lui, tout ce qu'il avait appris, il l'avait appris sur le tas, en travaillant dur, ses connaissances étant réduites au niveau du certificat d'études.

Lorsque Bertrand avait pris la direction de l'affaire, en 1942, il ne s'agissait que d'un petit atelier textile. Il avait rebaptisé l'entreprise *Lescure et Co*. Il y avait une vingtaine d'employées qui travaillaient à la confection de robes toutes simples, qui correspondaient aux restrictions et à la pénurie des années 1940. Bertrand avait réussi à attirer une clientèle plus huppée en faisant des vêtements d'un genre nouveau, avec des jupes allongées sous le genou, des bustiers et des guêpières mais, surtout les tout premiers pantalons. Les vêtements étaient vendus dans la boutique de la rue des Charmilles, à Paris, dans le 13e arrondissement. Les ateliers étaient situés dans le fond du rez-de-chaussée derrière la boutique.

Après guerre, Bertrand avait fait le choix de se consacrer aux vêtements pour femmes, abandonnant les vêtements pour enfants et pour hommes. Il avait été un des premiers à se lancer dans la mode New Look sans hésitation. Il avait recruté un modéliste qui concevait des costumes féminins à la taille enserrée, longueur mi-mollet avec les hanches marquées. Il mettait sa note personnelle dans ses conceptions pour se distinguer : ses productions avaient des tons de rose et de gris. Il avait réussi à créer le bleu invisible, un bleu très clair qui plaisait beaucoup aux dames. Il mélangeait aux tissus des dentelles, rajoutait des poches aux jupes, créait des manteaux deux tiers. Mais surtout, il était allé rapidement vers la production massive de tailleurs-pantalons et de sous-vêtements sans gaine. Audacieux, dès les années 1950 il s'était bâti une réputation dans la mode féminine et il travaillait avec de nombreuses maisons de couture. Il avait initié le système des licences en 1955. Il faisait fabriquer des vêtements de *Lescure et Co* à des entreprises situées partout en France, bien que ses propres ateliers fonctionnent encore. Mais il les avait délocalisés à Melun pour pouvoir doubler la superficie et se faire construire une belle villa dans une propriété attenante. Depuis, les bénéfices étaient en constante hausse.

Bertrand avait dû se rendre à l'évidence rapidement. Seule sa fille aurait les épaules pour reprendre les affaires. Ses deux fils ne répondaient pas à ses attentes, sans doute parce qu'il leur avait trop mis la pression. Au collège et au lycée, Thierry avait été un brillant élève. Il avait raflé tous les prix. Il s'était passionné très tôt pour la littérature et le droit, ne présentant aucune motivation pour les affaires. Après son bac, il avait décidé de devenir avocat et l'ensemble des professeurs avait intercédé en sa faveur. À contre-cœur, Bertrand avait accepté de l'inscrire en faculté de droit en espérant un revirement. Bien au contraire, d'année en année, son fils avait acquis la certitude qu'il était fait pour les tribunaux. Il regardait même son père de haut, avec un mépris à peine feint pour le monde des affaires qu'il jugeait bassement matérialiste.

Il avait espacé ses visites à la villa, s'étant établi à Paris *intra-muros* où il avait ouvert son cabinet. Depuis peu, il avait rencontré une jeune femme, stagiaire en droit, avec laquelle il allait se fiancer.

Quant au second fils de Bertrand, Jean-Paul, il avait été renvoyé de deux lycées, successivement, l'année de ses dix-huit ans, sans décrocher le baccalauréat. Il n'avait aucun goût pour les études mais n'en témoignait pas davantage pour l'entreprise de son père. Indolent, instable et au fond bien fragile, Jean-Paul s'adonnait aux jeux de cartes et d'argent dans tous les troquets de la ville. Il était incontrôlable, dormant la journée, disparaissant la nuit, dilapidant des fortunes dans l'alcool et les paris en tous genres. Bertrand avait tout essayé pour le canaliser. L'autorité, l'enfermement, la patience, les confidences, et même l'hospitalisation pour le sevrer de l'alcool, en vain. Le père avait renoncé. Il avait mis tous ses espoirs sur sa fille et ne le regrettait pas.

Esther était encore plus ambitieuse, plus moderne, plus douée que lui. Très tôt, elle lui avait été d'excellent conseil parce qu'elle était une jeune fille dans le vent, coquette. Depuis qu'elle avait une quinzaine d'années, elle épluchait les magazines de mode et accompagnait son père à tous les défilés, tous les rendez-vous avec les couturiers. Elle avait abandonné les études avant le baccalauréat. Elle en savait suffisamment sur les chiffres. Et puis, avec le temps, le lien d'avec son père avait été encore plus puissant. Il était professionnel. Bertrand et Esther ne pouvaient se séparer bien longtemps et aucun n'entreprenait quelque chose sans l'avis de l'autre. La fille était devenue la seconde main du chef. Mais des deux, on ne savait dire qui gouvernait vraiment tant ils étaient en symbiose. Esther assistait son père au bureau, pour recevoir les clients, choisir les coloris, envisager les modèles. Souriante, polie, elle avait un véritable don pour le commerce. Les clients l'appréciaient et les employés l'avaient prise en affection. Elle mettait de la joie et de la jeunesse dans l'entreprise.

Elle partait souvent marcher dans Paris, dans les lieux en vogue et elle observait les dames. Elle esquissait des croquis à tout moment et les stylistes de l'entreprise s'en inspiraient largement. Esther fabriquait des modèles qu'elle essayait elle-même. Grande, fine, elle avait les mensurations idéales pour servir de modèle. Lorsque les stylistes partirent en retraite, elle prit leur place, tout naturellement. À vingt ans, elle était la conceptrice des vêtements dont elle déterminait les matières et les formes. Grâce à elle, l'entreprise était restée à la pointe de la mode des années 1960. C'est elle qui avait suggéré à son père l'idée des jupes repliées, retroussées ou enroulées dans leurs ourlets. Cela avait été un succès alors que tout le monde craignait que son projet ne soit prématuré.

Dans le métier, elle s'était construit sa petite renommée, malgré son jeune âge, tant en raison de sa réussite et de ses connaissances du milieu qu'en raison de sa beauté. Elle avait un de ces visages dont on se souvient, sans qu'il soit parfait, mais d'un charme insolent. Sa bouche, aux lèvres fines qu'elle se plaisait à maquiller de rouge clair, paraissait toujours sourire. Son nez, droit, fin, légèrement relevé, lui donnait un air éveillé, un peu enfantin, qu'accentuait le regard bleu foncé. Ses cheveux très noirs retombaient indisciplinés sur son front et ses tempes, dans de multiples frisures naturelles. Même lorsqu'elle se coiffait d'un chignon serré sous un chapeau plat, des mèches folles s'échappaient sur le côté et sur la nuque. Elle était à la fois élégante et sauvage. Son allure gracile attirait les regards. Elle avait de la classe. Elle semblait évoluer sur un fil quand elle se déplaçait, glisser plus que marcher, danser plus qu'avancer. En plus de ce physique remarquable et adapté à sa profession, Esther avait une grande vivacité d'esprit. Elle avait beaucoup de repartie et une capacité à convaincre les clients qui aurait pu être utilisée malhonnêtement tant elle tenait de la puissance. Mais elle croyait vraiment en ce qu'elle faisait, en ce qu'elle vendait.

Justement, Esther comptait bien être convaincante en ce jour. Son projet devait être accepté, à tout prix. Elle devait y parvenir, être audacieuse tout en restant crédible. Il pouvait être jugé farfelu de prime abord. Elle voulait faire de la vente par correspondance : que l'entreprise produise un catalogue et prenne des commandes à distance. Esther s'était rendu compte que les jeunes femmes des campagnes ou des petites villes avaient du mal à s'habiller à la mode, peinant à se rendre dans les grandes villes pour fréquenter les boutiques en vogue. Elle voulait donc développer la vente par correspondance pour gagner en clientèle. Il fallait, pour ce faire, embaucher du personnel pour recevoir les commandes et préparer les expéditions. Elle avait déjà trouvé une imprimerie qui avait accepté de travailler avec l'atelier pour faire le catalogue de présentation. Son projet était ficelé. Il ne lui manquait que l'accord de son père et l'approbation du conseil de direction.

II

Esther enfila la robe trapèze qu'elle avait fait faire sur mesure. Elle voulait en tester l'effet au cours du dîner. Elle lissa ses cheveux coupés au carré en espérant qu'ils ne refriseraient pas aussitôt et les laissa détachés. Elle descendit dans le salon pour prendre son petit déjeuner. Jean-Paul dormait encore et sa place était vide. Thierry et sa jeune fiancée, Gladys, finissaient leurs tartines, l'un près de l'autre, en discutant à voix basse. Esther toussota à son arrivée de peur de troubler leur intimité. Elle leur lança gaiement :

— Bonjour, les tourtereaux… Papa n'est pas là ?

— On ne l'a pas vu ce matin. Il est sorti très tôt d'après les domestiques, répondit Thierry.

— Très tôt ? s'étonna Esther, l'air contrarié.

— Il ne te dit peut-être pas tout, petite sœur, la taquina Thierry avec un clin d'œil qui fit vaguement sourire sa fiancée.

Esther se servit un grand café noir qu'elle avala sans sucre ni lait. Puis elle s'assit près de son frère, l'air contrarié.

— Votre père n'a jamais refait sa vie ? demanda Gladys en beurrant une autre tartine.

— Non, coupa Esther, agacée par cette simple idée.

Elle avait du mal à supporter Gladys. Depuis qu'on lui avait présenté la jeune fille, elle ressentait pour elle une sorte d'antipathie teintée de méfiance. Pourtant, généralement, Esther était profondément liante. Elle aimait les gens, elle aimait les rencontres et le contact, ce qui faisait sa réussite dans le métier. Mais Gladys portait une zone d'ombre, quelque chose de louche en elle qui intriguait Esther au point de la mettre sur la défensive. Gladys était observatrice, troublante. Elle paraissait tout écouter. Elle était impénétrable, insaisissable et Esther craignait ces personnalités troubles qui se jouaient des autres. Elle trouvait que son frère s'était fiancé bien rapidement avec cette jeune étudiante en droit qu'il avait rencontrée en début d'année. Il en était visiblement très amoureux et Esther le jugeait aveuglé par cette flamme subite. Il fallait reconnaître que Gladys avait du charme. Sans être belle, elle était séduisante. Ses cheveux blonds, coupés très courts au-dessus de l'oreille, retombaient en frange sur un regard très bleu. Le nez était un peu trop long, les traits étaient secs mais ils traduisaient un caractère ferme et déterminé. Elle avait une bouche expressive avec des lèvres charnues et sensuelles. De petite taille, elle était très fine. De dos, on eût dit une fillette. Pourtant, dans sa démarche, il y avait une élégance qu'Esther avait remarquée immédiatement de son œil aguerri de modéliste.

— Après la mort de ma mère, Bertrand n'a jamais regardé une autre femme, expliqua Thierry à sa fiancée.

Il avait l'habitude de parler de son père en le nommant Bertrand, comme pour marquer la distance qu'il y avait entre eux.

— Il a voué sa vie au travail. Il est marié à son entreprise, poursuivit-il en s'appuyant sur le dossier de sa chaise. Parfois, il ramenait une conquête mais ce n'était jamais durable.

— Et alors ? s'agaça Esther. C'est bien compréhensible, non ? Il a fait d'un petit atelier textile une maison de couture prestigieuse.

— Un petit atelier ? Tu exagères, sœurette, la reprit Thierry qui s'adressait à elle comme à une enfant. Quand papa a récupéré l'affaire, l'ancien propriétaire faisait déjà un gros chiffre, je te signale.

— Et c'était qui l'ancien propriétaire ? glissa Gladys.

— Le meilleur ami de mon père.

— Il lui a vendu l'affaire ? insista Gladys.

— Non, répondit Thierry. Il la lui a donnée.

— Donnée ? demanda Gladys interloquée.

— Léguée, en quelque sorte, précisa Thierry.

— Quelle chance ! souffla-t-elle entre ses dents.

— Ça suffit ! les interrompit Esther hors d'elle.

Comment Thierry pouvait-il se livrer aussi ouvertement ? Pourquoi parlait-il de sa famille avec autant de liberté, comme si cela ne le concernait pas ?

— Quoi ? lui rétorqua-t-il. Qu'est-ce qui te choque ? Je ne peux pas me confier à ma fiancée ?

— Ton père et ta sœur ont peut-être quelque chose à cacher…, glissa Gladys sur un ton qu'Esther jugea inacceptable.

Qui était cette mijaurée ? Esther avait remarqué son air observateur et sa manie d'écouter aux portes. Elle connaissait son frère depuis quelques mois à peine et se permettait des indiscrétions malvenues. Esther lui jeta un regard glacial que la fiancée ignora en insistant :

— Alors ? Qui c'était cet ami ?

— Elzear Bensoussan. Il lui a tout légué en septembre 1941, dit Thierry.

— Pourquoi ça?

— Il était juif. Il savait qu'il allait être inquiété et que son atelier allait être saisi, à cause des lois antisémites. L'aryanisation à la française, quoi… Il a jugé préférable de tout léguer à mon père qui avait un nom bien franchouillard. Ils ont rebaptisé l'entreprise *Lescure et Co*.

— Je vois…, dit Gladys d'un air entendu. L'ami idéal en période vichyste…

— Qu'est-ce que vous croyez? coupa Esther en haussant le ton et en se relevant, ulcérée par l'aplomb de la fiancée. Qu'on l'a volée cette entreprise? Pourquoi nous questionnez-vous de la sorte?

— Simple curiosité, mademoiselle Esther, se défendit Gladys avec un sourire qui portait une marque de provocation évidente.

— Vous voulez peut-être voir nos archives? Tout est écrit, en clair et en net. Elzear a donné l'atelier à mon père!

— Remarque, c'était un chic type cet Elzéar, dit Thierry pour essayer de mettre fin à la tension entre sa sœur et sa fiancée.

— Tu te souviens de lui? demanda Gladys, intriguée.

— En 1942, j'avais presque six ans. Je le voyais beaucoup car notre appartement était au-dessus de celui de sa famille. Il mangeait souvent à la maison. Il me faisait rire. Il avait beaucoup d'humour… Cela me changeait de mon père qui était d'un sérieux décapant.

— Je te rappelle que papa a vécu des choses difficiles pendant la guerre ! lança Esther avec un regard meurtrier. Il a les soucis d'un chef d'entreprise. Il n'a pas le temps de s'amuser.

— Je vois que ton père a un excellent avocat, railla Gladys en jetant un regard de biais à Esther.

— Oh ! c'est pas nouveau, expliqua Thierry d'un ton faussement détaché qui dissimulait mal sa rancune. Tu comprendras vite qu'Esther est la fille chérie de Bertrand… Sa doublure en plus parfaite… comme il se plaît à le dire… Quand il a compris que Jean-Paul et moi nous contrefichions de son entreprise, il a tout misé sur la petite dernière.

Esther le foudroya du regard.

— Remarque, reprit-il, cela nous a plutôt arrangés, Jean-Paul et moi, car Bertrand a arrêté de nous bassiner avec ses histoires de succession…

— Tu es injuste, Thierry, le coupa Esther, peinée. Profondément injuste… Papa aurait aimé que vous lui succédiez parce qu'il a toujours voulu nous offrir ce dont il a été privé.

— Il a toujours voulu nous construire à son image, oui ! En ignorant nos désirs et nos aspirations. Où est la liberté dans pareille éducation ?

— Il t'a laissé te libérer. Tu es bien devenu avocat, comme tu le souhaitais, non ?

— À quel prix ! Après combien de disputes… Il a mis du temps à accepter mes différences, à accepter que je ne serai jamais un bourgeois capitaliste, ambitieux et borné.

— Mais tu craches dans la soupe ! lui cria Esther.

— J'ai honte de mon milieu, si tu veux savoir.

— De quoi ? Tu as honte de quoi ? le défia-t-elle, l'œil allumé de colère.

— Que nous ayons grandi dans une fortune gagnée sur le boulot des ouvrières-couturières.

— Là, tu exagères. Papa les a toujours bien payées et il respecte les conventions.

— Tu parles… Il est comme tous ces gros bourgeois sans scrupules !

— Tu l'insultes maintenant ! hurla Esther. Tu sais ce que tu lui dois ?

— Rien.

— Comment ça, rien ?

— Je te rappelle que notre père chéri ne m'a pas donné un sou pour acheter mon étude. Je suis endetté jusqu'au cou.

— Il t'avait averti.

— Et je n'ai reçu de lui aucune forme d'amour. Toute sa réserve était pour toi. Tu le sais très bien.

— Tu règles tes comptes, ce matin ? Devant une inconnue ! souffla Esther atterrée.

Gladys se releva du fauteuil où elle finissait un thé, jeta sa serviette sur la table et sortit. Vexée.

Un silence se fit.

— Tu es contente ? demanda Thierry à sa sœur.

— Elle est louche cette fille, avec sa manie de vouloir tout savoir, se calma Esther.

— Cette fille, comme tu le dis, est ma future femme.

— Que sais-tu d'elle ?

— Mais je t'en prie ! lui cria Thierry. Quitte cet air inquisiteur et méfiant ! On dirait papa. Gladys fait un stage dans mon étude, je la connais très bien. Elle finit son droit puis on se marie.

— Et sa famille ?

— Elle n'a plus que son père qui vit à l'étranger. Quoi qu'il en soit, j'en suis fou.
— L'amour rend aveugle.
— Tu m'agaces à la fin ! On en reparlera quand tu auras trouvé l'homme de ta vie.
— J'ai pas besoin de mari.
Thierry éclata de rire :
— Sœurette, tu es tout le portrait du paternel… Tu n'as pas besoin de mari comme lui n'a pas de femme. À quoi cela vous servirait-il ? À vous, les patrons mariés, à votre belle entreprise. Si tu sortais un peu de son influence ? Si tu vivais un peu pour toi, selon ta propre personnalité ? Tu es la marionnette de Bertrand.
La porte du salon claqua. Jean-Paul apparut, les yeux bouffis, le teint rouge, l'air endormi.
— C'est un conseil de guerre ou quoi ! lança-t-il. Vous en faites une tête !
— T'as pas vu la tienne, de tête ! rétorqua son frère en éclatant de rire.
Jean-Paul avança vers eux et se laissa tomber dans un fauteuil. Esther lui tendit un café en souriant d'un air entendu :
— Tu as joué toute la nuit, je suppose.
— Joué, bu et baisé. C'est ça ma vie, sainte Esther.
Ils rirent tous les trois et Esther mesura qu'ils étaient encore complices malgré leurs différences. Ils étaient encore les trois enfants de la villa de Melun, ces trois mêmes enfants qui avaient grandi ensemble, dans l'ombre de leur père, sous l'attention de leur grand-mère, à se disputer sans cesse pour mieux s'amuser ensuite.

— Combien as-tu perdu cette nuit ? demanda Thierry.
— En putes ou en jeux ? ricana son frère.
— Les deux ? s'amusa Esther.
— À peu près ce que vingt ouvrières du père gagnent en un mois...
Il se releva difficilement et s'approcha du coffre à bouteilles. Il se servit un whisky sous l'œil réprobateur d'Esther et de Thierry.
— Que fais-tu ? demanda sa sœur.
— Je bois.
— À cette heure ?
— Je n'aime pas voir le monde sans ivresse. Il me fait gerber.
— Tu ne fais pas partie des mal lotis, il me semble, lança Esther en lui enlevant la bouteille des mains.
— Sainte Esther ! Tu es l'ange, moi le démon.
Il lui lança un baiser de la main, avala son verre d'un trait et se laissa retomber sur le fauteuil.
— Je crois que tu dois changer de vie, Jean-Paul, lui dit Thierry soudainement très sérieux.
— Pourquoi ? Pour te ressembler ? Je ne t'envie pas.
— Tu te ruines la santé, reprit son frère.
— Je vis.
— Tu vis mal, glissa Esther en venant poser une main sur son épaule.
Il la prit délicatement et y déposa un baiser.
— Sainte Esther. Priez pour moi... pauvre pécheur !
— Arrête ! cria-t-elle en retirant sa main. Arrête tes sarcasmes, tes provocations. Parle-nous !
— De quoi ? s'étonna-t-il en se relevant et en marchant vers le coffre à bouteilles.
— Pourquoi te détruis-tu ? demanda Esther.

Il la regarda d'un air étrange, comme si elle avait touché le point sensible.

— Pourquoi refuses-tu une vie normale ? insista-t-elle.

— C'est quoi pour toi une vie normale ? La vie que tu mènes ? rétorqua-t-il. C'est normal ça, de travailler sans cesse sans jamais s'amuser ni profiter ? Je te l'ai dit, Esther, la vie sans artifices m'ennuie.

— Tu en as peur ?

— Je n'y ai aucune place. Et puis arrête tes questions de psychiatre. Papa m'a déjà fait soigner chez les fous où on te pose un tas de questions inutiles et idiotes.

— Tu dois guérir, coupa Thierry.

— C'est vous qui êtes malades. Toi, Thierry, avec ta carrière d'avocat à construire, tes ambitions, tes idées de gauchos qui bouffent du caviar... Toi, sœurette, à vivre collée au père, répondant à tous ses désirs de réussite et de gloire. C'est vous qui vous trompez de direction mais vous êtes incapables de douter, de réfléchir, de changer. Vous êtes comme lui...

— Pourquoi le détestes-tu ? lança Esther en tentant de dissimuler sa peine.

— Qui ?

— Tu sais très bien de qui je parle. De papa ! Pourquoi le détestes-tu ?

— Je ne le déteste pas. Il me fait rire.

— Il te fait... rire ?

— Oui... Toute sa vie est une méchante parodie. Il court après une fortune qui ne le rend pas heureux, il n'y a qu'à voir sa tête... Il passe son temps à concevoir des vêtements pour des femmes superbes qu'il ne touche jamais... Il paye des domestiques qui n'ont pas de travail parce que Honorée fait tout. Il s'est fait construire la plus belle et la plus grande villa de la région mais il y est seul avec sa fifille adorée… Tout est drôle. Jusqu'à ses deux fils qui lui font un pied de nez.

— Il nous le fera payer, ne t'en fais pas, intervint Thierry sur un ton qui interpella Esther.

— Que veux-tu dire ? demanda-t-elle en la regardant dans les yeux.

Elle y vit beaucoup de rancœur.

— Il veut dire qu'on n'aura pas un sou, coupa Jean-Paul en riant. Ni lui ni moi.

— Mais qu'en savez-vous ? articula Esther, stupéfaite.

— On le connaît bien, va ! Il nous a menacés assez souvent de nous déshériter si on ne suivait pas sa voie. Il le fera.

— Il m'a bien laissé m'endetter sur trente ans pour l'étude, fit remarquer Thierry amer.

— Je m'en fous, moi, de son pognon, dit Jean-Paul.

— Tu ne devrais pas, cher ami, rétorqua Thierry. Tu le dilapides chaque nuit. Comment payeras-tu tes virées nocturnes sans papa ?

Jean-Paul haussa les épaules, soupira, se laissa tomber contre le dossier en soufflant :

— Je me prostituerai !

Et il éclata d'un grand rire tonitruant auquel répondit Thierry de bon cœur. Esther les observa, interdite. Ils lui apparurent soudain comme deux étrangers.

Gladys revint dans la pièce, sans frapper, l'air pincé :

— Pourquoi ils rient comme ça, les deux frangins ? demanda-t-elle à Esther d'un ton sec.

— Parce que mon père va les déshériter. Et je crois qu'il fait bien ! lança-t-elle.

Les deux garçons redoublèrent de rires et Esther finit par pouffer, elle aussi. Gladys, interdite, vint s'asseoir près de son fiancé. Quand ils furent calmés, elle demanda :

— Dites-moi, c'est la grand-mère cette vieille dame qui vit au second ?

— Oui, notre grand-mère Honorée, répondit Thierry en tentant de reprendre son sérieux mais le fou rire le guettait.

— Elle n'a pas l'air bien liante… J'ai frappé à sa porte pour la saluer, elle n'a pas ouvert…

— Honorée est de nature méfiante… Comme moi, coupa Esther.

— Elle passe ses journées derrière la vitre à regarder dehors ? insista Gladys en ignorant la remarque de sa future belle-sœur.

— Honorée est une solitaire, dit Thierry. Mais c'est une femme extraordinaire.

— C'est la dame qui vous a élevés, c'est ça ?

— Vous êtes décidément bien renseignée…, ne put s'empêcher d'observer Esther.

— Elle est fâchée avec Bertrand, expliqua Thierry. Ils ne s'adressent presque plus la parole.

— Je me suis toujours demandé pourquoi grand-mère n'aimait pas son fils…, glissa Jean-Paul. On dirait qu'elle lui en veut… Et cette impression va grandissant, non ? J'ai le sentiment qu'elle lui reproche quelque chose.

— Du passé ? intervint Gladys.

— C'est une femme simple qui n'apprécie pas le luxe dans lequel se vautre papa, tout simplement, dit Thierry.

— Arrête ! Tu n'es pas dupe de ce mensonge, j'espère, l'interrompit son frère. Il y a une raison à leur fâcherie, j'en suis certain. Un truc ancien… Un soir, quand j'étais gamin, je les ai surpris en train de se quereller.

— Non ? le taquina Thierry. Pas possible ? C'est si rare qu'ils s'enguirlandent !

— Je t'assure que c'était sérieux.

— Du genre ?

— J'ai pas tout entendu mais Honorée lui disait qu'il n'aurait jamais dû accepter un marché, en 1942…

— Un marché ?

— Ouais, une affaire, un truc comme ça.

— Et papa, qu'est-ce qu'il disait ?

— Que ça ne la regardait pas. Que c'était son choix à lui… Honorée parlait de fantômes qui viendraient lui chatouiller les pieds… un jour.

Gladys n'en perdait pas une miette. Esther éclata d'un rire forcé pour couper court aux épanchements devant une inconnue.

— Mon pauvre Jean-Paul, prononça-t-elle. Tu es sûr que tu ne picolais pas déjà ?

— Tu rigoles ! J'avais une quinzaine d'années. Je t'assure qu'ils s'engueulaient sérieux.

— Bizarre, dit Thierry.

— Bon, eh bien, on va peut-être s'activer un peu, non ? lança Esther. Les premiers invités ne vont pas tarder.

— Quel ennui ce sempiternel repas du mois d'août…, soupira Jean-Paul. Heureusement qu'on a du bon vin.

— Arrête ! lui sourit sa sœur.

— Si ! Je t'assure. Je ne suis plus capable de supporter un repas pareil sans alcool.

— Ne te rends pas ridicule comme l'an dernier, s'il te plaît ! le gronda Esther.

— L'an dernier ? Je ne m'en souviens pas. Qu'est-ce que j'ai fait ?

— Je te rappelle que tu t'es endormi sur l'épaule de la vieille modéliste Dumas !

— Non ? Quelle horreur !

Il partit d'un grand rire en entraînant les autres dans son hilarité.

— Bon, cette année, je me placerai à côté d'une des mannequins de l'entreprise ! Je suppose qu'il y en aura ?

— Oui, le rassura sa sœur. Père a invité Mlle Solange et Mlle Véronique. Celles qui posent actuellement pour nos photos de présentation sur les revues…

— Je soupçonne Bertrand de les inviter pour tenter de me trouver une fiancée bien comme il faut, dit Jean-Paul. Mais j'aime pas les flamants roses !

— Quel rapport entre mes mannequins et les flamants roses, cher frère ? demanda Esther en riant.

— Les jambes, sainte Esther, les jambes… Et les tiennes n'en sont pas très éloignées…

— Méchant ! rit Esther en se ruant sur son frère pour lui tambouriner sur le torse.

Il attrapa sa main, la baisa et fit basculer sa sœur sur le fauteuil, sur ses genoux comme quand ils étaient enfants.

— Tu es la plus belle femme qui soit sur terre, sainte Esther ! s'écria-t-il en la décoiffant. Mais avoue que tu as des jambes de sauterelle !

— Alcoolique, se défendit-elle en tentant de s'échapper.

— C'est vrai que vous êtes très belle, Esther, dit Gladys.

Les deux frères et la sœur tournèrent la tête vers elle, et s'immobilisèrent, surpris du compliment.

— Ressemblez-vous à votre défunte mère ? ajouta Gladys d'un ton glacial.

Esther blêmit. Thierry ouvrit de grands yeux ahuris.

— Non, répondit Jean-Paul pour mettre fin à la gêne. Notre maman était jolie, douce, polie, réservée. Notre sœur ne lui ressemble pas. Elle tient du père.

On ne savait pas s'il plaisantait ou non. Il se fit un silence pesant.

— Et toi, chéri, tu te souviens de ta mère ? lui demanda tout à coup Gladys sans sourciller.

— Peu… Mais enfin pourquoi me parles-tu de ma mère aujourd'hui ?

— Il y a un mystère dans votre villa, une espèce de secret qui me captive… Votre père qui demeure célibataire, votre grand-mère qui l'ignore…

— Vous devriez être flic, plutôt qu'avocate, lui jeta Esther, furieuse.

— J'y songerai.

— Bon ! lança Jean-Paul, allons rejoindre les premiers convives… et préparer l'apéritif !

III

La cour de la villa était déjà envahie de voitures. Les invités y accédaient depuis le grand chemin en terre, bordé de platanes taillés, qui traversait la première moitié du parc. L'accès à la villa rappelait les grandes propriétés du XIXe siècle dans lesquelles il fallait franchir un vaste portail d'entrée avant de pénétrer dans le domaine de façon solennelle et pompeuse. De fait, toute la propriété des Lescure était fermée, soigneusement délimitée et protégée à la vue par des haies vives très hautes qu'entretenait le jardinier. Ce dernier avait aussi pour tâche d'agrémenter les jardins qui s'étalaient en contrebas de la villa, des deux côtés. Au-delà, derrière l'habitation, le domaine était encore très vaste. Une partie servait de pâture aux chevaux dont la présence avait demandé la construction d'une grande écurie rectangulaire, en pierre. Elle était surmontée d'une grange où le jardinier entreposait le foin pour l'hiver et ses instruments de travail. L'autre partie du domaine, au-delà de l'écurie, était recouverte de bois. Tout au fond, il y avait deux collines qui cachaient une chapelle en ruine que Bertrand affectionnait. Souvent, les soirs d'été, il marchait jusqu'à cet endroit et y demeurait quelques minutes pour y trouver calme et repos. Il y allait parfois à cheval, en rentrant de balade. Il disait que cet endroit était un havre de paix, un lieu où il parvenait parfois, à force de rêveries et de réflexion, à trouver des solutions pour la bonne marche de son entreprise. Alors il rentrait à la villa avec un air serein et assuré qu'Esther aimait lui voir.

On entrait dans la villa par un double escalier à trois niveaux qui partaient de chaque côté du perron. Il aboutissait sur une immense terrasse qui courait tout le long de la façade de la demeure. La villa avait une forme de U, inspirée des bâtiments républicains construits à la fin du XIXe siècle. Ce plan lui conférait de l'harmonie, une impression d'ordre et de bonnes proportions, sans austérité grâce au jeu des couleurs qui mettait une touche de fantaisie. La partie centrale était rectangulaire, bâtie sur deux étages percés de grandes et hautes fenêtres. Leurs encadrements étaient en briques apparentes qui rappelaient la couleur du toit. La couleur de fond de la bâtisse était un crépi légèrement jaune qui donnait à la villa un air méditerranéen que la teinte des volets, en blanc cassé, appuyait. Un vaste salon occupait tout le rez-de-chaussée et ouvrait sur la terrasse. Derrière, il y avait les cuisines et, à l'étage, trois chambres, deux salles de bains. L'aile gauche était occupée par le bureau de Bertrand au rez-de-chaussée. Il ouvrait lui aussi sur la terrasse. L'étage était le domaine réservé d'Honorée qui avait un appartement avec un balcon qu'elle passait du temps à fleurir tout au long de l'année. L'aile droite était conçue sur le même modèle. Elle restait partiellement inoccupée. Il y avait trois petits salons boudoirs et d'autres chambres, pour les invités et les amis, qui étaient rares. Aussi Bertrand permettait aux domestiques d'y loger, ce qui rendait la villa plus vivante.

À l'intérieur, la décoration restait sobre et classique. Les parquets étaient en bois ciré, sauf en cuisine où il y avait un carrelage blanc et dans les chambres qui avaient de la moquette. Les plafonds étaient blancs, décorés par une moulure. Les murs étaient garnis de tapisseries épaisses, souvent de couleurs chaudes. Il y avait peu de tableaux, quelques décorations, mais rien de très chargé. Bertrand se plaisait à dire que la vie auvergnate lui avait appris la simplicité. Dans les pièces, il y avait des cheminées de marbre rouge qu'on n'allumait jamais depuis l'installation du chauffage central.

Esther demeura un long moment dans le salon avant de sortir rejoindre les convives sur la grande terrasse. Elle déambulait au travers des invités regroupés près du buffet, en saluant machinalement. Elle était oppressée, sans pouvoir comprendre la cause de ce mal-être, elle qui d'ordinaire aimait le monde et les réceptions mondaines. Elle avait un mot pour tous, souriait de son mieux mais une boule nouait son estomac. Les réflexions de Gladys l'avaient heurtée, agacée mais aussi interpellée. Après tout, elle n'avait pas tort cette petite fouineuse. Bien des mystères pesaient sur les relations entre son père et sa grand-mère. L'acharnement de Bertrand au travail n'était-il pas une fuite ? Comme le témoignage d'une profonde plaie qu'il cherchait à oublier ?

Esther voulait retrouver son assurance, son calme. Mais, à plusieurs reprises, les regards indiscrets et scrutateurs de Gladys ajoutèrent à son trouble. Elle attendait l'arrivée de son père avec l'espoir de se ressaisir. Sa simple présence l'avait toujours guérie de tous les doutes. Mais oserait-elle lui parler des questions qui martelaient son esprit ?

Elle mesura que la fusion avec son père n'était pas synonyme d'intimité. Elle ignorait tout du passé de Bertrand, de son histoire personnelle et amoureuse, de son enfance.

Alors qu'elle gardait les yeux dans le vague, songeuse, en proie à toutes ses réflexions, son regard fut attiré par une épaisse fumée noire qui montait dans le ciel bleu. Elle envahissait l'espace, derrière le toit de la villa, au fond de la propriété.

— Au feu, au feu ! hurlèrent bientôt des voix alors qu'elle ne parvenait pas à bouger.

Les domestiques et les invités se précipitèrent vers l'arrière de la propriété. Esther les suivit, accrochant la main de Jean-Paul qui était passé près d'elle, alerté lui aussi par les cris. C'était la grange qui brûlait, au fond du jardin. Les chevaux de l'écurie avaient pu être libérés à temps et ils piaffaient dans les jardins, effrayés par le bruit et l'odeur du feu qui dévorait la bâtisse.

— Mon Dieu, articula Esther en s'immobilisant devant ce spectacle terrifiant.

Des flammes immenses surgissaient par les ouvertures et les toits. Elles avaient un crépitement qui semblait être une voix. La fumée avait rendu l'atmosphère irrespirable. C'était apocalyptique. Esther demeurait immobile, incapable de faire un geste, figée par l'effroi.

— Où est mon père ? demandait-elle en vain à toutes les personnes qui passaient près d'elle en courant de toutes parts.

L'angoisse finit par la forcer à s'asseoir, les yeux rivés sur ce travail du feu, fascinant et terrifiant. C'était la première fois de sa vie qu'elle avait peur. Une peur profonde, insupportable.

— Reprends-toi, sœurette, vint lui dire Thierry en tentant de la relever pour qu'elle s'éloigne des lieux.

Les domestiques et les convives faisaient la chaîne pour arroser les alentours du bâtiment et endiguer les flammes.

— C'est affreux, murmura Esther à son frère.

— Ce n'est pas grave, calme-toi. Les bêtes sont toutes sauves. Le feu va s'arrêter. Les pompiers sont prévenus. On va devoir reporter le repas, c'est tout.

Il toussa, suffoqué par la fumée.

— J'ai si peur, susurra Esther comme pour elle-même, n'analysant pas son trouble.

— Pourquoi ? Tu ne risques rien.

— Je ne vais pas très bien, dit-elle en se relevant grâce aux bras de son frère. Je ne comprends pas ce qui m'arrive.

— Tu as vu papa ? demanda Thierry.

— Non, tout le monde l'attend.

— Je ne comprends pas où il est. Le jardinier m'a dit qu'il était sorti tôt ce matin. Seul. En costume et avec sa mallette.

— Ce matin tôt ? Mais pourquoi ? demanda Esther.

— Il a dû aller aux bureaux. Mais il n'y est plus, Jean-Paul en revient.

La panique terrassa Esther. Et si son père était dans la grange au moment du feu ? Elle vacilla. Elle tenta de se reprendre, au bord de l'étourdissement. Que serait-il allé faire dans la grange un dimanche matin ?

Il fallait qu'elle cesse de divaguer. Sa pâleur extrême inquiéta son frère.

— Esther, oh ! Ressaisis-toi, lui conseilla-t-il en la secouant un peu rudement par les épaules.

Les camions des sapeurs-pompiers entrèrent dans la propriété dans le vacarme des sirènes. Les hommes jaillirent des véhicules, éloignèrent les badauds et commencèrent leur lutte contre les flammes. Esther recula peu à peu et rejoignit la terrasse où elle se laissa tomber sur un fauteuil, glacée sous le soleil d'août et malgré la chaleur dégagée par l'incendie. Ce fut à peine si elle vit les invités quitter les lieux, les uns après les autres, avec un air gêné et compatissant.

Quand elle se décida à retourner près de la grange, elle peina à se relever. Elle était à bout de forces. Son père n'était pas revenu. Il était près de 13 heures. Jamais il ne s'absentait plus d'une demi-journée sans lui dire où il était. Elle n'osait réfléchir davantage. Un gouffre s'ouvrait devant elle. Elle était convaincue qu'il ne reviendrait pas et cette simple pensée lui procurait une douleur incommensurable.

Elle rejoignit ses deux frères qui parlaient avec un pompier devant les restes calcinés de la grange. Les trois hommes s'arrêtèrent de discuter en la voyant approcher. Alors elle comprit que son intuition était juste.

— Esther, prononça Thierry doucement en saisissant la main de sa sœur.

— Papa était dans la grange, c'est ça ? dit-elle calmement en le fixant.

— Les pompiers ont trouvé un corps calciné… avec la gourmette en or de Bertrand… au poignet…

Esther sentit le gouffre qui la menaçait s'ouvrir devant elle et la happer. Elle perdit connaissance. Ce fut la seule défense que son corps trouva pour survivre à la douleur.

Quand elle revint à elle, elle était dans sa chambre, allongée sur son lit. Elle avait sommeil. Elle se souvenait du visage prévenant du docteur qui lui faisait une piqûre. Ses pensées la ramenèrent à la mort de son père et la lame du chagrin lui déchira le cœur. Elle lutta pour rester éveillée, malgré la peine, mais le sommeil la reprenait, la soulageait, puis la rejetait encore dans la réalité du réveil, jouant avec elle comme un chat avec une souris agonisante. Elle tenta de se redresser sur son oreiller, de garder les yeux ouverts. Elle fut certaine de voir une silhouette près de son bureau, comme une ombre, un fantôme. La silhouette s'approcha d'elle, la fixa, la toisa. Des yeux la regardaient. Encore ce regard ombrageux et sondeur. Encore Gladys, là, à son chevet.

— Que me veux-tu ? articula Esther en tendant sa main vers l'ombre fugitive qui disparut aussitôt dans un claquement de porte.

Esther se rendormit pour un temps qui lui parut court mais qui dura des heures.

IV

Au matin de l'enterrement, Esther décida d'arrêter les calmants prescrits par son médecin pour l'aider à affronter l'épreuve. Elle devait accepter le deuil, pour grandir. Vieillir. Pour survivre malgré la souffrance. Elle ne serait plus jamais une jeune fille un peu insouciante. Elle n'avait plus son père. Elle devait être une femme.

Ce fut une journée noire, où tout son chagrin jusqu'alors un peu adouci par les calmants l'assaillit, la brisa. Durant la cérémonie, elle fut incapable d'adresser la parole à quiconque. Elle regarda le cercueil, suivit le cortège, comme si c'était un mauvais film, un cauchemar. Elle ne parvenait pas à pleurer. Tout restait enfermé en elle. Elle avait l'impression que sa douleur en réveillait une autre, ancienne, au fond d'elle. Comme une impression de déjà vécu. L'impression diffuse de revivre le même drame et que son chagrin actuel venait s'accumuler à un autre.

Ses frères lui jetaient des regards de compassion, soucieux pour sa santé mentale. Ils assumaient mieux le décès de leur père. Esther leur en voulait de leur maintien, de leur calme, de leurs mots aux autres. Comment leur vie pouvait-elle continuer presque normalement ?

Elle était dure, révoltée, refusant leur main dans la sienne ou sur ses épaules. Tout la heurtait.

Gladys s'était glissée près d'elle à l'église pour lui murmurer :

— On ne peut être tout le temps préservé par la vie.

— Laissez-moi, avait-elle dit tout haut.

— Il faut vous ressaisir. Vos frères n'y sont pour rien. Personne n'y est pour rien.

Esther, elle, n'acceptait pas. Sa peine était mêlée d'incompréhension. Elle serrait les poings, haïssait la vie, cette vie qui l'avait préservée de tout et qui la jetait subitement dans les bras de la solitude et du chagrin. Mais elle ne savait pas vraiment qui maudire. Sa colère n'avait pas d'exutoire, si ce n'était cette vie même qu'elle aimait par-dessus tout auparavant.

Elle se ressaisit quand le docteur de famille demanda à lui parler, avec un air grave. Elle revint au monde. Elle avait toujours eu confiance en lui. Tous deux firent quelques pas jusque sur la petite colline qui jouxtait la chapelle. Le docteur mit un certain temps avant de pouvoir lui parler. Il finit par lâcher, d'un trait :

— Votre père a été assassiné. Cet incendie n'est qu'une sombre comédie pour masquer un crime.

— Qu… Quoi ? articula Esther, stupéfaite.

— J'ai vu les restes du cadavre. Il y avait une balle dans la cage thoracique. Une 8 mm. De plus, le crâne portait des traces de coups.

Esther s'arrêta de marcher. Un frisson d'effroi lui parcourut l'échine. Une envie de vomir puissante la terrassa.

— Vous connaissiez des ennemis à votre père, mademoiselle Esther ? lui demanda le docteur en l'aidant à s'asseoir sur un des bancs de la chapelle.

— Non…, articula-t-elle, complètement déstabilisée.

Le docteur la força à se relever. Depuis la villa, on pouvait les voir.

— Faites comme si de rien n'était, conseilla le médecin.

Ils marchèrent encore un peu, en silence. Au bout d'un moment, Esther demanda au docteur :

— Vous en avez parlé à mes frères ?

— Vous êtes la première informée.

— Pourquoi ?

— Je connaissais mieux que personne vos liens avec votre père. Je sais que vous êtes son double.

Esther regarda le docteur au fond des yeux. Curieusement, ses révélations venaient de lui rendre sa lucidité. Toute sa peine avait désormais un exutoire : l'assassin de son père.

— Une affaire criminelle ternirait l'image de l'entreprise *Lescure et Co*, prononça-t-elle tout bas. Nous n'avons pas besoin de ce genre de publicité…

— C'est bien ce que je pensais… Et cela ne ramènerait pas votre père. Je sais qu'il a passé sa vie à bâtir la réputation et la réussite de son entreprise. Je ne veux pas détruire son œuvre. Je l'admirais… Malgré tout, il serait de mon devoir de faire un rapport à la police, mademoiselle Esther.

— N'en faites rien, docteur. Par hommage à mon père. Laissez-moi trouver le coupable. Moi-même. Laissez-moi un peu de temps.

— Il ne faut pas en faire une obsession ni une affaire personnelle.

— C'est une affaire de cœur. Je veux savoir pourquoi… Je veux savoir qui… C'est moi qui trouverai le criminel… ou la criminelle, coupa Esther avec un regard qui inquiéta le médecin.

— Promettez-moi de ne pas faire justice vous-même.

— Je ne serai jamais une meurtrière. Mais je veux coincer le coupable. Après, je vous jure que nous révélerons tout à la police et à la justice.

Le docteur avait déjà décidé de la laisser maîtresse de l'affaire. Personne ne mènerait l'enquête mieux qu'Esther. Il était d'ailleurs temps qu'elle se découvre, qu'elle se connaisse, qu'elle sorte de la fusion d'avec son père. Le docteur savait que l'enquête serait une bonne thérapie pour elle. Et après tout, il ne portait pas les services de police du coin dans son estime. Il savait que les enquêteurs porteraient maladroitement l'affaire sur la scène publique, pour n'aboutir à rien, tout en salissant la réputation de l'entreprise.

V

Après la cérémonie des obsèques, ceux qui étaient venus y assister demeurèrent un moment à la villa pour prendre un rafraîchissement sur la terrasse. C'était la coutume après un enterrement. Mais Esther avait catégoriquement refusé d'y rester. Elle ne se sentait pas le courage de discuter avec qui que ce soit en ce jour. Elle était trop dans l'émotion, tiraillée entre la douleur et l'incompréhension.

Après les révélations du docteur, elle était restée un long moment seule dans sa chambre, à réfléchir. Elle ne connaissait pas d'ennemi à son père, tout au plus des concurrents mais rien qui pût justifier un assassinat. Ses doutes portaient sur Gladys. Elle ne l'aimait pas. Elle était louche, cette fille qui déboulait dans leur vie avec indiscrétion.

À force de faire et défaire des suppositions dans sa tête, elle perdait pied. Elle déraillait. Elle en vint même à soupçonner ses frères. Après tout, ils avaient tous les deux besoin d'argent.

Elle s'était sentie honteuse de cette pensée, tout de suite après l'avoir eue.

Les causes de la mort de son père étaient peut-être à rechercher dans son passé, ce mystérieux passé qu'elle ne connaissait que très mal.

Elle devait découvrir qui était son père, Bertrand, avant et pendant la guerre.

Par la fenêtre, elle jeta un regard sur les convives qui se pressaient autour de la table de la terrasse. Ils parlaient à voix basse, adoptant une attitude sobre et affligée, pour l'occasion. Il y avait là des clients, des voisins, des collaborateurs, des modélistes, des grands noms de la haute couture. Toutes ces relations étaient des relations de courtoisie, de travail, superficielles et plutôt récentes. Personne dans l'assemblée ne pourrait l'éclairer sur le passé de son père.

Soudain, elle remarqua une vieille femme au dos voûté, qui sanglotait, assise sur une chaise. À ses côtés, un jeune homme tenait une tasse de thé qu'il lui tendait de temps en temps. La dame avait l'air très touchée. Esther ne se souvenait pas de l'avoir déjà rencontrée. Elle finit par descendre pour lui parler. Elle dévala le grand escalier, parut sur la terrasse où les voix se firent plus basses. On l'observait, parfois avec une impudeur à peine voilée. La peine des autres était toujours une consolation intérieure pour quiconque. Le malheur était rassurant chez les autres, comme il pouvait être rassurant de voir la belle Esther, l'inébranlable Esther, l'ambitieuse Esther, enfin touchée, affaiblie et finalement bien humaine.

Elle ignora la foule et se glissa auprès de la vieille dame. Elle prit une chaise et vint se placer à ses côtés.

— Je suis Esther, la fille du défunt, finit-elle par prononcer tout bas à la vieille femme qui l'avait à peine remarquée.

Elle essuya furtivement les larmes de ses yeux et leva un regard clair sur Esther. Une émotion passa sur son visage, une émotion dont Esther ne perçut pas la nature profonde. Il y avait du plaisir mêlé à une sorte de gêne.

— Comme tu lui ressembles…, lâcha la vieille dame d'une voix éraillée en prenant sa main.

— Pardonnez-moi de vous aborder de la sorte, mais je vous ai vue là, si triste… Et je ne sais pas qui vous êtes.

— C'est bien normal que tu ne te souviennes pas de moi, petite Esther. La dernière fois que je t'ai vue, tu avais trois ans…

Elle passa une main tremblante sur les contours du visage de la jeune fille en murmurant :

— Tu es très belle… Et on dit que les affaires te réussissent.

— Mon père m'a tout appris. Je ne sais si je ferai face sans lui…

Esther ne put en prononcer davantage. Un sanglot étouffa sa voix.

— Va, ma petite Esther, reprends-toi, lui dit la vieille dame en caressant sa main. Toute séparation est constructive, toute expérience nous amène à la sagesse. On mûrit au fil de nos chagrins, on s'endurcit. Tu te retrouveras à travers ton désespoir, tu t'accompliras. Tu iras loin. Comme a su le faire ton propre père après la mort d'Elzear Bensoussan.

— Qui êtes vous ? articula Esther, intriguée par cette confidence inattendue.

— Maud Einsensten.

— Ma grand-mère a travaillé longtemps pour Elzear et pour votre père, avant la guerre, expliqua le jeune homme qui se tenait près de la vieille dame.

Esther leva les yeux sur lui. Il avait le teint pâle et un regard au contraire sombre, quasiment noir.

Ses cheveux étaient clairs, châtains, tout comme son début de barbe qui lui donnait un petit air négligé. Il avait un sourire discret et une retenue qui plurent à Esther. Il veillait sur la vieille dame avec tendresse et posait un regard bienveillant, très doux, sur les choses et les êtres.

— Vous étiez la secrétaire de la boutique ? demanda Esther à Maud.

— Oui, répondit-elle. J'ai été embauchée par Elzear en 1935, quand il a repris l'affaire de ses parents. J'étais une amie de sa femme, Judith. Il avait confiance en moi. J'étais juive, comme eux. Quand il a repris l'affaire, il ne s'agissait que d'une boutique de proximité qui marchait bien mais sans perspectives. Les choses ont changé à la fin des années 1930, juste avant la guerre. Les femmes ont commencé à s'intéresser sérieusement à la mode, avec le développement du cinéma. Elles voulaient les chapeaux et les pantalons des stars, elles ne voulaient plus traîner les robes de leurs propres mères. Elzear a su prendre un nouveau tournant en concevant des habits pour les classes modestes. Ce fut là son coup de génie. Il savait que le luxe avait déjà sa clientèle et ses boutiques. Il a créé des petits modèles bas de gamme, dans le vent et de bonne qualité. Ça a été un succès. Il gagnait pas mal d'argent mais il devait travailler beaucoup. Il était très seul dans la gestion de la boutique.

— Son épouse ne l'assistait pas ?

— Judith… Non. Elle n'avait aucun goût pour le commerce. Elle consacrait la majeure partie de son temps à aménager son intérieur. Le couple avait acheté tout l'immeuble au-dessus du magasin, rue des Charmilles. Il habitait le premier étage, vaste et lumineux. La femme d'Elzear s'occupait de l'aménagement avec beaucoup de goût, d'ailleurs. Elle a fait refaire les deux autres étages, au-dessus, pour louer les appartements. Judith avait veillé à ce que chaque logement soit confortable, moderne. Cela la passionnait. Puis elle a été enceinte et s'est recroquevillée sur son enfant. Sa fille Anaëlle. Elle ne vivait que pour elle, rien ne l'intéressait plus, et surtout pas les affaires de son mari. Elzear gérait tout, seul, et je l'ai vu plus d'une nuit demeurer au bureau pour travailler… Moi, je l'aidais tant bien que mal mais je n'avais pas la bosse du commerce. J'appliquais ses ordres et je suivais ses consignes. Il a embauché des couturières, multiplié les profits. Tout allait bien pour lui jusqu'au début de la guerre.

Maud marqua une pause. Elle passa une main sur ses paupières qu'elle ferma pour reposer ses yeux ou écraser une larme. Esther n'osa pas la presser mais elle bouillait d'impatience en s'agitant sur sa chaise.

— Après 1939, Elzear a perdu des clients. Il s'est beaucoup endetté pour tenter de reconquérir un marché qui lui échappait uniquement en raison de ses origines. Plusieurs fois, ses vitrines ont été marquées d'inscriptions antisémites. Les lois sur le statut des Juifs ont précipité sa faillite. Son épouse le pressait de partir. Elle voulait mettre sa famille à l'abri. Elle avait raison.

— Elzear ne voulait pas quitter Paris ?

— Il n'a pas mesuré le danger de la situation. Il était un homme positif, jovial, profondément humain. Il disait que les lois antisémites n'étaient que des bouts de papier accordés en pâture à Hitler. Il pensait que les Français ne se laisseraient jamais embrigader. « Le peuple des droits de l'homme, me répétait-il, jamais le peuple des droits de l'homme ne sombrera dans l'intolérance et le fascisme, ce peuple qui a inventé la démocratie. »

— Il a bien dû regretter ses propos, au fond de son camp polonais, intervint le petit-fils de Maud, d'une voix profonde.

— Oh oui ! Mais il était entêté. Il voulait que les affaires repartent. Il voulait relever la tête. Alors il a eu une idée géniale...

Esther l'écoutait passionnément.

— Quelle idée ?

— Une idée géniale mais qui nécessitait d'avoir un homme de confiance. Un véritable ami.

— Mon père... Bertrand...

— Pour reconquérir une clientèle, Elzear devait changer le nom de son enseigne et de sa marque. Un nom juif, ce n'était plus au goût du jour.

— Il a donc tout légué à mon père à ce moment-là..., dit Esther comme pour elle-même.

— C'était en septembre 1941. Je m'en souviens très bien. Bertrand était déjà l'associé d'Elzear depuis plus d'une année et il vivait dans un appartement de l'immeuble. Il a d'abord été réticent au projet d'Elzear. Il avait l'impression de profiter de la situation, de faire comme tous les salauds qui spoliaient les Juifs en exil, volant leurs meubles et occupant les appartements désertés dans Paris. Il aurait aimé acheter loyalement la boutique et l'atelier mais il n'était pas en mesure de le faire, il n'avait que son salaire. Pourtant, Elzear l'a convaincu d'accepter sa proposition.

— Il n'était pas perdant ! se permit le jeune homme qui écoutait attentivement les révélations de sa grand-mère.

— Si, le coupa Maud. Il prenait un risque énorme.

— Lequel ?

— En devenant propriétaire de la boutique et de l'atelier, Bertrand devenait responsable des dettes et de la faillite en cours.

— C'est vrai, se reprit le jeune homme.

— Bertrand a longtemps hésité mais Elzear l'a imploré d'accepter ce changement de nom et cet héritage. L'entreprise Bensoussan est devenue *Lescure et Co*.

— Oui... Mon père m'avait expliqué que les affaires avaient repris et bien marché tout de suite après...

— Les mauvaises langues sont allées bon train. La réussite de ton père faisait jaser dans le milieu de la mode. On racontait qu'il avait dénoncé Elzear à la Milice pour faire main basse sur ses affaires. Personne ne savait que Bertrand avait récupéré une affaire à l'agonie...

Esther blêmit et resta sans voix à l'idée que quiconque puisse juger son père comme étant un traître ou un profiteur.

— Elzear a aussi cédé l'immeuble à Bertrand, poursuivit Maud. C'est à ce moment-là, en été 1941, qu'Elzear aurait dû écouter son épouse et partir dans la foulée. Mais il avait du mal à quitter sa boutique. Et puis il voulait trouver un passeur très fiable, c'était difficile.

— Et vous ? se permit Esther. Vous n'aviez pas peur ?

— Si. Mais je n'avais pas de moyens de quitter la capitale. Je n'avais pas le courage de partir seule… Les passeurs n'étaient pas tous fiables. On racontait des histoires épouvantables. J'étais encore auprès de la famille d'Elzear le soir de l'arrestation.

— L'arrestation ? demanda Esther.

— Ce n'est pas le mot approprié…, se reprit Maud. Elzear a été déporté lors de la rafle du Vel' d'Hiv, en juillet 1942.

— Oui, je sais cela… vaguement. Mon père n'en parlait presque jamais.

— Que savez-vous d'autre ? coupa la vieille femme soudainement ébranlée.

— Eh bien…, bafouilla Esther déstabilisée, je sais que sa femme et sa fille ont été déportées le même jour… Tout du moins la même nuit…

— Oui, souffla Maud. La nuit. Cette maudite nuit du 16 au 17 juillet… Je m'en souviendrai toute ma vie. L'immeuble était silencieux. Nous dormions tous. Bertrand dans son appartement du haut, avec sa mère et ses trois petits, dont toi. Moi, j'étais dans mon appartement, au deuxième. Elzear, sa femme et leur fille Anaëlle, au premier. Elle avait trois ans… Comme toi. Quand les gendarmes ont tambouriné sur la porte d'entrée, au bas de l'immeuble, je me suis réveillée dans la stupeur. J'ai jeté un œil discret par la fenêtre et j'ai compris…

Maud serra ses mains l'une dans l'autre, en proie à l'émotion.

— Tu te fais du mal, grand-mère, ne raconte pas ça, c'est trop douloureux, intervint le jeune homme.

La vieille femme tapota l'épaule de son petit-fils qui s'était glissé plus près d'elle, avec beaucoup d'affection.

— Si, si, je dois faire cet effort pour Esther. Elle doit savoir qui était Bertrand.

— Que voulez-vous dire ?

Esther bouillait d'impatience, de curiosité et à la fois elle redoutait la suite. Elle craignait d'apprendre un secret honteux sur son père, quelque chose qui la décevrait. Elle observait Maud à la dérobée. Elle n'osait pas la brusquer davantage. Elle se balançait nerveusement sur sa chaise, pendue obstinément à ses lèvres.

— Au matin du 17 juillet, j'ai été réveillée par des bruits de moteur et des cris dans la rue des Charmilles. Par la fenêtre, j'ai vu des gendarmes pousser des familles juives dans des camions, au pied des immeubles. Quand j'ai compris que les gendarmes les emmenaient, je suis restée prostrée, incapable de réagir. Quelques secondes après, Bertrand a tambouriné à ma porte pour que j'ouvre. Il m'a pris la main. Je l'ai suivi chez lui. Il m'a poussée dans son appartement, ta grand-mère m'a jeté une chemise de nuit. Je me suis glissée dans le lit de ton père, comme il me l'a ordonné. Il n'a pas réveillé tes deux frères qui dormaient profondément dans la chambre d'à côté. Toi, tu étais dans un petit lit au fond de la chambre de ton père, dans l'alcôve. Tu dormais aussi. J'étais terrorisée. Toutes les horreurs que nous entendions concernant le sort fait aux Juifs s'avéraient. Je ne pouvais m'empêcher d'en vouloir à Elzear qui était resté trop confiant. Nous aurions dû tous partir en zone libre puis en Amérique comme Judith le répétait... Au moment où les gendarmes ont enfoncé la porte du bas de notre immeuble, Elzear, son épouse et leur petite Anaëlle sont venus se réfugier chez Bertrand. Elzear est entré dans la chambre de Bertrand et il a mis Anaëlle dans le même lit que toi. Tu t'es réveillée, tu as pleuré. Elzear est ressorti de la chambre au moment où les gendarmes entraient dans l'appartement.

— Mon Dieu !… frissonna Esther.

— Grâce aux listes établies par la préfecture de police, les policiers savaient qu'une famille juive vivait dans l'appartement du dessous, rue des Charmilles. L'ayant trouvé vide, ils s'étaient rués chez Bertrand. Elzear et sa femme n'avaient pas eu le temps de se cacher sur le toit. Pourtant Bertrand avait ouvert la lucarne du grenier. J'ai entendu le reste depuis la chambre, de loin, dans un état de peur panique affreuse.

— Et alors ? insista Esther. Qu'avez-vous entendu ?

— Les gendarmes ont identifié Elzear et son épouse qui n'ont pas cherché à nier ni à fuir. Ils voulaient être emmenés au plus vite…

— Ils souhaitaient laisser Anaëlle chez Bertrand…, souffla Esther.

— Bien sûr… Bertrand avait promis de veiller sur elle s'il arrivait malheur à ses parents. Mais bien entendu, les gendarmes ont fait du zèle. Le chef a demandé où était la petite fille qui figurait sur sa liste. En proie à la panique, Judith a hurlé un « Non, laissez-la ! Pas elle ! ». Ce fut un aveu. Les gendarmes se sont mis à inspecter l'appartement et ils ont fini par voir les deux petites filles dans le lit au fond de l'alcôve.

Maud marqua un temps d'arrêt plus long que les autres. Elle cherchait ses mots. Elle perdait pied. Ses mains tremblaient et elle retenait ses larmes. Elle prit une grande inspiration et lâcha :

— Elzear s'est précipité pour prendre sa petite Anaëlle dans ses bras. Il ne voulait pas que ces brutes la touchent. Toi, tu hurlais de peur face à cette agitation, ces cris... Puis ces bandits sont partis sur un claquement de porte, avec Elzear, sa femme et la petite Anaëlle.

Un long silence suivit.

— Et vous ? finit par demander Esther.

— Je suis restée longtemps pétrifiée. Bertrand m'a conseillé de ne pas me lever et d'attendre. Il a bien fait. Un gendarme est revenu peu après. Il a demandé à Bertrand s'il savait où était la Juive du deuxième. Ton père a répondu du tac au tac, sans hésiter, que j'étais partie la veille, avertie de l'opération de police. Il a ajouté quelque chose du genre : « C'était ma secrétaire, et elle s'est tirée en douce avec des salaires d'avance, cette garce de Juive... » Il a même craché par terre. Le gendarme est demeuré un moment à inspecter l'appartement. Quand il est entré dans la chambre, il m'a jeté un regard gêné, puis lubrique. J'étais dans une attitude familière pour ne pas l'alerter. Ce qui m'inquiétait, c'était ma différence d'âge avec Bertrand. J'avais bien quinze ans de plus que lui... au bas mot. Mais le gendarme ne s'est pas attardé sur mon visage... Bertrand a dit que j'étais sa maîtresse et il a tapé sur l'épaule du gendarme d'un air macho en murmurant une gaillardise à mon sujet, du genre qu'il aimait bien les femmes mûres au lit. L'homme a éclaté de rire et il s'est dirigé vers la porte d'entrée.

— Vous deviez être soulagée...

— Oui, mais ta grand-mère m'a fait peur, ensuite.

— Honorée ?
— Oui. Elle est sortie de sa chambre et elle s'est mise en plein milieu du couloir de l'appartement, face au policier. Avec un regard terrible. Il s'est figé. Elle est restée plantée sur le seuil, en robe de chambre, le regard implacable et accusateur, tel un spectre, empêchant le policier de passer. Il a demandé qui était cette vieille folle. Bertrand a dit qu'il s'agissait de sa mère. Il a montré sa carte d'identité en expliquant qu'elle n'avait pas toute sa tête. Honorée a répliqué d'un ton assuré qu'elle allait très bien. L'homme ne supportait pas l'attitude provocatrice de ta grand-mère. Il lui a demandé de se montrer moins effrontée et de s'écarter du passage.
— Ma grand-mère tenait toujours tête ?
— Elle l'insultait des yeux et il était mal à l'aise, crois-moi. Il a fini par déclarer qu'il était bien dommage qu'elle ne soit pas juive car il l'aurait bien embarquée pour la mater.
— Elle lui a répliqué ?
— Elle lui a dit qu'elle ne savait pas ce qu'était un Juif. Elle ne connaissait que des êtres humains.
— Il a réagi ?
— Il a bredouillé qu'il ne faisait qu'obéir aux ordres et il est parti en claquant la porte.
— Et ensuite ?
— Nous sommes restés presque une heure sans prononcer une parole, anéantis. Thierry et Jean-Paul dormaient toujours. Toi, tu t'étais rendormie à nouveau, bien innocente... Dans la matinée, ton père est allé voir un de ses fournisseurs de toiles et de tissus. Il lui a donné une forte somme d'argent pour qu'il me fasse passer en zone libre. Il a accepté

car il savait les gendarmes et la Milice occupés à la rafle. Je suis partie dans la foulée. J'ai traversé le pays, j'ai gagné l'Espagne puis les États-Unis. Je m'y suis mariée, à plus de quarante ans, et j'y suis demeurée presque vingt-cinq.

— Et vous êtes revenue en France…

— Je ne pouvais oublier la France. Ce pays où j'avais grandi. Vois-tu, Esther, on nous jugeait apatrides, malvenus, profiteurs, nous autres Juifs. C'était faux. Moi, j'ai toujours eu la France dans le cœur et je suis revenue pour mourir ici. Je veux tout pardonner, comme une femme peut pardonner à son amant un adultère, par amour absolu et infini.

— Vous êtes merveilleuse, articula Esther. J'ai tellement honte que la France ait participé à ce génocide immonde.

— Les Allemands ont honte bien davantage, glissa le jeune homme.

— Il ne faut pas nier l'implication des gendarmes et de certains Français dans les rafles, reprit Maud. Mais beaucoup ont tenté de sauver des Juifs. Cela, il ne faut pas l'oublier non plus. Ceux qui ont été justes. Profondément humains. Ton père en faisait partie. C'est pour le remercier que je suis là, aujourd'hui. Il m'a sauvé la vie. Et il l'aurait fait pour Elzear, sa femme et sa fille s'il avait pu.

— Mon père n'a jamais eu de nouvelles d'eux. Ils sont certainement morts dans ces sinistres camps de Pologne.

— Ils y sont morts, c'est même sûr. Sinon, Elzear serait revenu voir ton père… Ils étaient comme les doigts de la main.

— Mon père m'a peu parlé d'Elzear. Je le regrette aujourd'hui.

— Quand on perd les gens, on regrette toujours de ne pas les avoir mieux connus…, de ne pas les avoir questionnés…

— Vous savez comment était née leur amitié ?
— Oui.
— Dites-moi !

Maud hésita. Elle sortit un mouchoir, le passa sur son nez, le remit avec délicatesse dans sa veste.

— Je ne sais si je pourrais… articula-t-elle.
— Il y a quelque chose de honteux ? Pourquoi hésitez-vous ?
— Il n'y a rien de honteux à dévoiler ni de compromettant. Je crains seulement de ne pas avoir les mots qu'il faut pour décrire pareille amitié. Vois-tu, Esther, les hommes tissent facilement des liens de pure camaraderie, des liens de sportifs, de professionnels, ou des liens de ribote. Plutôt superficiels… C'est très masculin, finalement. Elzear et Bertrand, eux, c'étaient vraiment des amis.

— Oui, je comprends, s'impatienta Esther.

Maud lui jeta un regard qui la glaça.

— Non, vous ne comprenez pas. Vous ne pouvez pas comprendre.
— Comprendre quoi ?
— Comprendre jusqu'où l'amitié a poussé ces deux hommes. Très loin. Trop loin.

Esther ne comprit pas ce qu'elle insinuait. Ces sous-entendus l'agaçaient mais elle demeura calme pour ne pas mettre fin au récit de Maud. Elle avait des clés entre les mains pour l'aider à enquêter.

— Elzear a rencontré ton père dans des circonstances terribles. C'était en 1940, après la débâcle. Un soir, un peu tard, Elzear rentrait, de nuit. Il a surpris un groupe qui saccageait la devanture de sa vitrine. Il y avait deux Allemands en uniforme S.S. et des types français en civil, assez jeunes. Ils cassaient la devanture et dessinaient des croix gammées. La sagesse aurait dû commander à Elzear de se tenir loin des ces monstres. Mais il a eu un mouvement de colère. Il s'est jeté sur eux, il a tenté de leur arracher les pinceaux, la peinture. Bien mal lui en a pris.

— On imagine aisément la suite, souffla Esther.

— Il a été roué de coups. Au plus fort de la violence, les S.S. ont ordonné de le conduire sur les quais de Seine, à l'abri des regards pour lui régler définitivement son compte. Les gars français ont traîné Elzear déjà inconscient dans l'obscurité et ils ont continué à le tabasser. Ils sont restés à trois, armés de matraques et d'un vieux revolver... à s'acharner sur Elzear.

— Mon Dieu, quelle lâcheté...

— Bertrand est passé par là. Il venait de quitter des copains de régiment dans un bistrot du coin et il rentrait en longeant la Seine. Il était désabusé. Un peu triste. C'était une période de doute pour lui. Il n'allait pas bien. L'armée française avait été mise en déroute par les Allemands quelques semaines auparavant. Il avait à peine combattu que le cessez-le-feu avait été signé. Il avait suivi la débâcle, comme les autres. Il avait marché jusqu'à Paris et il vivait chez un camarade, dans un taudis de la rue Lafarge. Il n'avait pas un sou. Il ne se résignait pas à rentrer en Auvergne où Honorée, sa mère, élevait ses petits. Sa femme était morte. Il voulait trouver une voie, gagner un salaire, s'en sortir à Paris et faire venir ses enfants ici. Il voulait leur offrir une vie meilleure… Il était perdu dans ses pensées quand il est tombé sur le groupe qui tabassait Elzear. Il a réagi au quart de tour, sans réfléchir. Tu sais que ton père avait un grand sens de l'honneur. Il a traité les gars de salauds et il a tapé dans le tas. Il pouvait être colérique, nerveux et bagarreur…

— Oui… je sais, dit Esther en songeant aux colères que son père avait pu avoir dans la boutique ou dans l'entreprise contre des livreurs ou des clients. Plusieurs fois, elle l'avait vu en venir aux poings, ou aux menaces.

— Bertrand avait un peu bu ce soir-là, il était fougueux, il était costaud. Les autres ont été surpris et déstabilisés que quelqu'un ose s'interposer. L'un d'eux a reçu un bon coup de poing et s'est affalé. Son arme est tombée et Bertrand l'a saisie. Il a menacé les deux autres qui ont décampé *illico presto* en jurant de le retrouver et de lui faire la peau…

— Qui étaient ces sales types ?

— Les jours suivants, on a vu des gars rôder autour du magasin. Ils étaient menaçants. L'un d'eux était un poissonnier de la rue Blanc, dans le 15e. Je crois qu'il portait un nom alsacien, du genre Müller…

— Comment l'avez-vous su ?

— Elzear s'est renseigné discrètement auprès de sa clientèle et au bistrot de la rue des Charmilles… Mais il n'a jamais cherché à se venger ni à en savoir plus… Il souhaitait simplement que ces brutes le laissent tranquille. Il était presque mort quand Bertrand est venu à son secours… Il l'a chargé sur ses épaules et l'a ramené chez son ami, rue Lafarge. Ils ont appelé un médecin. Elzear a dû être recousu. Il avait plusieurs côtes cassées et des hématomes nombreux. Une de ses jambes était fracturée. Pourtant, il a supplié Bertrand et son ami de le raccompagner chez lui, rue des Charmilles. Il ne voulait pas inquiéter sa femme, il tenait à être au magasin le lendemain... Bien sûr, Judith fut bouleversée. Elle était jeune maman. Sa petite Anaëlle avait quelques mois seulement. Elle commençait à avoir peur. Bertrand est resté avec eux tout le jour suivant, puis la nuit d'après. Elzear craignait que les agresseurs reviennent s'en prendre à son épouse et il avait besoin de quelqu'un pour l'aider à se déplacer, sa femme étant accaparée par le bébé. Dès les premiers jours, les liens ont commencé à se tisser entre Bertrand et Elzear. Je ne sais ce qu'ils se disaient mais ils passaient des heures et des heures à discuter. Presque naturellement, Bertrand est descendu au magasin avec Elzear pour l'aider à marcher, puis il l'a assisté, il l'a conseillé. Il est allé vendre des vêtements lui-même à des fournisseurs, Elzear se déplaçant difficilement. Puis les deux hommes se sont rendu compte que Bertrand vendait mieux qu'Elzear, protégé par son nom bien français. Tout ça a redonné espoir à Elzear. Ils sont devenus des collaborateurs, des amis, des inséparables. Cela apparaissait normal quand on les connaissait bien. Ils étaient complémentaires. Elzear ne l'a pas embauché parce qu'il se sentait redevable ou responsable. Non. Il l'a embauché parce que Bertrand lui était devenu indispensable.

— C'est à ce moment qu'il s'est installé dans l'appartement du troisième ?

— Oui, fin 1940. Il a fait venir sa maman, Honorée, et ses petits... Bertrand ne pouvait s'occuper de ses enfants tout seul… tes deux frères avaient à peine cinq ans.

— Oui, je sais, dit Esther. Ma grand-mère m'a raconté ça plusieurs fois. Elle est venue vivre avec nous à Paris. Moi, je n'étais qu'un tout petit bébé. Notre mère venait de mourir de la tuberculose.

Maud détourna le regard. Esther sentit qu'elle hésitait. Pourtant, elle n'ajouta rien.

— Je crois que nous allons prendre congé, dit le jeune homme poliment, comme pour tirer sa grand-mère d'affaire.

— À propos, intervint Maud, je vous ai à peine présenté mon petit-fils, Jacques. Il est journaliste.

Esther sourit au jeune homme qui posa son regard sur elle. Elle ressentit de l'émoi à se sentir proche de lui. C'était comme un plaisir.

— Je suis venu vivre en France en même temps que ma grand-mère, il y a un an, lui expliqua-t-il. J'aimais déjà la France depuis l'enfance.

— Vous parlez français vraiment sans accent.

— Grand-mère m'a toujours parlé français, ma mère aussi. Elles m'ont mis la France dans le sang et le cœur ces deux-là…

— Ma fille n'a pas eu le temps de connaître la France, poursuivit Maud. Elle s'est tuée en voiture alors que Jacques était encore un enfant…

— C'est affreux.

— Je me suis crue poursuivie par le destin au moment de sa mort. Mais il faut relativiser. Beaucoup des nôtres étaient morts en camp, avec leurs enfants et leurs bébés. Au moins, ma fille et moi, nous avions eu nos années de bonheur. Et puis il me reste mon Jacques. Il est le plus beau cadeau que m'a fait la vie.

— Je ne serais rien sans ma grand-mère, dit Jacques. Elle m'a construit. Dans le bon sens… J'ai tenu à l'accompagner aujourd'hui car, sans votre père, elle ne vivrait sans doute plus. Je suis très honoré de vous avoir rencontrée. Et je voulais moi aussi rendre hommage à Bertrand…

— Je suis persuadée que beaucoup d'hommes et de femmes ont protégé leurs collègues ou leurs amis juifs, spontanément, comme papa.

— Vous vous méprenez, la corrigea Jacques. Il fallait un vrai courage, ou alors un grand intérêt. Avant d'être journaliste, j'ai beaucoup travaillé sur la déportation et les rafles. J'ai recueilli des témoignages édifiants sur les dénonciations ou les actes de pure lâcheté.

— C'était un contexte difficile. La guerre a poussé les êtres à se recroqueviller sur leur famille, à la protéger…, le modéra Esther.

— Bertrand avait ses trois enfants et sa maman. Il a pris le risque de sauver Maud.

— Il ne m'avait jamais raconté cet épisode. Ni à mes frères…, prononça Esther tout bas, comme pour elle-même.

— Pourtant, Thierry se souvient de moi, dit Maud. Il est venu me saluer fort poliment tout à l'heure. Nous avons bavardé un peu. Par contre, Jean-Paul ne m'a pas remise.

— Mon frère est un peu… tête en l'air. Il n'aime pas la société, les convenances. Il faut lui pardonner.

— Cela n'a aucune importance, chère Esther, la coupa Maud en tapotant sa main. Je vous dis adieu, et je vous souhaite beaucoup de réussite. Soyez courageuse. À l'image de votre père.

Esther serra la main de Maud et de Jacques chaleureusement. La vieille dame s'éloigna de quelques pas, appuyée au bras de son petit-fils qui lui murmura, sans penser qu'Esther puisse entendre :

— Tu aurais dû le lui dire, grand-mère. Elle a le droit de savoir.

— J'en ai bien assez dit, le coupa Maud avec rudesse.

Elle semblait affaiblie et marchait lentement. Elle mit un temps infini à descendre les marches du perron et à rejoindre la voiture de Jacques qui était garée sous la terrasse. Ils discutaient vivement et des éclats de voix arrivaient jusqu'à Esther. Avant de monter dans l'automobile, Maud sembla hésiter. Elle regarda vers Esther qui les observait, interloquée, depuis la terrasse. Maud lui fit un signe de la main discret pour qu'elle approche. Esther se précipita vers elle, le cœur battant. Elle dévala l'escalier et rejoignit la voiture.

Alors la vieille dame lui dit :

— J'ai autre chose à t'avouer. Mon petit-fils insiste. Il pense que les secrets sont mauvais à garder.

— Quel secret ?

— Je t'expliquerai. Pas aujourd'hui. Je n'ai plus de courage. Viens nous voir à l'appartement, avenue d'Italie.

— Quand ?

— Demain. En début d'après-midi. Je serai reposée. Il faut que je me prépare… Pour te dire.

— Pourquoi pas maintenant ?

— N'insiste pas, Esther. Je suis usée…

— Vous me parlerez, c'est sûr ?

— Oui, articula Maud.

Elle entra lentement dans la voiture, avec mille précautions. Une fois assise, elle se laissa aller contre le dossier du siège, fit un faible sourire et referma la portière. Esther jeta un regard à Jacques qui s'apprêtait à s'installer au volant.

— Merci, lui souffla-t-elle.
— Aucun secret ne protège. Il détruit.

Quand la voiture franchit le portail de la propriété, Esther ressentit un drôle de sentiment. Une vague déception, mêlée à un peu de tristesse. Elle aurait aimé que Jacques reste pour faire connaissance.

VI

Esther était bouleversée par le récit de Maud. Après son départ, elle s'était retranchée dans le bureau de son père. Elle avait pleuré en posant ses mains sur son encrier, ses carnets, le rebord de son fauteuil. La vie lui apparaissait comme un grand vide, un trou noir. Une profonde solitude la brisait. Elle n'avait plus la force de bouger. Jamais elle n'avait ressenti un pareil anéantissement, elle qui refusait la fatigue, qui ne s'écoutait jamais, qui niait le mal de dos ou la fièvre au bénéfice du travail. Elle n'avait plus d'énergie, comme si la mort de son père l'avait privée de sa source vive. Surtout, elle était brisée par des crises d'angoisse qui la paralysaient, tordant son ventre.

Thierry frappa à la porte en fin d'après-midi. Elle ne répondit pas mais il entra, inquiet. Il s'approcha d'elle, contourna le fauteuil où elle était effondrée et se plaça devant elle. Il posa ses mains sur ses épaules en lui disant tout bas :

— Ne sois pas en colère, remets-toi, Esther. La mort fait partie de la vie…

Elle s'échappa, se releva brusquement et lui fit face :

— Je n'ai pas ton détachement, excuse-moi !

— J'ai de la peine, crois-moi ! se défendit-il en haussant la voix. Mais c'est ainsi, papa est mort et nous devons vivre.

— Survivre.

— Mais enfin, Esther… toi, tu flanches ?

Il la provoquait pour la faire réagir. Ce fut en vain. Elle se laissa retomber dans le fauteuil, le regard vide.

— Viens manger quelque chose avec nous, en bas.

— Non, merci. Laisse-moi.

Il soupira, posa un baiser sur sa joue et se dirigea vers la porte.

— Thierry ? lui demanda-t-elle avant qu'il ne sorte.

— Oui ?

— Tu te souviens de la nuit où Elzear a été arrêté, lors de la rafle du Vel' d'Hiv ?

Il la regarda, surpris.

— Qu'est-ce qui te prend de penser à ça ? Tu avais trois ans…

— Pas toi… Tu en avais cinq.

Il eut un regard perplexe.

— Tu savais que papa avait sauvé Maud, la secrétaire de la boutique ? insista Esther.

— Oui…

— Elle était là cet après-midi.

— Je sais. Je l'ai reconnue… C'est elle qui t'a parlé de la rafle ?

— Elle m'a raconté comment papa l'avait sauvée.

— C'est pas très malin de te parler de ça aujourd'hui…

— Pourquoi ? J'aurais aimé savoir avant.

— Je m'en souviens très peu, tu sais. Je dormais. Jean-Paul aussi. On n'a rien entendu. C'étaient des histoires de grands pour nous. Voilà tout. La seule chose dont je me souviens vraiment, c'est d'avoir entendu papa pleurer, les jours suivants. Le géant en larmes, tu penses que cela me surprenait.

— C'est terrible quand même... Elzear et sa famille déportés.

— Il faut oublier... Papa n'en parlait jamais. On doit respecter son choix.

Thierry ouvrit la porte et sortit, laissant sa sœur en proie au doute. Elle fouilla au fond de sa mémoire, intensément, pendant longtemps. Elle avait une foule de souvenirs mais les plus anciens remontaient à ses six ans, lorsqu'elle était entrée à l'école. Elle avait ensuite vécu rue des Charmilles jusqu'en 1955, date à laquelle son père avait acheté le domaine avec la villa, non loin des ateliers de Melun.

Pourtant, Bertrand ne s'était jamais résigné à vendre l'immeuble de la rue des Charmilles avec la petite boutique d'origine. La famille en était toujours propriétaire. Les trois appartements étaient loués à des employés de l'entreprise.

Esther revint dans le présent, ouvrit les tiroirs du bureau de son père et trouva le dossier de la « rue des Charmilles ». Il y avait là des liasses de feuilles épaisses. Des contrats de location, des factures de travaux, des baux divers. Au fond du dossier, Esther trouva une pochette à rabats qui respirait le passé enfoui. Les bords des papiers étaient jaunis. Le premier document était une copie de l'acte de donation de l'entreprise et de l'immeuble, signé par Elzear au bénéfice de son père. Elle le lut en tremblant, émue. Elle percevait comme une force dans ce papier, un témoignage de ce passé lointain. Il n'y avait rien d'anormal dans ce legs. Tout était énoncé clairement. Bertrand devenait par anticipation l'héritier d'Elzear. La donation était pleine et effective, signée du 29 janvier 1942. Esther y reconnut la signature de son père, celle d'un notaire parisien et celle d'Elzear qu'elle caressa des doigts machinalement en murmurant :

— Qui étais-tu, Elzear ?...

Au fond du dossier, elle tomba sur une photographie vieillie. Jamais elle ne l'avait vue. Il y avait son père, très jeune, assis sur un muret. À ses côtés, un grand homme, brun, très mince, souriait généreusement. Il portait un costume élégant avec un nœud papillon. Une de ses mains reposait sur l'épaule de Bertrand et ce geste montrait leur attachement. Au dos de la photographie était inscrit : *Elzear et Bertrand, printemps 1942.*

— Elzear, murmura Esther en passant sa main sur le portrait de l'ami juif. Te voilà enfin...

Elle rapprocha la photo de son regard et scruta l'homme. Elle prit une loupe et rapprocha encore le cliché de ses yeux. Elle fouilla sa mémoire, éperdument. Elle avait vu cet homme, elle en était certaine. Pourtant, elle avait trois ans quand il avait été déporté. Elle demeura de longues minutes les yeux rivés sur ce visage. Où avait-elle pu le rencontrer ? Cela paraissait impossible.

Elle finit par reposer la photo, abasourdie, le regard brûlant d'avoir trop détaillé l'image. Elle fouilla encore la pochette et tomba alors sur une lettre. L'écriture était belle, penchée, soignée. Le papier était jauni par le temps.

Paris, 24 septembre 1945,
Bistrot de la rue des Charmilles.

Mon ami, mon cher Bertrand,
Je n'ai pas eu le courage de venir te voir aujourd'hui. J'étais pourtant à Paris, j'y suis encore, à cette heure, plus pour très longtemps. Je suis assis à la terrasse du bistrot de la rue des Charmilles. Face à la boutique… Ce bistrot où nous aimions tant aller faire une pause café, le matin, vers 10 heures.

J'ai contemplé longuement la vitrine de la boutique. Je voulais entrer et te faire la surprise, te prouver que j'étais encore en vie… Je n'ai pas réussi.

Sache que l'enfer m'a rendu à cette terre. Il y a trois mois, un matin de mai, les portes du camp se sont ouvertes, des soldats américains nous ont dit qu'on était libres. Libres et en vie… Nous, les rescapés. Nous étions ahuris. Ahuris et incapables de savoir où aller. On s'est laissé prendre en charge. Des infirmiers de la Croix-Rouge et des soldats français nous ont rapatriés à Paris, dans des camions. Nous avons admis, peu à peu, que nous étions encore des humains… en vie.

En ce jour, je ne sais quoi faire de cette vie qu'il me reste, de cette vie qui me bat encore dans le cœur. Je la trouve indécente alors que des millions de frères et de sœurs sont morts dans les camps. Car je ne suis qu'un survivant. Je vis encore, je marche encore, je mange encore mais l'essence même de l'existence, le bonheur est mort en moi. Tué. Assassiné. On m'a assassiné. On a tué mon amour de la vie.

Je voulais te raconter, mon ami, dans quelle barbarie est tombée l'humanité. Je sais que tu m'aurais écouté et que tu m'aurais cru. Toi. Tu m'as toujours écouté et cru.

Vois-tu, ce que j'ai vu à Auschwitz, personne ne le croit. On nous traite de fous, nous, les survivants.

Quand on m'a ramené en France, à Paris, dans un hôpital de la Croix-Rouge, une jeune infirmière s'est occupée de moi. Elle a voulu que je lui raconte ce que j'avais vécu, en camp. Alors j'ai raconté : les trajets en wagons, les coups de pied, la violence des gardiens nazis et des kapos, leurs jeux abominables, leurs viols de jeunes filles, leurs humiliations... l'extermination systématique et organisée... Elle m'a regardé avec compassion, en me tapotant la main, et elle a murmuré comme elle l'aurait fait à un enfant : « Là, là, c'est fini, monsieur... Ici, on va vous donner des médicaments, vous irez mieux. Vous n'aurez plus ces méchants rêves... »

Le cerveau humain sait se protéger de ce qui dérange.

Il faut laisser les journalistes faire leur travail et témoigner. J'en ai vu qui filmaient les rescapés dans les camps, les charniers, les restes des fours crématoires. Dans quelques mois, l'opinion publique saura la vérité et personne ne pourra s'en protéger. Alors on dira : les survivants, ils disaient vrai. Cette jeune infirmière qui m'a cru fou acceptera ma vérité. Pourtant, je lui pardonne sa réaction. Elle était saine. Personne ne peut imaginer ce que j'ai vu sans penser que c'est irréel. Surtout, sans perdre toute confiance en l'humanité.

Toi, mon cher Bertrand, toi qui me connais par cœur, tu sais combien j'étais humaniste, combien j'étais positif.

Je ne suis plus rien : qu'une plaie. C'est pour cela que j'ai renoncé à venir te parler. Cela ne servirait à rien sauf à faire du mal. Je t'ai regardé au travers de la vitrine, j'ai hésité, puis j'ai renoncé... Ce renoncement me crève le cœur. Notre amitié ne sera jamais finie mais je préfère rompre nos relations. Nous sommes allés trop loin, à cause de cette amitié. Tu le sais et tu dois penser comme moi.

J'ai vu Esther à tes côtés. Ce fut un choc. Elle a tout ce qu'Anaëlle a perdu. Tout ce que les nazis lui ont volé : sa beauté, sa joie de vivre, son insouciance. Car sache qu'Anaëlle a survécu aussi. Avec moi.

À ce jour, elle a toujours les yeux cernés de noir, ce noir de la mort qu'elle a trop vu en face, dans l'horreur du camp. Elle ne sourit plus. Je n'ai jamais entendu son rire depuis juillet 1942. Le traumatisme a été trop rude. Il lui arrive encore de trembler dès qu'un homme s'approche d'elle. Elle reste cramponnée à moi durant son sommeil. Elle va sur ses sept ans mais ne peut pas dormir seule.

Ce matin, à un moment, tu t'es absenté de la boutique, je n'ai pu m'empêcher de m'approcher pour voir Esther de près. Je suis resté debout dans le magasin à la regarder s'amuser à servir les clientes à ta place, au côté de ta vendeuse. J'ai vu une Esther rayonnante, vive, drôle, la tête haute, le regard fier. Elle avait tout d'une enfant heureuse et confiante. Elle avait l'air tellement à l'aise avec les adultes, avec la vie même. Elle sera très belle. Elle sera douée. Je n'ai pas le droit de venir m'ingérer dans ta nouvelle vie, de jeter mon malheur sur toi, sur elle, sur ce que vous avez construit ensemble pendant la guerre.

Maintenant, je dois aider Anaëlle, ma fille, à devenir elle aussi une fillette épanouie. Je vais m'accrocher à elle. J'espère qu'elle se reconstruira. Elle et moi sommes dans le même bateau, désormais. Esther et toi, vous êtes dans un autre.

Évitons de revivre encore une fois la douleur des séparations. Je ne reviendrai jamais te voir et je te demande de ne pas chercher à me contacter.

Depuis la terrasse où je t'écris, je revois la vie telle que je la connaissais autrefois, rue des Charmilles. Il me semble que c'est un songe. J'aimerais remonter l'horloge du temps, revenir avant cette infâme guerre et me retrouver avec toi derrière le comptoir, à trier, à sélectionner, à vendre nos toiles, nos habits. Combien j'étais heureux. J'avais une famille, une femme aimante, une fillette, un ami fidèle. Une clientèle reconnaissante et flatteuse. Un métier qui me passionnait. Et les rires. Tous ces éclats de rire, ces éclats de joie, de petits bonheurs. Ces éclats de vie. Je voudrais pouvoir les rattraper, les recoller, me refaire un bonheur. Pour un instant au moins.

Ma déportation m'a brisé. Je suis un autre. Je ne puis envisager de retrouver ma vie d'auparavant. Cette vérité m'éclate au visage, en ce jour. Je suis trop malade. Je suis trop différent d'avant. On m'a dépersonnalisé.

Je vais donc tenter de recommencer une nouvelle vie mais ailleurs. Je pars en Israël avec ma fille, ma petite rescapée. Nous avons rencontré une famille juive en déportation. Elle a acquis des biens près de Tel-Aviv. Nous allons la rejoindre. Un nouveau pays, la Terre promise, pour nous reconstruire loin de cette terre de France qui nous a livrés dans les griffes des nazis. Il paraît que l'économie est prospère en Israël et que les émigrés réussissent vite. J'ignore encore dans quel type d'affaires je vais me lancer. Je veux avant tout qu'Anaëlle reçoive une éducation qui lui permettra de faire des études et d'avoir un métier. Je sais que dans ce pays nous n'aurons que des amis.

D'avoir frôlé la mort m'a rappelé à mes racines, à mes origines. À diaboliser les Juifs, on a contribué à les solidariser davantage. En Israël, je n'aurai plus peur. En France, je craindrais toujours de voir resurgir la bête.

Il n'y a bien que toi qui me manqueras. Je n'oublierai jamais que tu m'as sauvé la vie et tout ce que je te dois.
Bien à toi, mon ami, et à jamais.
Elzear.

Esther laissa la lettre lui glisser des mains. Elle pleurait. Elle aurait voulu pouvoir serrer cet homme dans ses bras. Ses mots l'avaient touchée.

Ainsi Elzear n'était pas mort en camp. Jamais son père n'avait dit que son ami survivait, quelque part, en Israël. Pourquoi ?

Pour quelles raisons ces deux amis fidèles avaient fait le choix de ne plus se revoir, jamais ? De ne plus s'écrire ? Esther comprenait le choix d'Elzear : partir de France était la meilleure solution pour se reconstruire mais pourquoi tout rompre avec Bertrand ?

Esther reprit la photo, scruta encore le visage d'Elzear en l'imaginant plus vieux, les cheveux blanchis, maigres.

Soudain, elle poussa un cri. Bien sûr qu'elle avait vu cet homme. Trois jours avant la mort de Bertrand. Elle se souvenait nettement de son visage qui l'avait perturbée sans qu'elle puisse expliquer pourquoi. Ce jour-là, elle rentrait des ateliers de Vitry où elle était allée vérifier la texture d'un tissu devant servir à la fabrication d'une série de jupes. Elle s'était arrêtée à Paris pour se promener et se détendre. L'air était encore chaud en cette fin de journée. Elle traînait un peu, profitant de ces quelques minutes sous le soleil du soir, réfléchissant au tombé de la jupe et à son projet de vente par correspondance. Son regard avait été attiré par une jeune fille à la terrasse d'un café, sur le boulevard Saint-Germain. Elle avait reconnu Gladys qui buvait un verre avec un homme en costume. Esther s'était demandé ce qu'elle faisait à Paris, à cette heure et avec un inconnu. L'homme était plus âgé qu'elle. Ils étaient assis côte à côte, face à la rue. Visiblement, ils se disputaient. Esther avait été surprise par le visage de l'homme, émacié, heurté. Il semblait avoir vieilli trop tôt et portait les marques de tourments, de souffrances. Pourtant, il y avait quelque chose d'éminemment beau chez lui, une impression de bonté aussi, malgré les rides profondes, l'air grave et les joues creuses. Ce monsieur était donc Elzear. Que faisait-il avec Gladys ? Tous les deux donnaient l'impression d'être proches malgré leur discussion houleuse.

Un doute affreux s'insinua en Esther. Un frisson la figea quelques instants. La coïncidence entre le retour d'Elzear en France et la mort de son père était flagrante.

Et qui était vraiment Gladys ? Tous les deux pouvaient être des assassins présumés.

Esther repoussa le fauteuil sous le bureau, rangea le dossier de la rue des Charmilles et se dirigea vers la salle à manger, sans faire de bruit. Elle lorgna discrètement à l'intérieur et vit Gladys qui soupait avec ses deux frères. Elle recula et monta à l'étage. Elle entra dans la chambre de Thierry. Elle fouilla à la recherche des affaires personnelles de Gladys. Elle fut surprise de les trouver dans la chambrette, à côté, comme si le couple faisait lit à part. Elle ressortit de la chambre pour vérifier que personne ne venait dans le couloir. Elle était seule. Alors elle se mit à vider les sacs de Gladys. Elle ne trouva rien que des vêtements et des cours de fac. Pourtant, au moment où elle allait abandonner, elle découvrit une poche intérieure fermée, dans une valise. Elle fit glisser la fermeture Éclair. Il y avait le passeport de Gladys. Esther l'ouvrit avec une impatience qui le lui fit tomber des mains. Elle se baissa, le ramassa et le lut. Sa stupéfaction lui arracha un nouveau cri qu'elle étouffa : Gladys se nommait en réalité Anaëlle. Elle était née à Paris 13e, de père Elzear Bensoussan, de mère Judith Bensoussan. Il était indiqué sur le passeport qu'elle était en France pour poursuite d'études. Esther était paralysée de stupeur.

Gladys, la fiancée à son frère, était la fille d'Elzear.

À quelle sombre comédie se livrait-elle ? Que cherchait-elle avec ses questions perpétuelles et sa fausse identité ? Un frisson la parcourut. Elle songea à une des phrases de la lettre d'Elzear où il expliquait que sa fille ne riait jamais.

Esther n'avait jamais vu Gladys rire.

Un bruit de pas dans le couloir la surprit. Rapidement, elle replaça le passeport dans la cachette et remit la valise à sa place. Elle se précipita le plus silencieusement possible vers la porte de la chambre. Au moment où elle la franchit, elle tomba nez à nez avec Gladys qui entrait.

Elles se toisèrent en silence.

Esther ne prononça pas un mot, incapable de formuler une phrase sans hurler de colère. Elle devait se contenir pour progresser dans ses recherches sans alerter Gladys. Celle-ci la regarda au fond des yeux, sans lui poser aucune question sur sa présence dans la chambre. Elle avait sans doute tout compris.

Il y avait de la dureté sur son visage, mais aussi de l'impassibilité, comme si rien ne pouvait la surprendre ou l'ébranler davantage. Surtout comme si elle avait le dessus, comme si elle était maîtresse de la situation. Cette détermination, cet orgueil, ce ressentiment à son égard déstabilisèrent Esther qui s'enfuit dans sa chambre.

VII

Personne, mis à part sa propre grand-mère, ne pouvait mieux renseigner Esther sur le passé de Bertrand. Elle saisit un gilet, le jeta sur ses épaules et gravit l'escalier qui montait à l'appartement d'Honorée. Elle s'y rendait rarement, fuyant l'endroit mal chauffé, sombre et modeste. La mère de Bertrand avait systématiquement refusé les meubles neufs offerts par son fils ou les travaux qui auraient rendu l'appartement plus commode et confortable. Les lieux ressemblaient à s'y méprendre à la pièce unique de la vieille ferme au fond de l'Auvergne où avait grandi Bertrand, dans l'indigence. Hormis le sol en terre battue, remplacé par du plancher laqué, et les murs crépis qui remplaçaient les pierres apparentes de la ferme, tout était conforme aux souvenirs de la vieille dame. Au centre de la pièce, on trouvait une table en bois usé, avec quatre chaises bancales qu'elle avait récupérées en Auvergne. Près de la fenêtre, un siège de dentellière, très bas, était éclairé par la faible lumière que des rideaux épais laissaient entrer. Malgré la présence de l'électricité, Honorée continuait de s'éclairer avec une lampe à pétrole qu'elle posait sur la table pour faire son ouvrage. Elle allumait son poêle à charbon qui enfumait la pièce mais elle refusait les radiateurs électriques. Au fond de la pièce, sur la droite, il y avait son lit clos. Honorée y était déjà installée lorsque sa petite-fille déboula dans l'appartement, sans frapper. Honorée sursauta.

— Qu'est-ce qui t'arrive, ma petite ? Tu rentres comme une furie.

— Grand-mère ! Il faut que tu me parles.

Honorée lui lança un regard interrogateur, avec une trace d'inquiétude. Elle se souleva sur ses coudes, releva son coussin et s'assit dans le lit.

— De quoi ?

— De papa !

Esther vint se placer tout près de sa grand-mère qui pâlit un peu dans l'obscurité.

— Que pourrais-je t'apprendre, ma petite ?

— Tout !

— Quoi ?

— Je ne sais rien de lui.

— Tu le connaissais mieux que personne. Tu lui ressembles tellement.

— Que s'est-il passé pour qu'il ne rentre jamais en Auvergne après les combats de 1940 ? Il y avait ses enfants chez toi, non ?

— Que veux-tu que je te dise ? Ton père avait d'autres ambitions pour tes frères et toi. Il voulait vous élever à Paris, dans plus de confort. Il attendait sa chance.

— L'Auvergne le rebutait autant que cela ?

— Il n'y avait pas de bons souvenirs. Tu sais que ta mère y est morte dans notre maison de famille. Et puis il ne supportait plus le travail de la terre. Il voulait un poste dans les bureaux ou le commerce. Quand Elzear lui a proposé tout ça, il n'a pas hésité.

— C'est parce qu'il s'est installé à Paris que tu lui en voulais autant ?

— Non, qu'est-ce que tu imagines ! sourit-elle gentiment. Ton père et moi avions des divergences de vue, de vie. C'est tout.

Honorée ferma un peu les yeux et bâilla. Esther ne lui laissa pas de répit.

— Non. Je sais que tu lui en voulais pour quelque chose de précis ! Cesse de me prendre pour une gamine. Vos relations étaient pleines de sous-entendus, de vieilles rancunes. Pourquoi lui en voulais-tu de la sorte ?

Honorée soupira :

— Tu me fatigues.

— Mon père est mort, tu comprends ça ! hurla soudainement Esther à bout de nerfs en se relevant du lit. Je veux la vérité !

Honorée ouvrit de grands yeux et demeura silencieuse, à dévisager sa petite-fille.

Esther passa ses mains sur ses yeux, secoua un peu la tête, complètement à cran. Elle comprit que sa grand-mère ne dirait rien. Elle s'approcha de la porte. Avant qu'elle sorte, Honorée lui demanda :

— Tu penses quoi de la Gladys ?
— La fiancée de Thierry ?
— Oui…
— Rien de particulier, lança-t-elle vexée.
— Elle chante.
— Quoi ?
— Dès qu'elle est seule dans la villa, elle chante. Je l'entends d'ici.
— Mais… elle chante… quoi ?

— Des grands airs d'opéra. Elle a une voix sublime, je t'assure.

— Je ne l'ai jamais entendue… C'est curieux. C'est peut-être sa passion secrète.

— En tout cas, elle n'a pas l'air d'une simple amatrice.

Esther gagna sa chambre comme une automate. Elle était mal, à la fois excitée et abattue. Elle ne parvenait pas à trouver le sommeil. Quand elle commençait à sombrer, ses débuts de rêve lui ramenaient sans cesse le visage d'Elzear qui prenait des formes effrayantes. Elle voyait aussi Gladys, avec son air accusateur et mystérieux.

Vers 3 heures du matin, on frappa à sa porte. Jean-Paul entra dans la chambre, complètement saoul. Il était fréquent qu'il vienne se réfugier auprès de sa sœur quand il avait fait la fête. Il dormait près d'elle, comme quand ils étaient enfants, pour trouver un peu de tendresse et de chaleur, tout ce qu'il cherchait aveuglément dans les tripots malfamés de la capitale. Il savait que Bertrand n'oserait pas venir le sortir du lit ni lui faire une énième leçon de morale s'il était avec Esther.

— Comment fais-tu ? lui reprocha Esther en le voyant s'écrouler près d'elle sur le lit.

— Quoi encore ? articula-t-il entre ses dents.

— Comment fais-tu pour aller t'amuser alors que notre père vient de mourir ?

— Sainte Esther, ce décès ne change rien pour moi.

Elle le secoua pour qu'il demeure éveillé.

— Il ne change rien pour toi ? Mais tu es un monstre !

— Rien… Il ne m'a jamais rien donné… Rien ! Tu as tout pris, petite sœur. Mais je ne t'en veux pas, tu sais que je t'aime…

C'était vrai qu'il l'aimait et Esther le savait. Elle l'aimait en retour, comme elle aimait profondément Thierry. Tous les trois s'aimaient parce qu'ils avaient le même sang, parce qu'ils avaient le même père, parce qu'ils avaient grandi et joué ensemble, parce qu'ils avaient ri ou pleuré ensemble. Quand Esther fermait les yeux pour se souvenir de son enfance auprès de ses frères, lui venait toujours en tête un immense éclat de rire, au-delà des petites taquineries et des mesquineries infantiles. Elle avait le souvenir précis des mains et des bras de ses frères qui la tenaient, la caressaient, l'embrassaient. Ils avaient toujours su la protéger, l'amuser. Elle était la petite sœur agaçante, terrible, capricieuse, mais ils l'adoraient. Et quand ils allaient mal, c'était toujours vers elle qu'ils se tournaient. Elle avait passé des heures à encourager Thierry quand il passait ses examens de droit et qu'il craignait d'échouer. C'était elle qui l'avait accompagné pour trouver un appartement dans Paris, pour en faire son cabinet. C'était elle qui avait aménagé la salle d'attente. C'était elle qui lui avait trouvé ses premiers clients parmi les négociants de la mode qu'elle côtoyait. Elle savait veiller sur ses frères, comme ils avaient veillé sur elle des années durant. C'était encore le cas cette nuit, où Jean-Paul venait chercher refuge dans sa chambre, pour être avec elle. Il sentait le tabac, l'alcool, Esther savait qu'il pouvait vomir comme il l'avait déjà fait plusieurs fois, là, sur son lit, ou faire un delirium, ou se mettre à rire pendant des heures, sans explication. Pourtant, elle le gardait, là, près d'elle à lui caresser les cheveux. Parce que c'était son frère et qu'elle était bien avec lui.

Il laissa sa tête tomber sur le matelas et s'endormit comme une masse. Esther ne parvint pas à le réveiller et ses ronflements l'empêchèrent de fermer l'œil.

VIII

Esther reçut un coup de fil du banquier le lendemain matin tôt. Elle était dans sa chambre et son frère Jean-Paul dormait encore au travers du lit.

Au bout du fil, l'homme semblait nerveux.

— Il faut que vous veniez sur-le-champ, mademoiselle Esther, insista-t-il.

Esther emprunta la voiture de son frère et entra dans Paris par la porte d'Orléans. La banque était située dans le 13e, non loin de la rue des Charmilles.

M. Dutel reçut Esther avec délicatesse, se confondant en excuses pour l'avoir dérangée dans de pareilles circonstances. Mais il devait lui parler.

Esther le suivit et s'assit à son invitation dans un des fauteuils qui faisait face à son bureau. Il avait un air contrit de circonstance mais on le sentait ennuyé.

— Voilà, mademoiselle…, finit-il par lâcher. Il y a une affaire dont je veux vous faire part car je la trouve louche.

— Allez-y, je vous en prie, le pressa Esther qui ne comprenait pas où le banquier voulait en venir.

Il toussota, se releva, but un verre d'eau d'un trait et revint s'asseoir.

— Bon… Le matin de l'incendie, et donc de la mort de votre regretté père…

— Oui, je vous en prie, monsieur Dutel ! Venez-en au fait !

— Eh bien, ce matin-là, votre père m'a demandé un rendez-vous très tôt. J'étais très surpris car on était dimanche et il m'a appelé à mon domicile. Bien entendu, je n'ai pu refuser de venir le rencontrer... C'est un excellent client, cela va de soi.

— Et alors ? le coupa Esther qui n'aimait pas ces manières obséquieuses.

— Votre défunt père a retiré une énorme somme d'argent. Plusieurs millions. Pour ainsi dire, toutes ses économies.

Esther resta bouche bée.

— Il ne m'a donné aucune explication, reprit le banquier gêné. J'ai pensé que c'était une somme due... à quelqu'un... Une sorte de dette...

— Une dette ?

— Oui, ou alors pour un financement un peu obscur, si vous voyez ce que je veux dire.

— Non. Dans notre affaire, tout est parfaitement licite et vous le savez pertinemment bien, monsieur Dutel, le rabroua Esther.

— En tout cas, il a refusé que je lui donne l'argent sous forme de chèque, se défendit-il, vexé. C'est pourquoi vous me permettez tout de même de m'interroger sur sa demande quelque peu inquiétante.

Esther se releva. Elle était en proie à de terribles doutes mais ne voulait pas paraître décontenancée devant Dutel.

— Bien, dit-elle sèchement en lui tendant la main pour le saluer. Je vous demanderai de taire ce que vous venez de me dire. Après tout, mon père avait le droit de disposer de son argent. Le reste ne vous regarde pas.

Avant de démarrer sa voiture, elle demeura un long moment les bras croisés sur le volant, à réfléchir. Elle était persuadée que l'assassin de son père était aussi son voleur. Elle songeait particulièrement à Elzear. Peut-être était-il revenu se faire payer l'affaire qu'il avait léguée à Bertrand. Mais pourquoi l'avoir tué? Pour qu'il garde un secret?

Quel rôle jouait Gladys dans cette sinistre machination? Avait-elle fait chanter Bertrand?

Et ses deux frères, après tout, où étaient-ils le matin du meurtre? Elle se souvenait d'avoir retrouvé Jean-Paul dans le grand salon où Thierry les avait rejoints. Ils avaient parlé jusqu'à la réception. Mais que faisaient-ils juste avant?

Elle culpabilisa encore une fois d'avoir des soupçons sur ses propres frères. Elle devait se ressaisir. Tout allait très vite. Trop vite.

Une fois à la villa, Esther fouilla le bureau et la chambre de son père de fond en comble. Elle ne trouva pas la trace d'un billet de banque. Il fallait se rendre à l'évidence. L'argent n'était plus là.

Elle monta directement chez sa grand-mère. La vieille dame astiquait des couverts en argent assise à la table de bois dans la cuisine. Elle leva un regard inquiet sur sa petite-fille quand elle la vit entrer en trombe.

— Que t'arrive-t-il? demanda-t-elle en posant son chiffon et les fourchettes qu'elle frottait.

— Papa a retiré une fortune à la banque la veille de sa mort.

La vieille dame réfléchit un moment, immobile.

— De l'argent ? Mais pourquoi ? demanda-t-elle.
— Je crois savoir…
— Quoi ?
— Écoute… Je ne sais pas s'il y a un lien mais je crois que oui…
— Dis-moi !
— Elzear est vivant. Il est en France.

Honorée pâlit. Elle demeura muette de longues minutes. Ses mains se mirent à trembler. Une panique flagrante s'afficha dans son expression.

— Elzear est vivant ? finit-elle par articuler difficilement.
— Il a survécu au camp. Il a refait sa vie en Israël.
— Bertrand le savait ?
— Oui.
— Pourquoi ne m'en a-t-il jamais parlé ?
— Les deux amis avaient décidé de ne pas se revoir. J'ai trouvé une lettre de lui dans les affaires de mon père. Elzear voulait se reconstruire en faisant table rase du passé.
— Table rase du passé, table rase du passé…, répéta Honorée les yeux dans le vague, très troublée.
— Je crois qu'il est revenu pour demander des comptes à papa.

Honorée regarda sa petite-fille avec des yeux terribles.

— Des comptes ? Quels comptes ? demanda-t-elle.
— N'avait-il pas tout cédé à Bertrand ?
— Jamais cet homme n'aurait osé demander un sou à ton père, affirma la grand-mère d'un ton formel.
— Pourquoi ?
— C'est comme ça. Jamais il n'aurait demandé un sou ! réitéra Honorée en élevant la voix.

— Pourquoi est-il revenu alors ? cria Esther plus fort qu'elle.

Elle était à bout de nerfs.

Honorée la contempla froidement en susurrant :

— Il est revenu... Elzear est revenu...

Esther était suspendue à ses lèvres. La vieille dame répéta cette phrase plusieurs fois puis jeta dans un souffle :

— Pour toi !

— Pourquoi ?

Esther en attendait davantage, pendue aux lèvres de sa grand-mère qui murmura, soudainement très faible :

— Ne m'en demande pas plus. Cela me tuerait.

Elle lui jeta un regard éperdu. Avec détermination, Honorée fit signe à sa petite-fille de sortir.

IX

Esther ne put rien avaler à midi. Elle était seule à la villa. Thierry avait rejoint son étude et son appartement au centre-ville et Jean-Paul était reparti picoler.

Elle réfléchissait, pesait, ressassait ce qu'elle apprenait sans pouvoir respirer calmement. Ce fut la première fois depuis des années qu'elle ne put aller au travail. Son projet de vente par correspondance et les affaires attendraient. Elle était bien trop choquée pour pouvoir se concentrer. Ces vérités qu'elle découvrait peu à peu, et ce secret qu'elle voulait percer l'obsédaient. Et puis elle devait rendre visite à Maud. Elle tournait et retournait dans la salle à manger en attendant le début d'après-midi.

Soudain, dans le silence de la villa, elle perçut un chant, une voix, lointaine. Une belle voix, haute, forte, une voix d'opéra. Elle écouta, s'approcha de la porte, sortit du salon, glissa dans le couloir, gagna le bas de l'escalier guidée par le son qui provenait d'une chambre à l'étage. Esther gravit l'escalier en silence. Captivée. Surprise. Elle frôlait les murs, comme pour se cacher. Elle n'avait pas de goût pour la musique classique ni les opéras. Mais elle mesurait le talent de l'interprétation, même le professionnalisme.

La voix s'échappait de la chambre de son frère Thierry. C'était Gladys qui chantait aussi bien. Honorée avait dit vrai.

Esther s'arrêta un instant devant la porte fermée pour écouter encore. Elle perçut l'émotion poignante qu'il y avait dans cette interprétation. Gladys chantait comme elle aurait pu crier, ou pleurer. Quel mystère était en elle? Quelles souffrances?

Esther finit par appuyer sur la poignée et elle poussa la porte. Face à la fenêtre, le regard rivé au loin, dans le parc, Gladys poursuivait le chant, comme une longue litanie du cœur. À quoi songeait-elle? À qui songeait-elle?

Elle sentit la présence d'Esther et se retourna vivement, comme prise en défaut. Son visage était transformé par l'émotion. Elle était méconnaissable.

— Excusez-moi, bafouilla-t-elle. Je me croyais seule dans la villa.

— Vous êtes cantatrice? articula Esther.

Gladys eut un pâle sourire.

— Vous chantez très bien…, insista Esther.

— Mon père m'a appris le chant, et le violon. C'est un héritage… éducatif et génétique, si on peut dire.

Elle désigna du menton un vieil instrument qui était encore dans sa housse ouverte, posée sur le lit. Esther s'approcha et caressa évasivement le bois usé, les cordes.

— C'est la seule chose que mon père ait ramenée de camp.

Esther ressentit une tension intérieure qui la pétrifia et elle retira sa main comme si on l'avait mordue.

C'était le violon d'Elzear.

Gladys l'observait sans dire un mot.

Elle quitta la chambre précipitamment.

X

Dès 13 heures, Esther s'engouffra dans sa voiture et fila vers le 13ᵉ arrondissement, avenue d'Italie, pour sa visite à Maud. Elle se gara non loin de l'immeuble chic que lui avait indiqué la vieille dame. Il était un peu reculé par rapport à la ligne des autres constructions de la rue. Il fallait traverser une cour avant d'accéder à l'entrée. Elle pénétra dans le hall en maîtrisant mal son impatience, regardant sans cesse sa montre pour ne pas arriver avant l'heure convenue. Elle ne voulait pas paraître impolie ni brusquer Maud. Elle devait absolument recueillir son témoignage pour avancer. Elle avait compris que sa grand-mère ne lui dirait rien.

Esther trouva le nom de Maud sur la boîte aux lettres, ainsi que l'étage où elle demeurait. Elle fut parcourue par un léger frisson d'espoir : elle espérait voir Jacques, en compagnie de Maud. Elle avait souvent songé à lui depuis leur première rencontre.

Elle se regarda rapidement dans le grand miroir qui occupait toute une paroi du vestibule de l'immeuble. Elle peina à se reconnaître. Elle avait perdu son maintien, son élégance. Elle songea qu'elle ne s'était pas préoccupée de sa toilette depuis le décès de son père. Ses cheveux étaient en désordre, ses vêtements étaient froissés et sales. Elle ressortit, gênée, regagna sa voiture et prit un béret, dernière tendance, qui traînait dans le véhicule. Elle le coiffa et se maquilla grâce à la trousse qu'elle avait toujours sur elle. Elle quitta le vieux gilet de laine qu'elle avait passé à la hâte le matin et arrangea sa chemise blanche qui tombait sur une jupe souple, noire. Elle devait faire attention à ne plus se laisser aller. Cela ne lui ressemblait guère. Elle avait la mauvaise impression de se perdre un peu. De changer. De ne plus maîtriser sa vie.

Elle revint vers l'immeuble et s'apprêta à gravir les marches qui menaient à l'étage où vivait Maud quand elle croisa des policiers en uniforme qui dévalaient l'escalier.

— Où allez-vous, mademoiselle ? lui demanda l'un d'eux en l'empêchant de monter davantage.

— Je dois rendre visite à la locataire du premier.

— Sur quel motif ?

— C'est une amie de mon père. Ma visite est prévue.

— Maud Einsensten est morte cette nuit.

— Morte ? souffla Esther.

— Son petit-fils l'a retrouvée dans un fauteuil du salon, ce matin, avec une balle dans la tête.

— Une balle dans la tête ?

— Oui. Elle connaissait son assassin. Elle lui avait ouvert sa porte. Ils buvaient même un digestif ensemble quand elle a été abattue, hier soir, tard.

— Elle a été abattue par balle ? répéta Esther ahurie. Vous êtes sûr ?

— Oui, une balle de Mas 1892, 8 mm.

Comme celle retrouvée dans le corps de Bertrand, songea Esther. Elle dévala l'escalier pour sortir précipitamment. Elle vomit à l'angle de la rue. Elle marcha difficilement jusqu'à sa voiture. Elle était choquée et effrayée, convaincue que l'assassin de Maud était aussi celui de son père. Ses soupçons sur Elzear s'amplifièrent, débordèrent, la brûlèrent. Maud le connaissait et elle avait pu le laisser entrer pour converser en amis. Tout concordait.

Elle roula jusqu'au siège du journal où travaillait Jacques. Elle devait lui parler.

Lui, il savait ce que Maud voulait lui dire. Il l'aiderait. Comme elle, il n'était pas de cette génération qui avait vécu la guerre et qui ne parvenait pas à s'en défaire, ressassant des secrets qui ne trouvaient jamais de mots pour être évacués des consciences.

À la réception du journal, on indiqua à Esther que Jacques avait démissionné le matin même. Il avait laissé une lettre pour elle, avec son nom sur l'enveloppe. Elle repartit dans sa voiture pour la lire.

Chère Esther,
Je suis reparti précipitamment aux États-Unis. Je vous laisse ce courrier au journal car je sais que vous y viendrez. Vous n'êtes pas de celles qui renoncent. J'aurais tant voulu vous aider. Mais la mort de Maud m'a bouleversé et apeuré. Je suis orphelin. Je suis perdu. La vision de ma grand-mère adorée avec une balle dans la tête me poursuit, m'empêche de respirer posément. Je suis convaincu désormais que le lourd secret qu'elle porte à votre sujet lui a coûté la vie, même après toutes ces années. Il y a donc des passés assassins. J'ignore qui a tué ma grand-mère mais lorsqu'on a la lâcheté d'assassiner une vieille dame dans son fauteuil, alors qu'on se fait passer pour un ami, on est prêt aux pires extrémités. Je crains pour ma peau. Je n'ai pas honte de le dire. Une victime suffit. Je fais le choix de m'exiler pour vous protéger, pour

me protéger. Prenez garde à vous. Le criminel cherche à se défendre et il éliminera tous ceux qui peuvent lui nuire. Ne dites à personne que je suis le dépositaire du secret de Maud. Ce serait me condamner à mort.

Je regrette de ne pas avoir pu vous aider. Surtout, je regrette de ne pas vous avoir mieux connue. Vous êtes remarquable.

Esther démarra et roula au hasard des rues, complètement abattue. Elle craignait de ne plus pouvoir progresser. Pourtant, elle voulait poursuivre son enquête et aller vers ce mystère qui l'effrayait mais qui l'attirait. Ce mystère qui respirait la mort. Inconsciemment, elle parvint rue des Charmilles. Elle frissonna. Cet univers de son enfance lui apparut soudain angoissant. Lugubre. Sombre. Elle ne reconnaissait rien. Elle avait l'impression confuse de tout voir en noir et blanc. Elle arrêta la voiture. Elle se frotta les yeux. Tout demeurait ténébreux. Le visage d'Elzear lui revenait en tête, sans cesse, obstinément. Elle se sentait fragile. Ses mains se mirent à trembler. Des points sombres passaient devant ses yeux.

Comme une automate, elle marcha jusque devant la boutique de tissus et vêtements *Lescure & Co*, elle jeta un œil au-delà des vitrines, ignorant ce qu'elle cherchait, ignorant qui la manipulait. Elle se concentrait, regardait tous les détails du magasin : le vaste espace où on arrivait après avoir passé la porte automatique, les mannequins qui présentaient les modèles, grandes ombres immobiles meublant l'espace, près des cintres et des penderies, les cabines d'essayage, tout au fond, le grand comptoir derrière lequel se tenaient les vendeuses. Tout lui paraissait inconnu, étranger. Elle frissonna. Elle ne reconnaissait rien de cette boutique où elle avait passé son enfance aux côtés de Bertrand. L'angoisse la déchira. Elle ferma les yeux, les rouvrit, tenta de respirer calmement et de retrouver la réalité du moment. Mais toujours les lieux lui apparaissaient comme inconnus. Comme ceux d'une autre vie. Comme les décors d'un film qu'elle n'aurait pas vu.

Elle n'arrivait plus à avoir de souvenirs de son enfance, de sa vie. Elle était investie par des images de guerre qui ne correspondaient pas à sa propre mémoire. Les lieux lui apparaissaient toujours gris, inquiétants. Troublée, elle s'appuya au mur qui jouxtait la porte d'entrée de l'immeuble pour arracher son regard à la boutique. Elle tenta de se ressaisir mais sa vue se brouillait, elle transpirait. Son esprit et son corps, en proie à la fatigue et aux émotions trop fortes, ne lui appartenaient plus. Des délires la paralysaient d'effroi : elle avait des visions terribles de la nuit de la rafle. Des visions nettes et précises, comme si elle en avait été témoin. Des bruits résonnaient, des bruits de portières, de sonneries, des cris, des pleurs. C'étaient comme des souvenirs enfermés dans sa lointaine mémoire, qui lui venaient pour la première fois, sans avertissement ni explication. Elle entendait les hurlements des familles réveillées, violentées, puis déportées dans des camions à bâche. Elle percevait la peur. L'humiliation, la révolte.

Elle posa ses deux mains ouvertes sur ses oreilles pour tenter de résister à ses délires. Mais ses visions continuaient. Elle était pétrifiée. Prisonnière. Des visages sans précision virevoltaient devant elle, alors qu'elle savait qu'elle était seule devant le hall d'entrée.

Elle avait conscience de perdre la raison. Son corps entier se nouait.

Elle revivait, en vrac, les douleurs endurées dans cette rue, en juillet 1942. Elle se sentait la mère, l'enfant, le père, insultés, poussés, arrachés à cette rue, aux logements douillets, pour le pire. Vers le pire.

Pourquoi était-elle victime de ces réminiscences, là, aujourd'hui ?

Effrayée, elle tenta de fuir ses délires en poussant la porte du corridor qui permettait de monter aux appartements. Le couloir était sombre et il avait cette odeur un peu humide qu'elle lui avait toujours connue. Sans réfléchir, en proie à la panique, elle monta l'escalier de pierre usée jusqu'au premier étage, cherchant à échapper à ses divagations sans savoir où se réfugier pour s'en protéger. Elle s'immobilisa devant l'ancien appartement d'Elzear, glacée d'une terreur inexpliquée. Elle était passée des centaines de fois sur ce palier, sans jamais ressentir la moindre émotion. Elle scruta la porte des minutes entières, en espérant que le locataire sorte pour la tirer de cette folie. Mais elle demeura seule, à nouveau investie par des images et des pensées morbides. Elle voyait maintenant des gens, avec des visages précis, pourtant inconnus. C'étaient des gendarmes qui descendaient l'escalier, ils encadraient des familles. Ils plaisantaient, comme si leur travail n'était qu'une banale opération de contrôle. Et elle discernait la détresse des raflés.

La terreur lui coupait la respiration. Elle était habitée par une impression de vécu inexplicable. Inextricable.

— Je dois me calmer, répétait-elle tout haut pour se prouver qu'elle était éveillée et lucide.

Mais elle était toujours assaillie par des images d'horreur. Elle crut voir une femme très pâle qui sortait de l'appartement avec un bébé qui hurlait entre ses bras. Elle l'embrassait sur le front et un gendarme la bousculait pour qu'elle descende plus vite vers le camion. Alors Esther fixa l'escalier obscur, et elle y vit un homme se glisser vers elle. Il n'avait pas de visage, mais il portait les mêmes vêtements qu'Elzear sur la photo de son père. Il émanait de ce corps sans figure du chagrin et de la détresse. Elle l'entendait pleurer. Ses mains, immensément grandes, s'approchèrent du visage d'Esther en murmurant son nom. Elle recula d'effroi, trébucha, tomba et s'évanouit en heurtant l'angle d'une marche d'escalier.

Quand elle revint à elle, elle reposait sur un canapé dans une pièce lumineuse.

— Mademoiselle Esther, vous allez mieux ? murmura une voix près d'elle.

C'était la locataire de l'appartement, une dame qui travaillait à la boutique. Esther l'avait croisée lors de réunions de travail au bureau.

— Je vous ai trouvée évanouie, expliqua l'employée gentiment. Vous étiez devant la porte de mon appartement. J'ai appelé votre médecin.

Elle lui tendit un verre d'eau et l'aida à s'asseoir. Esther était exténuée mais elle avait repris ses esprits. Elle était à nouveau dans le présent. Pourtant, un profond malaise l'accablait encore.

— Je ne sais pas ce qui m'arrive, articula-t-elle en jetant un regard de détresse sur la femme qui l'avait recueillie.

— Vous êtes encore choquée par la mort de votre père, sûrement. Il faut dormir un peu. Vous reposer.

Esther ne lui répondit rien. Elle regarda les grands murs du salon. L'angoisse l'étreignit à nouveau.

— Ces murs veulent me dire quelque chose, prononça-t-elle tout bas.

La locataire l'observa, interloquée.

Esther se releva promptement et arpenta l'appartement à grands pas. Elle touchait les murs, les meubles, regardait par les fenêtres.

— Je peux voir les autres pièces ? demanda-t-elle d'un ton qui était plutôt un ordre.

— Oui, oui, répéta la femme inquiétée, qui la suivait partout… Mais vous devriez rester assise, vous êtes très faible.

Esther entra dans la cuisine qui jouxtait le salon. On y avait installé des meubles modernes, la tapisserie avait été refaite, visiblement. Elle s'approcha de la fenêtre et jeta un œil sur la rue. Peut-être était-ce de là qu'Elzear avait vu arriver les gendarmes. Elle frissonna et s'échappa dans le couloir qui menait aux deux chambres. Elle écarta les bras en croix, persuadée que les cloisons se resserraient sur elle. Elle était paniquée.

— Que voulez-vous me dire ? Qu'avez-vous vu ? hurla-t-elle en regardant les murs sous les yeux de la locataire ahurie.

Elle se précipita dans une chambre. Elle était vaste, de forme rectangulaire, au centre trônait un grand lit. Esther toucha encore les murs et se dirigea vers un renfoncement, guidée par une force interne, ignorant son impolitesse excessive. Dans la pénombre, elle trouva l'interrupteur et alluma.

— Nous nous servons de cette alcôve comme d'un dressing, expliqua la locataire qui talonnait toujours Esther, intriguée par son comportement.

Il y avait des étagères chargées de chemises, de vestes et de divers habits. Soudain, au milieu des vêtements, des sacs, Esther vit un lit de bébé. Un de ces anciens lits à barreaux blancs. Elle s'approcha, sans comprendre ce qui l'attirait, et caressa évasivement le bois vieilli. Elle fut émue.

— M. Elzear l'avait laissé au grenier, expliqua la locataire avec un sourire tendre. Nous l'avons récupéré pour nos propres enfants et il n'a jamais bougé de cette petite pièce.

Esther pensa à Gladys et manqua d'air. Ce lit…

Ce lit était quelque part au fond de sa mémoire. Elle en était certaine.

Elle se laissa tomber à genoux devant le meuble, posa sa tête contre les barreaux, investie d'une émotion terrible qui la sciait en deux. Elle pleura longuement, sous les yeux ennuyés de la locataire qui ne savait comment réagir.

—Je connais ce lit, répétait Esther entre deux sanglots. Je ne sais pas pourquoi, mais je le sais.

À ce moment, le docteur sonna et rejoignit Esther sans qu'elle l'entende. Il la souleva pour la reconduire vers le salon. Elle se laissa coucher sur le divan, agrippant la main du vieux médecin pour qu'il l'aide à s'arracher à cette crise d'angoisse, à cette bouffée délirante.

—J'ai vécu quelque chose ici, docteur, j'ignore quoi, mais ces lieux me blessent. Je n'y suis pourtant jamais entrée… Je ne connaissais pas cet appartement que mon père a toujours loué quand nous habitions au troisième. Aidez-moi.

— Vous être encore très choquée, Esther. Il faut quitter cet immeuble.

—Je veux revoir notre appartement au troisième, affirma-t-elle en se relevant.

— Pourquoi?

— Pour voir…

— Quoi?

— Si les murs veulent encore me parler.

Le docteur soupira mais ne put que la suivre. Elle sonna à plusieurs reprises jusqu'à ce que le locataire lui ouvre. Il apparut dans l'embrasure, surpris de trouver la fille du propriétaire sur son palier. C'était un vieux célibataire qui servait de commercial à la boutique.

—Je dois visiter votre appartement.

— Nous avons un bail… de trois ans, répondit l'homme.

—Je ne souhaite pas vous le reprendre, rassurez-vous. J'ai juste besoin de le voir.

— Faites, faites, dit le petit homme en la laissant passer.

Elle s'engouffra dans le couloir qui desservait le salon, la cuisine et les deux chambres.

— Après tout, vous êtes chez vous, murmura l'homme qui la talonnait, agacé par cette intrusion.

Elle regarda les murs, les fenêtres, les plafonds, laissant tournoyer ses yeux dans les lieux où elle avait grandi jusqu'à ses dix ans. Elle reconnut les battants des fenêtres, la couleur du plancher où elle s'amusait à faire des glissades en pantoufles avec ses frères. Elle avait des souvenirs, beaux et riants, à chaque coin.

Pourtant, la couleur des tapisseries avait changé et les meubles étaient différents de ceux de son enfance. Elle ne se sentait pas angoissée comme dans l'appartement d'Elzear. Le médecin lui tapota l'épaule :

— Vous avez vécu des choses dures ici, Esther. La rafle…

— Je n'en ai nul souvenir.

— Le corps se souvient des émotions fortes, même si notre cerveau sait les occulter pour se protéger.

— Je ne comprends pas.

— On appelle cela la mémoire du corps… Et puis, bien que vous fussiez petite fille, sachez qu'un enfant est comme une éponge. Il ressent les émotions vives de ses parents. Votre père a vécu un moment très dur, ici, le 17 juillet 1942. Vous avez pris et gardé une partie de sa peine, vous l'avez sondée, vous l'avez absorbée, vous l'avez partagée. Vous avez une sensibilité exacerbée, Esther. Il faut éviter de revenir ici.

Elle réfléchit un moment, appuyée au mur, ébranlée au plus profond de son être. Elle comprenait ce que le docteur voulait dire mais elle était troublée. Ce n'était pas dans l'appartement de son enfance qu'elle avait été investie d'une peur panique mais bel et bien dans l'appartement d'Elzear.

Encore Elzear.

Tout la ramenait à lui.

Le docteur lui conseilla de marcher un moment dans les rues avant de rentrer à la villa. Elle suivit son conseil, déambula un peu puis elle revint à sa voiture pour s'éloigner de la rue des Charmilles. Alors, la pression retomba.

XI

Esther revint à la villa au moment où le jour tombait. Elle trouva son frère Thierry affalé dans le canapé, la mine défaite, les yeux rougis.

— Gladys est partie, dit-il à sa sœur dès qu'elle fut entrée.

— Partie ? Que veux-tu dire ? s'étonna-t-elle.

— Elle m'a quitté. En me laissant une lettre de quelques lignes…

— Que t'écrit-elle dans cette lettre ? demanda Esther en tentant de cacher son trouble et sa curiosité exacerbée.

— Trop peu.

— Explique-toi !

— Elle a fait le choix de partir en Allemagne. Elle a dû suivre quelqu'un d'autre.

— Qui ?

— Je ne le sais pas, imagine-toi ! répondit Thierry en élevant la voix. Elle ne m'en dit pas plus.

— En effet, c'est un peu court en explications…

— Je croyais qu'elle m'aimait. Elle s'était tellement investie à l'étude. Elle m'assistait bien. Et puis elle avait accepté de venir ici pour la fête de la fin août. Tu vois, j'étais heureux et confiant. Elle souhaitait rencontrer ma famille.

— Et… au niveau… charnel ?

Thierry lui lança un regard oblique.

— Tu veux savoir quoi, exactement ?

— Tu couchais avec elle ?

Son frère ne répondit pas tout de suite.

— Elle ne dormait pas dans le même lit que toi, si ? insista Esther.

— Comment tu sais ça ?

— Je suis entrée dans ta chambre et j'ai constaté qu'elle occupait la petite chambre de derrière.

— Elle ne voulait pas aller trop vite, soupira Thierry. Tu sais, c'est quelqu'un de très… moral.

— Moral ? répéta Esther d'un air amusé.

— Je sais que tu ne l'aimais pas. Et elle ne t'aimait pas non plus. Pourtant, vous aviez tout pour devenir amies.

— Amies ? Tu rigoles ? Elle a passé son temps à m'agresser ! jeta Esther d'un ton sec.

Elle aurait pu aider son frère. Elle aurait pu l'arracher au désespoir en lui avouant la vérité. Elle aurait pu transformer son chagrin en colère vis-à-vis de Gladys, en lui disant qu'elle s'était servie de lui pour approcher leur famille. Mais elle ne parvint pas à prononcer un mot de plus. La prudence lui commandait de se taire pour continuer l'enquête seule. Elle se contenta de venir s'asseoir près de son frère, de poser sa tête sur son épaule, de prendre sa main, par soutien, par affection. Pour lui redonner courage. En d'autres temps, elle l'aurait houspillé, elle l'aurait bousculé, elle se serait moquée de lui même. Mais en quelques jours, elle avait appris la compassion. Elle mesurait désormais ce qu'était le chagrin de la perte des êtres aimés.

Ils demeurèrent longtemps sur le canapé, proches, silencieux. Esther dormit même un peu, la tête sur l'épaule de son grand frère. Ce fut Honorée qui les réveilla, vers 21 heures. Elle venait leur dire bonne nuit. Elle avait toujours fait ça, chaque soir, pendant des années. Autrefois, elle s'asseyait même avec eux dans le salon pour regarder un peu la télé. Cette femme aux mots rares avait toujours été une présence rassurante et maternelle dans la maison.

— Jean-Paul n'est pas rentré ? s'inquiéta-t-elle.
— On ne va pas l'attendre… Tu le connais, dit Thierry en haussant les épaules.

Honorée soupira. Elle vint s'asseoir dans un fauteuil, près de ses petits-enfants. Tous trois gardèrent le silence un moment. Esther sentait une distance s'édifier entre sa grand-mère et elle.

— Ma fiancée m'a quitté, finit par lâcher Thierry.
— Tu en trouveras vite une autre, répliqua Honorée. Et tu en chercheras une moins indiscrète.
— Pourquoi ne lui as-tu jamais ouvert ta porte ? Elle voulait juste faire ta connaissance, lui reprocha Thierry.
— Faire ma connaissance ? Dans quel but ? J'ai vite compris que ce ne serait jamais ta femme.
— Pourquoi ? demanda sèchement Thierry.
— C'est comme ça. Cette fille n'était pas une fille bien. C'est tout.

Thierry se releva, furieux, et sortit en claquant la porte. Esther et sa grand-mère se regardèrent perplexes.

— Tu savais qui était Gladys ! lui dit enfin Esther. Tu savais qu'elle était la fille d'Elzear.

— Je l'ai compris presque tout de suite, répondit calmement Honorée. Il y a des visages qui parlent d'eux-mêmes. Elle devait revenir un jour ou l'autre, cette fille-là.

— Pourquoi as-tu refusé de lui parler ?
— Je n'aime pas les fantômes.

Esther observa sa grand-mère à la dérobée. Derrière cette remarque qui était le couperet des confidences, elle perçut une profonde faille. Voir Gladys l'avait touchée, beaucoup plus que ce qu'elle cherchait à laisser paraître. Elle n'avait pas pu lui ouvrir sa porte à cause d'une trop vive émotion. C'était certain. De même qu'elle se fermait aux questions d'Esther, pour se protéger, pour la protéger.

— Tu avais raison, elle est chanteuse. Je l'ai surprise dans sa chambre qui s'entraînait, dit Esther.

— Elzear était violoniste, expliqua Honorée. Il aimait beaucoup la musique et l'opéra. Il aura transmis sa passion à sa fille.

— Tu l'appréciais, Elzear ?
— Oui. Énormément.
— Il était quel genre d'homme ?
— Peu importe.
— Je t'en prie.
— C'était un homme bon. Voilà tout. Bon et attentif.

Esther attendait davantage mais elle comprit que sa grand-mère, une fois encore, ne livrerait rien de plus.

— Dis-moi, grand-mère…, demanda Esther pour changer de conversation.

— Quoi donc encore, ma petite ? soupira Honorée.
— Tu as vu sortir Thierry ou Gladys le matin de la mort de papa ? Avant la réception ?

— Non, non. Ils sont demeurés là tout le matin, tous les deux.

— Tu crois ou tu es sûre ?

— J'étais sur mon balcon à arranger mes fleurs, comme il y allait avoir la réception... Je n'ai entendu aucune voiture ni vu personne sortir. Je me souviens seulement que Jean-Paul est arrivé passablement fatigué vers 10 heures.

— Oui, il nous a rejoints au salon... Il revenait d'une longue nuit de fête...

— Mon Dieu, pourquoi boit-il autant, ce petit ? souffla Honorée visiblement inquiète.

— Bonne nuit, grand-mère ! lança Esther en se relevant.

— Bonne nuit, ma petite.

Elle gagna sa chambre en gravissant les marches de l'escalier deux par deux. Elle trouva un paquet sur sa table de chevet. Il était protégé par un papier cadeau bleu. Elle l'ouvrit en tremblant un peu. Il y avait une lettre.

Esther,
Je sais que vous m'avez identifiée. C'est pour cela que je suis partie. J'ai un peu honte, au fond, d'avoir profité de l'hospitalité de votre famille pour vous connaître sans que vous sachiez qui je suis : la fille d'Elzear.
J'avais besoin, aussi, de connaître Bertrand.
Et puis je ne voulais pas que Thierry s'attache davantage à moi. Je sais que j'ai été cruelle avec lui. Je sais qu'il a payé pour d'autres. Mais le mal m'est devenu familier, que je le fasse ou que je le reçoive, ainsi que la douleur, depuis mon enfance à Auschwitz. Là-bas, j'ai vite appris à devenir dure, insensible, pour éviter de

crever de chagrin. Et ce ne sont ni les sentiments, ni la torture, ni l'injustice qui me tueront. Ils m'ont trop été coutumiers. Je vis avec un cœur retranché derrière un mur de glace. Il ne me sert plus qu'à vivre. Je suis incapable d'aimer ni de haïr d'ailleurs. Car on a beau faire tous les efforts du monde, on ne peut oublier son passé. On vit avec. J'ai trop été maltraitée par l'humanité pour aimer un seul de ses membres, profondément, j'entends.

À ma sortie de camp, j'avais presque sept ans. J'ai essayé de grandir normalement en Israël, avec Elzear. Il a été bon avec moi, bienveillant et paternel. On ne peut espérer meilleur père mais j'étais détruite. J'ai reçu une éducation soignée, cultivée, une vie douillette, aisée mais j'avais encore des aiguilles plantées dans le cœur. Il y avait en moi des réminiscences de souffrances. Il n'y a pas eu un jour où je n'ai pas été accablée par la sale impression d'avoir été victime. C'est pour cela que je suis sans cesse à vif. Il faut me pardonner ma rudesse. Quand on n'a pas reçu, on ne sait pas donner.

Elzear m'a aidée à connaître ma vérité, grâce à un journal intime, celui qu'il a écrit en camp. Je suis tombée dessus l'année de mes vingt ans. C'est cette vérité sur ma vie que j'ai creusée ici, chez vous et grâce à vous. On en parlera, un jour, car votre famille fait partie intégrante de mon passé. Ainsi que vous, belle Esther. En attendant, je pars en Allemagne. Bientôt, vous comprendrez pour quelles raisons. Peut-être alors me pardonnerez-vous mon attitude agressive envers vous.

Je vous laisse ce journal intime. Il s'agit de trois petits carnets enfermés dans une housse en cuir noir, cerclée d'un élastique. Il sera une pierre dans l'édification de votre vérité. Je sais que vous aboutirez à moi en fin de parcours. On se reverra. Apaisées et sans doute réconciliées.

Dans le paquet, il y avait un protège-carnet. Esther en ôta l'élastique et trois carnets en papier jauni apparurent. Ils respiraient le vécu. Esther ouvrit le premier avec précaution, comme si elle craignait de l'abîmer. Sur la première page était inscrit le nom d'Elzear avec la mention : *ce qui reste de moi*. Derrière, il y avait un premier récit, daté du 22 juillet 1942. L'écriture était belle, penchée, soignée, la même écriture que celle de la lettre qu'elle avait trouvée dans le bureau de son père.

Esther survolait les mots sans réussir à les lire. Elle reposa le carnet, vivement, comme brûlée aux mains par son contact.

Elle avait là des écrits d'Elzear, sans doute l'assassin.

Elle sortit brutalement de la chambre, se lava les mains plusieurs fois et sortit marcher dans la propriété.

XII

L'air de cette fin d'été était doux. La nuit était avancée et étoilée. Malgré tout, Esther ne parvenait pas à trouver l'apaisement. Tout se précipitait. Tout avançait trop vite. Elle devait lire le journal d'Elzear mais elle doutait de trouver la force de le faire.

Elle déambulait dans le parc, désabusée et anxieuse.

Elle finit par s'asseoir sur le banc qui jouxtait la petite chapelle. Elle fixa l'obscurité, longuement, mesurant tout ce qu'elle découvrait, pesant ses émotions, classant ses informations. Elle mit la main sur la photo d'Elzear qu'elle avait encore dans la poche de sa veste. Elle la porta à ses yeux mais dut s'approcher du projecteur qui éclairait la chapelle pour la scruter.

Le jardinier approcha timidement d'elle, avec un pâle sourire :

— Que faites-vous là à cette heure, mademoiselle ? Vous m'avez inquiété. J'ai cru que c'était un rôdeur.

— Je prends l'air avant d'aller au lit, mon brave Jean.

— Il est près de 23 heures…

— Vous comprendrez que je peine un peu à dormir, expliqua Esther dans un soupir.

— Nous sommes tous très touchés par la mort accidentelle de M. Bertrand, vous savez, prononça le jardinier en s'asseyant près d'Esther. C'était un gentil patron, pas bêcheur. Quand il a acheté cette villa, il a eu la bonté de tous nous garder comme employés.

— Pourquoi aurait-il changé ? répondit Esther en hochant les épaules.

— Les propriétaires ne font pas dans les sentiments, en général. On sentait bien que votre père sortait d'un milieu modeste. Il n'était pas méprisant. Je vais même vous surprendre...

— Quoi ?

— Il en savait bien plus que moi sur les travaux de la terre et le jardinage. Il m'en a appris.

— Il était fils de paysan.

— Je sais bien... Au tout début, quand il s'est installé ici, nous discutions longuement en échangeant nos méthodes... Je lui en apprenais sur les fleurs et les coupes, il m'en apprenait sur les cultures de légumes. Et il avait de l'idée, je peux vous dire. C'est lui qui m'a indiqué de tailler les charmilles du fond du parc en espalier. Je les coupais traditionnellement... Il trouvait cela banal... Tenez, je les ai encore taillées la semaine dernière et...

— Avez-vous vu cet homme ? le coupa Esther en lui mettant la photo d'Elzear sous les yeux.

Surpris, Jean prit la photo, la rapprocha de ses yeux, sortit ses lunettes, les mit, rapprocha encore le cliché de son regard, s'approcha de la lumière et observa l'image en silence.

— C'est Elzear, l'ancien collaborateur de mon père, le pressa Esther. Vous le connaissez ?

— Elzear, vous dites...

— Il a travaillé longuement avec mon père, à ses débuts, rue des Charmilles.

— Oui… J'ai vu cet homme. Récemment. Je l'ai d'abord pris pour un rôdeur. Il était si… louche.

— Vous l'avez vu ? demanda Esther en se relevant promptement pour rejoindre le jardinier près de la lumière.

— Oui, je l'ai vu. Assez souvent ces derniers temps.

— Où ? le pressa Esther.

— Autour de la propriété.

— Que faisait-il ?

— Je l'ignore… Il passait, repassait, semblait chercher à voir…

— Quoi ? Que cherchait-il à voir ?

— Vous.

— Moi ? souffla Esther stupéfaite.

— J'ai pas osé vous en parler, ni à votre père. J'allais le faire puis le rôdeur a disparu.

— Comment ça ?

— Un matin, il s'est approché de moi. Il m'a dit qu'il était un ami de M. Bertrand. Il m'a donné une enveloppe pour lui.

— Une enveloppe ?

— Je pense que c'était un rendez-vous.

— Comment le savez-vous ?

— Votre père a ouvert l'enveloppe devant moi quand je la lui ai portée dans le grand salon. Je peux vous dire qu'il a pâli.

— Et alors ?

— Il a dit : « J'y serai. »

— J'y serai ?

— Oui… C'était forcément un rendez-vous… En tout cas, c'est ce que j'ai pensé…

Esther partit se rasseoir sur le banc.

— C'était quand ? finit-elle par demander à Jean.

— La veille de sa mort, répondit le jardinier.

Il s'approcha d'Esther et lui tendit la photo. Elle la mit dans sa poche.

— Il m'a fait une drôle d'impression, ce type..., expliqua le jardinier en plissant un peu les yeux. Comment dire... À la fois il m'inquiétait à tourner autour du parc, à glisser des yeux indiscrets à l'intérieur... Mais, pourtant, il avait l'air inoffensif... Il me faisait pitié. Je ne saurais dire ce qu'il y avait sur son visage... beaucoup de chagrin. De l'histoire... Un jour, je l'ai surpris à vous épier à travers la haie. Vous lisiez une revue de mode sur un banc du parc, là-bas, sous la terrasse.

Jean désigna l'endroit du menton.

— Je me suis approché pour lui ordonner de s'en aller, poursuivit-il. Eh bien! Quand j'ai été proche... je n'ai rien pu lui dire...

— Pourquoi? frissonna Esther. Vous auriez dû le chasser.

— Il pleurait.

— Il pleurait?

— Il pleurait. En silence.

XIII

Le notaire arriva tôt, vers 9 heures. Esther avait à peine dormi trois heures. Elle entendit vaguement la sonnette puis des pas précipités dans le hall mais elle se rendormit. Sa grand-mère entra dans sa chambre, la secoua un peu pour qu'elle se hâte. De mauvaise grâce, accablée par la tristesse que le sommeil lui avait un temps ôtée du cœur, elle se leva, s'habilla et rejoignit le notaire dans le bureau de son père. Thierry était déjà installé sur un des fauteuils, visiblement impatient, face à sa grand-mère. Jean-Paul entra dans la pièce peu après sa sœur. Il n'avait pas dormi et il rentrait à peine de sa nuit de jeux. Il sentait l'alcool et portait une barbe de trois jours. Il avait son sourire blasé et provocateur des lendemains d'ivresse. Il s'affala sur une chaise.

— Où tu as passé ta nuit encore ? lui glissa Esther.

— Au *Brasilia*, comme d'habitude.

— C'est là que tu étais la nuit avant la mort de papa ?

Il lui jeta un regard oblique.

— Oui, pourquoi ?

— Comme ça, répondit-elle évasivement.

— J'y passe ma vie parce qu'il y a tout ce que j'aime...

— Te fatigue pas, j'ai compris, le coupa sèchement Esther.

Le notaire les invita à s'asseoir. Esther préféra rester debout.

— Bien, finit par prononcer le notaire en ouvrant sa sacoche d'un air professionnel et posé.

Il sortit un petit dossier, le posa sur le bureau et poursuivit :

— Je suis là pour régler l'héritage de monsieur votre père.

— Sans blague, glissa Jean-Paul en bâillant.

Le notaire ignora sa remarque, rechaussa ses lunettes qui glissaient sur son nez et lut un premier papier qu'il résuma en ces termes :

— Monsieur votre père avait réglé son héritage de façon précise.

— Quand ? l'interrompit Esther à cran.

— Il y a presque un an, mademoiselle.

— Poursuivez, le pressa Thierry visiblement anxieux.

— Monsieur votre père laisse la direction de son entreprise, tous ses fonds et tous ses droits à sa fille Esther, ici présente. Elle devient l'unique propriétaire héritière de *Lescure et Co*. Il avait fait cette donation de son vivant.

— On le savait déjà, c'était prévu et signé, lança Thierry. Son entreprise, on n'en avait rien à foutre. Quoi d'autre ?

— Comment ça ? interrogea le notaire, surpris.

— Tout le reste ! le pressa Thierry.

— Il n'y a rien d'autre, coupa le notaire.

— Mais, articula Jean-Paul, la villa ? les épargnes ? Mon père avait une fortune !

— La villa revient à madame votre grand-mère, en usufruit. Puis, elle sera à vous trois.

— Mais le fric, on te demande ? insista Thierry en se relevant, presque menaçant.

— Votre père n'a pas laissé d'argent.

— Quoi ? cria Thierry en tapant un grand coup sur la table.

— C'est ainsi, se défendit le notaire. Son compte personnel est vide.

— Vide ? articula Thierry, blême.

— C'est vrai, coupa Esther. Le banquier m'a prévenue.

— Mais qu'est-ce qu'il a fait de son pognon ? demanda Jean-Paul extrêmement pâle.

— Je l'ignore, dit Esther en s'asseyant sur la chaise libérée par son frère.

— Le salaud ! glissa Jean-Paul en se détournant vers la fenêtre.

— Ça ne m'étonne pas ! lâcha Thierry. Il savait que j'avais besoin d'argent pour mon cabinet, la vache !

— Je t'en prie, le modéra sa grand-mère.

— Il m'a demandé de vous lire cette lettre, le jour où il disparaîtrait, reprit le notaire.

— Il va essayer de nous embrouiller, encore une fois, lança Thierry, hors de lui.

— Tais-toi ! répéta Honorée.

Esther observait ses frères en silence, abasourdie par leur réaction. Il y avait beaucoup de colère en eux. Elle leur en voulut, une fois de plus, pour leur intéressement et leur détachement vis-à-vis du décès de leur père. Elle se sentit plus seule que jamais, face à sa grand-mère imperturbable et glacée, face à ses deux frères qui avaient si peu de peine.

Le notaire se leva, s'approcha de la fenêtre pour être éclairé et lut :

« Mes enfants, si M. le notaire est à vous lire cette lettre, c'est que vous n'avez plus de père. Je tenais à vous laisser, par sa voix, mes dernières volontés et mes derniers mots. Je ne serai pas long. Ne t'agace pas, mon cher Jean-Paul. Tu vois, je te connais par cœur… Tu dois rêver à cette heure de rejoindre ton lit pour y chercher le sommeil avant de repartir dans les bistrots. J'aurais tellement voulu t'arracher à ce penchant pour l'alcool et le jeu. Au final, je ne peux t'empêcher de te noyer qu'en te refusant tout appui financier. Je ne te laisse rien, si ce n'est le gîte et le tiers de la villa.

« Quant à toi, Thierry, je sais que tu bouillonnes de ne pas avoir l'aide financière que tu aurais souhaitée pour rembourser immédiatement ton cabinet mais ce ne serait pas un cadeau à te faire. Tu dois te construire toi-même, sans l'arrogance des enfants de bonne famille qui manquent de modestie et de talent. Tu dois travailler et faire tes preuves pour arriver à bâtir ta réputation et ta fortune. Je souhaite que tu puisses te regarder dans un miroir, quand tu seras vieux, en te disant : "Je l'ai fait, j'ai réussi. Seul." Et alors tu seras fier. Je sais que tu y arriveras. Tu as, dans tes gènes, de l'opiniâtreté. Comme ta grand-mère.

« Toi, Honorée, je ne puis te céder grand-chose dans la mesure où tu as toujours refusé le luxe et l'argent. Sache que je te suis reconnaissant d'être venue me rejoindre à Paris, pendant la guerre, pour m'aider à élever mes enfants. Tu as été leur mère, mieux que personne, et tu as tout donné pour eux. Je te laisse notre villa, pour que tu aies un toit, près de tes petits-enfants. Peut-être arriveras-tu à me pardonner, après ma mort, ce que moi je ne suis jamais parvenu à me pardonner.

« Enfin, je finis par ma petite Esther… Cesse de me pleurer. Immédiatement. Tu as désormais une grande entreprise à gérer, seule, et c'est ma plus grande fierté que de te savoir à la hauteur. Je t'en confie les rênes en pleine confiance. Et je te laisse tout mon amour. »

Un silence se fit.

— Qu'est-ce qu'il est dur, tout de même, lâcha Thierry. Ne pas nous laisser un sou !

— Il a raison, coupa Honorée. Son argent ne vous aurait rien apporté de bon, ni à l'un ni à l'autre. L'argent rend malheureux et égoïste.

— Il n'en prive pas Esther ! ne put se retenir Thierry.

— Il lui laisse l'entreprise, pas de l'argent ! tempéra la grand-mère.

— Quelle nuance, glissa Jean-Paul, pâle de déception.

— Je ne t'en veux pas, Esther, reprit Thierry aussitôt. Je sais que tu es la seule digne de confiance pour diriger l'entreprise. C'était convenu. Mais, tout de même, ne rien nous laisser à nous, ses deux fils ! Il avait tellement d'argent.

— Je ne sais pas tout de papa, coupa Esther. Moi non plus, je ne comprends pas.

Elle jeta un regard de biais à sa grand-mère qui se mura dans le silence avec cet air déterminé qui coupait court à tout espoir de l'entendre s'épancher.

Esther s'interrogeait. Où était tout cet argent que Bertrand avait retiré le jour de sa mort ?

Il lui fallait intensifier et accélérer ses recherches. Elle était certaine que Thierry était à la villa à l'heure du crime. Il lui fallait toutefois vérifier où était son autre frère, même si elle agissait à contrecœur, culpabilisant de devoir douter de Jean-Paul. Mais elle voulait la vérité et mener une enquête complète pour trouver l'assassin, sans laisser de place à l'imperfection. Après tout, Jean-Paul buvait beaucoup et il avait pu avoir une crise de délire. Les révélations qu'il lui avait faites dans sa chambre, la veille, accréditerait cette thèse. Il était capable de déparler lorsqu'il avait trop bu, alors pourquoi pas de tuer, par besoin d'argent ?

Dans l'après-midi, elle se rendit à l'établissement le *Brasilia* que fréquentait régulièrement Jean-Paul. Les rideaux rouges de l'entrée étaient fermés mais la porte d'entrée était ouverte. Elle pénétra à l'intérieur et n'y trouva qu'une femme de ménage. L'établissement n'ouvrait ses portes qu'à 20 heures. Il y avait encore dans la vaste salle des relents d'alcool et une odeur de tabac froid qui lui donnèrent la nausée. La femme de ménage la congédia en lui disant qu'il n'y avait personne et qu'elle n'était jamais là le soir. Au moment où Esther sortait, elle croisa une grosse femme habillée de blanc, très maquillée, juchée sur des talons aiguilles, un brin vulgaire. À la façon dont la bonne la salua, Esther comprit que c'était la patronne.

— Excusez-moi, madame, la sollicita Esther en lui serrant la main.

— Que faites-vous là, mademoiselle ? On est fermés.

— Je vous prie de m'excuser mais voilà, je suis la sœur de Jean-Paul.

— Ah ! ce bon vieux Jean-Paul. Il était là encore hier soir, sourit-elle.

— Oui, je sais. Mais je voudrais savoir s'il était là samedi dernier ?

— Pourquoi ? Je n'ai pas l'habitude de contrôler mes clients ! trancha-t-elle.

— C'est très important pour moi.

— Il aurait fait quelque chose de mal ?

— Non... C'est pas ça. Au contraire... Enfin, je voudrais savoir jusqu'à quelle heure il est resté ici. Voilà.

— Mais comme tous les samedis, mademoiselle. Jean-Paul joue toute la nuit ou presque. Moi, je ferme officiellement à 5 heures du matin. Mais mes joueurs débordent un peu...

— Il n'est rentré chez nous que vers 10 heures. Je dois savoir où il était entre-temps.

— Tout ça ne me regarde pas, se renfrogna la petite femme.

— Très bien. Alors c'est la police qui vous interrogera la prochaine fois, pas moi. Et elle sera très intéressée par vos horaires de... nuit.

La patronne s'empourpra de colère.

— Que voulez-vous au juste ? lança-t-elle en se rapprochant d'un pas.

— Où était mon frère entre 5 heures et 10 heures dimanche dernier ? Si vous le savez, dites-le-moi.

— Il finit toujours la nuit avec Sandra... ou Isabelle...

— Je peux les trouver ?

— Elles ont des chambres dans l'immeuble d'en face. Au dernier étage. Mais, à mon avis, elles dorment encore.

— Eh bien, je les réveillerai.

Esther traversa la rue et monta dans la cage d'escalier de l'immeuble en question. Au dernier étage, il y avait sur un même palier deux chambres de bonnes. Elle tambourina sans ménagement à la première porte. Pas de réponse. Elle insista.

— Qu'est-ce que tu veux ? lui demanda une voix qui la fit tressaillir juste derrière elle.

C'était une jeune femme noire qui habitait la chambre d'en face. Elle était visiblement encore en pyjama mais n'avait pas l'air hostile, simplement très fatiguée.

— Je cherche une dénommée Sandra.

— Sandra, elle dort encore à cette heure. Tu veux que je lui laisse un message ?

— Je veux la voir.

— Qui es-tu, une flic ?

— La sœur de Jean-Paul.

— Il lui est arrivé quelque chose ? demanda la jeune femme soudainement inquiète en s'approchant d'Esther.

— Non, pas du tout. Mais je dois savoir s'il a passé la nuit ici samedi dernier.

La jeune femme réfléchit un moment et jeta :

— Oui, et avec moi.

— Avec vous ?

— Jean-Paul est un de mes plus fidèles clients du samedi…

— Il est reparti à quelle heure d'ici ?

— Il avait fait sonner sa montre vers 10 heures parce qu'il avait un truc… un repas, je crois.

— Ok. Merci, mademoiselle.

— Bonne journée, lui lança la jeune femme en bâillant bruyamment.

Esther sortit de l'immeuble le cœur léger. Ses frères étaient tous les deux innocents, c'était sûr. Quant à Gladys, Honorée ne l'avait pas vue sortir de la villa le dimanche matin du crime. Désormais, tous ses soupçons portaient sur Elzear. Mais Esther tenait à vérifier une dernière piste.

XIV

Elle mit un peu de temps à trouver la poissonnerie Müller, rue Blanc. L'établissement avait changé de nom. Mais comme c'était l'unique commerce de poissons dans la rue, elle avait fini par rentrer. Elle avait demandé à la vendeuse si elle connaissait l'ancien propriétaire Müller. La jeune femme l'avait regardée interloquée en expliquant :

— Müller, mais... Il y a longtemps qu'il est mort, madame. Mes patrons ont racheté la poissonnerie après guerre, à sa fille.

— Quand est-il mort ? tenta Esther.

— J'en sais rien, à la fin de la guerre, je crois.

Derrière elle, les clientes s'impatientaient et faisaient des réflexions sur sa curiosité.

— Allez voir le vieil Hippolyte, au café du coin, il sait tout, lui jeta la vendeuse en encaissant.

Esther se dirigea vers le café indiqué. En terrasse, des groupes de jeunes prenaient un café. Il y avait aussi quelques clients isolés, tournés vers la rue, qui regardaient la vie autour d'eux, l'air absent.

Esther entra dans le café, un peu gênée. Elle choisit une table près de la fenêtre et attendit que le serveur vienne prendre la commande.

— Excusez-moi, demanda-t-elle au jeune homme après avoir commandé un soda, je fais des études d'histoire… sur l'Occupation… Je suis en thèse. On m'a dit qu'un M. Hippolyte pourrait me renseigner.

— C'est le patron. Je vais vous le chercher… Il perd un peu la boule mais il adore déballer ses souvenirs de guerre… Lui, il était résistant, il a été médaillé par de Gaulle, alors vous pensez !

Esther patienta en buvant son verre. Au bout d'un bon moment, elle vit un vieux monsieur s'approcher de sa table avec un sourire affable. Il avait une barbe blanche, des yeux très noirs et une pipe qui ne quittait pas sa bouche.

— Qu'est-ce que vous voulez savoir, ma petite demoiselle ? demanda-t-il en s'asseyant avec mille précautions sur la chaise d'en face.

Il avait visiblement du mal à se déplacer et il grimaçait de douleur quand il bougeait.

— Je souffre des articulations, expliqua-t-il en soupirant.

— Oh… Merci d'être venu jusqu'à moi, alors…

— Je ne suis jamais bien loin. Le café est à moi, je vis juste au-dessus. Je me suis fait installer un ascenseur pour monter et descendre.

— Voilà… Je travaille sur la guerre…, mentit Esther. Enfin, plus précisément sur la collaboration. J'ai trouvé mention de Müller le poissonnier dans plusieurs actes de bastonnade sur des Juifs et de dégradations de vitrine…

— Exact, mademoiselle. Müller était une crevure. Un des premiers à rallier la Gestapo et la SIPO. Il est entré dans la bande après juin 1940.

— Vous savez pourquoi ?

— Pour les mêmes raisons que beaucoup d'autres. Soit ils étaient des voyous, soit des aigris, des frustrés, élevés dans le poujadisme latent, dans les idées des ligueurs de l'avant-guerre. Müller, il travaillait dans les bureaux de la rue Vielle. Pendant l'été 1940, il a été chargé de recruter une bande de petites crevures antisémites pour faire de l'intimidation... Il laissait la boutique à sa femme et à sa fille, en couverture.

— Des actes d'intimidation envers les Juifs...

— Oui... Lui et ses hommes étaient à bonne école. Ils ont été formés par deux S.S. qui revenaient du front polonais. Leurs exactions ont commencé dans le 4e arrondissement, puis ils ont élargi. Ils agissaient en toute impunité, sur ordre de la Gestapo.

— Qui étaient les coéquipiers de Müller exactement?

— Deux sortaient juste de prison, c'étaient des petits voyous, des cambrioleurs, je crois. Les autorités françaises ont accéléré leur libération pour trouver des hommes à Müller. Le dernier était un ouvrier des tanneries. Ils agissaient selon une liste fournie par la préfecture à la Gestapo.

— Une nuit, ils ont pratiquement laissé pour mort un certain Elzear Bensoussan, près de la rue des Charmilles.

— Certains ont été retrouvés morts sur leur palier, vous savez... ou dans leur boutique.

— Ce Juif dont je vous parlais, Elzear, il a été sauvé par un homme qui a pris sa défense. Il a mis en fuite la bande de Müller.

— C'était courageux. Et dangereux. Il était armé?

— Non... mais... Vous pensez que l'équipe de Müller aurait pu chercher à se venger?

— Pour sûr... Savaient-ils qui était cet homme?

— Non… Mais ils connaissaient le Juif et Müller est venu rôder autour de la boutique les jours suivants.

— Je reconnais bien là cette ordure de Müller, articula le vieil homme avec une expression de dégoût profond. Non seulement il castagnait des Juifs mais il les menaçait ensuite de recommencer s'ils n'achetaient pas sa complaisance.

— Vous pensez qu'Elzear a pu payer Müller pour être tranquille ?

— Que oui ! Quand on a chopé ce salaud, à la Libération, il avait une fortune en billets planquée chez lui. À son procès, quelques-unes de ses victimes ayant survécu aux camps sont venues témoigner contre lui. Il laissait les plus fortunées en vie pour leur faire payer sa non-intervention… En réalité, Müller prenait le fric et s'arrangeait pour que les familles soient expropriées au plus vite, dans le cadre des lois sur l'exclusion des Juifs.

— C'est infâme !

— Vous en faites pas, on lui a troué la peau après son procès. Celui-là, il ne nous a pas échappé.

— Et ses coéquipiers ?

— Les deux petits voyous se sont fait descendre par la Résistance et l'ouvrier a été fusillé à la Libération, sans procès.

Esther avait la réponse qu'elle cherchait. Son père n'avait pas pu être assassiné par vengeance par un ancien milicien. Elle demeura un long moment à converser avec le vieil homme qui lui parla de son combat et de sa vie de façon intéressante. Elle le quitta à l'heure du souper. Elle avait passé l'après-midi avec lui, assise dans ce petit troquet du 13e.

Elle savait ce qu'il lui restait à faire.

Deuxième partie

LA QUÊTE

I

Esther était déterminée à traquer Elzear. Elle était persuadée qu'il avait quitté la ville peu après son crime. Elle devait déployer tous ses efforts pour retrouver sa trace dans les aéroports, les gares, les stations de cars. Ce travail de longue haleine ne l'effrayait pas. Elle était tout à ses recherches, obsédée par son enquête. De fait, son chagrin était moins torturant. Sa quête effrénée était une fuite.

Elle entra dans la gare de l'Est tôt ce matin-là. Elle avait dans son sac à main la photo d'Elzear. Elle passa de guichet en guichet en questionnant chaque employé. Elle demandait si quelqu'un avait vendu un billet de train au nom d'Elzear Bensoussan et elle montrait la photo. À ceux qui hésitaient à répondre, elle expliquait qu'il s'agissait d'un vieux monsieur qui perdait la tête et qui ne survivrait pas seul en voyage, sans soin. À d'autres, elle n'hésitait pas à glisser un billet. Mais elle se heurtait toujours à des réponses négatives. Elle se rendit alors à la gare Saint-Lazare et poursuivit son questionnement. Elle commençait à perdre espoir quand elle parvint au guichet d'une petite dame affable, très maquillée, qui lui demanda :

— Mademoiselle, votre sac à main ne serait-il pas un modèle *Lescure & Co* ?

— Si, madame. C'est l'entreprise de ma famille. C'est même moi qui ai conçu ce modèle.

— Oh! Enchantée de vous rencontrer. J'aime beaucoup votre dernière collection. C'est si... comment dire... moderne!

— On essaye de ne pas se laisser dépasser..., sourit Esther.

— Si je pouvais, je passerais ma vie à acheter des vêtements et des accessoires de mode. J'adore ça... Mais on va dire que ce n'est pas dans mes moyens... C'est en tout cas bien l'avis de mon mari.

Elle rit un peu fort et Esther tenta de l'imiter, sans grande réussite. Elle songea intérieurement qu'elle n'avait pas ri depuis la mort de son père.

— Que puis-je pour vous? finit par demander l'employée qui jeta un regard en biais à un chef qui passait derrière elle.

— Je recherche quelqu'un... Un monsieur du nom d'Elzear Bensoussan... qui aurait pris un billet ces derniers jours.

L'employée se rembrunit:

— On ne peut renseigner des inconnus sur nos clients, mademoiselle.

Esther posa son sac sur le comptoir en murmurant:

— Il est à vous si vous m'aidez.

L'employée changea d'expression, afficha un sourire complaisant et dit avec un clin d'œil:

— Oui... ce nom... cela me dit quelque chose... Attendez! Je vais consulter mon registre de la semaine passée... et ceux de mes collègues...

Elle farfouilla dans un grand carnet situé sous le guichet, pesta, retourna des papiers, les renversa, les reprit, les reclassa. Derrière Esther, la file d'attente devenait plus longue et on entendait des réflexions d'impatience.

— Voilà ! lâcha soudain l'employée de la gare tout bas. Je m'en souviens bien maintenant. J'ai vendu un billet pour Le Havre à ce monsieur. Jeudi dernier.

— Pour Le Havre, vous êtes certaine ?

— Oui. Je me rappelle même qu'il avait l'air pressé. Ma foi, il avait dû être très beau auparavant.

— Très beau ? Peut-être…, prononça Esther évasivement. Donnez-moi un billet pour Le Havre.

— Quelle date ?

Elle paya son billet, vida son sac à main et le tendit à l'employée qui l'attrapa d'un air satisfait, le plus discrètement possible.

Pour justifier son absence auprès de l'entreprise, Esther prétexta un voyage en Europe. Elle devait prospecter, consulter les tendances, afin de trouver de nouveaux marchés. Personne n'avait plus posé de questions. Elle s'était fait remplacer par sa première assistante pour un mois ou deux. C'était le temps qu'elle se laissait pour coincer Elzear. Ses frères et Honorée avaient été surpris par ce voyage impromptu. Mais ils s'en étaient tenus à ses explications évasives, connaissant l'entêtement d'Esther et son extrême liberté. Ils avaient conclu qu'Esther avait besoin de changer de cadre pour oublier son chagrin que tout lui rappelait ici.

Elle ne mit pas grand-chose dans sa petite valise. Le strict minimum : trois robes, quelques tailleurs et un peu de linge de corps. Depuis qu'elle avait décidé de retrouver Elzear, la mode et l'élégance ne l'intéressaient guère.

II

22 juillet 1942.

Ce matin, nous avons marché depuis la gare de Pithiviers sur une route qui ressemblait à un chemin de terre. La nature était belle, une nature d'été dans sa maturité, avec des feuilles bien vertes sur les arbres, des fleurs dans les prés, des chants d'oiseaux, des parfums exquis. Partout. Un bel été… qui aurait pu être beau. Avec une petite brise qui caressait nos visages. Je ne sais pourquoi mais, pendant cette marche vers le camp, j'ai repris espoir. Et je n'étais pas le seul. Il y en a même qui chantaient. D'autres qui riaient. Comme s'ils allaient en camp de vacances ou en colonie. Les gosses surtout couraient de-ci de-là, malgré les coups de gueule des gendarmes qui les recadraient.

Mais qu'est-ce que l'espoir si ce n'est un mensonge de l'esprit pour s'éviter le désespoir?

L'un n'est jamais loin de l'autre. Nous nous voilons tous la face pour ne pas sombrer dans la panique et l'angoisse les plus totales.

Et puis tout ne pouvait nous apparaître que meilleur après ces journées terribles au Vel' d'Hiv. Plus de sept mille personnes enfermées, femmes, hommes, enfants, vieillards, depuis le coup de filet du 17 juillet jusqu'au 19. Sans nulle explication. Comme si nous autres, Juifs, nous ne les méritions même pas. Enfermés là comme des bêtes sans eau ni nourriture, hormis une soupe claire qui nous a été proposée deux jours après notre arrivée.

L'odeur est vite devenue pestilentielle, les tinettes étant bouchées depuis le premier soir. La situation était intenable. Des malades étaient évacués sur des brancards. Une femme s'est jetée du haut des gradins. J'ai alors vu la mort en face et j'ai compris qu'elle ne nous lâcherait plus. Nous devions nous battre contre elle. Tous… Sinon nous donnions raison aux barbares.

Je suis encore poursuivi par ce bruit de fond incessant, avec les cris de femmes et d'enfants qui hurlaient, le jour, la nuit. Les gens restaient assis sur les gradins et les strapontins, craignant de dormir, espérant qu'on ouvre bientôt les portes. Bien sûr, des traces d'humanité survivaient : dans le regard d'une infirmière de la Croix-Rouge, dans le sourire d'un pompier qui nous donnait de l'eau… Mais tous ces braves gens auraient pu devenir des grands héros, des géants. Ils auraient pu devenir des humanistes, des justes : en nous ouvrant les portes. Mais les ordres étaient les ordres, comme si les ordres étaient tous bons à respecter. Et, pauvres de nous, nous restions enfermés les uns sur les autres dans ce stade conçu pour le sport et la compétition, pas pour être l'antichambre de notre déportation. Car je suis aujourd'hui convaincu que nous ne rentrerons jamais chez nous. Je ne sais quel sera notre sort, j'évite de trop me projeter mais je sais que je ne reverrai pas de sitôt la rue des Charmilles. Ni Bertrand.

Un sentiment d'injustice me taraude, me lacère le ventre : qu'avons-nous fait pour mériter ça ? Qu'avons-nous fait ? Pourquoi revivons-nous ce qu'ont vécu nos aïeux ?

Depuis notre arrestation rue des Charmilles, Judith est devenue folle. Elle est absente. Elle est insensible.

Cela a commencé au Vel' d'Hiv, le premier jour : elle portait Anaëlle contre elle sans la regarder, sans l'embrasser. Elle n'était plus capable de tendresse. Elle me faisait peur. Elle demeurait assise sur un strapontin, inerte, les yeux dans le vague. J'ai fini par prendre Anaëlle contre moi. Je ne la lâcherai plus jamais.

Elle doit vivre.

Je vois au fond de ses yeux une force et une détermination qui me redonnent espoir pour elle. Pour moi.

Nous avons fini par quitter le vélodrome après l'appel de notre nom dans un haut-parleur. Escortés par des gendarmes, nous sommes montés dans un autobus pour la gare d'Austerlitz. Dans le grand hall, j'ai eu des beaux souvenirs qui sont venus contraster avec ma détresse : j'étais venu dans cette gare pour partir en province visiter deux ateliers qui travaillaient pour la rue des Charmilles. J'étais avec Bertrand et nous avions mangé au Restaurant de l'Âtre *avant de monter dans le train. Nous avions bu une bouteille de bon vin et la vie était belle, à saisir, à croquer, à aimer. Je me souviens du rire de Bertrand. Il résonne dans ma mémoire presque chaque jour, avec tous nos moments de complicité et de bonheur. J'ai si mal. Il me manque tellement. Ses mots. Son amitié comme une parade à la douleur. L'odeur du tabac que nous fumions. Je rêve de fumer.*

Je rêve que je joue du violon. Mes doigts bougent tout seuls.

On nous a poussés dans des wagons à bestiaux sans nous dire où nous allions. J'avais la petite contre moi. Judith avait à peine la force de marcher. Elle était muette, livide, sans réaction. Comme un zombie. Je n'obtenais pas un geste de sa part. Elle s'éloignait de moi. De la vie. De son sort. Nous étions pourtant serrés l'un l'autre, à cause de la promiscuité. On a parcouru quelque quatre-vingts kilomètres puis on est descendus dans la gare de Pithiviers. Cela ne me disait rien du tout. Un gendarme m'a glissé que nous allions dans un camp. Nous y aurions des lits et de l'eau. Nous étions dans la Beauce. Encore en France ! Alors nous avons marché, un peu soulagés, vers ce nouveau lieu de détention.

Notre moindre malheur serait de pouvoir rester ici, à Pithiviers. Ce camp, destiné à la base à accueillir des prisonniers allemands, nous offre au moins des sanitaires et de l'eau pour nous laver. On peut circuler dehors, entre les baraques, même s'il y a des barbelés et des miradors. Il est installé sur un terrain plat qui doit faire dans les cinq hectares. Il est jouxté au sud par des champs et des cultures, à l'est par un grand parc à fourrage et au nord par la voie ferrée qui rejoint Orléans. Un bâtiment en maçonnerie à l'entrée abrite les bureaux des autorités du camp. Deux autres édifices en dur sont réservés à l'infirmerie et aux cuisines. Dans le reste du camp il y a une vingtaine de baraques préfabriquées de trente mètres sur six. Elles ont toutes le sol en ciment et des doubles parois de bois. Dedans, ce sont des alignements de châlits superposés. D'autres petites baraques auraient dû servir d'ateliers mais elles sont aussi utilisées pour accueillir les prisonniers.

Nous sommes surveillés par une centaine de gendarmes et de douaniers. Certains sont très jeunes. Beaucoup ont un drôle d'accent. Un accent du Sud. Je crois qu'ils ont été recrutés à la hâte. Par un gouvernement qui ne sait pas quoi faire de ses Juifs.

C'est mieux que les gradins du Vel' d'Hiv. Mais je suis très inquiet pour Judith et Anaëlle. Quand on est arrivés dans le camp, j'ai dû redonner Anaëlle à ma femme car, ici, les enfants doivent rester avec les mères. Les hommes sont à part. Mais Judith n'a pas voulu prendre la petite. Elle m'a regardé longuement comme si elle ne me connaissait pas. Elle a regardé aussi Anaëlle, avec des yeux absents, et elle a murmuré :

— Ce n'est pas mon bébé. Et tu n'es plus mon mari.

Comme les gendarmes s'impatientaient autour de nous, une dame s'est approchée et elle a tendu les bras vers Anaëlle en disant :

— Donnez-moi cette petite, monsieur. Je vais m'en occuper.

Elle a ajouté tout bas, à mon intention :

— Je vais me faire passer pour la mère.

Elle se nomme Clara Dentern. Elle était la secrétaire d'un médecin juif qui a été déporté lui aussi. C'est une femme directe, très franche et d'une grande sympathie. Elle a une énergie et un dynamisme qui sont communicatifs. Elle ne baisse jamais les bras et trouve toujours du positif dans les situations les plus graves. Elle est drôle aussi. J'ai pu lui parler ce soir, dans la cour du camp, au moment du repas. Elle avait toujours Anaëlle dans les bras et elle m'a juré d'en prendre soin. Chaque fois qu'elle essaye de la reposer, la petite hurle. Elle dort avec elle dans le châlit.

Clara s'est mise à côté de Judith dans le baraquement. Elle se fait du souci pour elle. Elle reste prostrée sur sa couche, sans boire ni manger quoi que ce soit. J'ai tenté d'aller la voir mais les gendarmes interdisent que nous rentrions dans les baraques des femmes. Son état me préoccupe beaucoup.

Bertrand me manque plus que jamais. Lui, il aurait su quoi faire. Il aurait su quoi dire. Il aurait su m'aider. Il a toujours su être là pour moi, pour nous. Mais il est si loin. Je ne regrette pas de lui avoir confié tout ce qui restait de moi, tout ce qui était à moi. Il a tellement de dignité.

Ces carnets vont le remplacer. Ils étaient cachés sous ma paillasse, dans une housse noire, avec un crayon de papier et quelques croquis. Je vais y coucher mes mots, quand je le pourrai. Pour le moment, la nuit tombe tard et, comme on nous oblige à nous coucher tôt, j'ai un peu de clarté et de temps pour écrire, le soir. Cela me sauve. J'en ferai mon confident. Pour tenir bon. Je me sens si seul maintenant que Judith a versé dans la folie.

III

Esther referma le journal. Elle remit le premier carnet avec les deux autres, dans leur housse de protection. Elle était troublée. Elzear décrivait son père comme elle aurait pu le faire, avec exactitude et sincérité, avec les mêmes mots que ceux qu'elle aurait pu employer. Cet inconnu lui devenait attachant. Proche. À cause de sa considération et de son amour pour Bertrand. C'était comme un lien entre elle et lui, un point commun, un partage de sentiments. Pourtant, elle ne devait pas s'apitoyer sur cet être qui était l'assassin de Bertrand. Il lui fallait garder toute sa colère à son encontre pour mener son enquête au mieux. Ce qui intriguait Esther, c'était la raison de son crime. Elzear apparaissait attaché à Bertrand.

Esther tenta de fermer les yeux, au moins pour les reposer. Le léger balancement du train la berça un peu mais elle ne trouvait pas le repos. Elle songeait à Elzear et à sa famille, dans le train qui les avait conduits à Pithiviers.

Elle brûlait de reprendre la lecture du carnet mais se le refusait. Une lecture précipitée lui ferait sans doute louper une piste, un indice. Chaque fois qu'elle commençait à sombrer dans le sommeil, elle se réveillait en sursaut, trop marquée par le récit qu'elle lisait.

Elle arriva à la gare du Havre dans un grand état de fatigue physique et mentale. Elle n'avait pas les idées très claires et hésita à commencer ses recherches tout de suite. Elle préféra prendre une chambre dans un hôtel proche. Mais la solitude l'oppressa. Elle prit le carnet, se jeta sur le lit pour poursuivre sa lecture, hésita, le referma, le rangea et sortit.

Elle monta dans un bus pour aller sur le port et sur le bord de mer. Elle tentait de se décontracter, de respirer le vent marin, d'écouter les cris des mouettes, mais elle demeurait mal à l'aise. Malgré elle, elle pensait au vécu d'Elzear et à ses mots pour décrire la foule entassée au Vel' d'Hiv. À ses mots pour décrire l'ennui de Pithiviers. À ses émotions. À ses doutes.

Elle était oppressée. Comme si elle compatissait. Des années après.

Elle s'éloigna et marcha un temps sur les jetées. Le bruit des vagues et la vue de l'étendue bleue la calmèrent. Mais elle avait toujours des échos du récit d'Elzear qui lui martelaient la tête. Elle se sentait entrer dans sa vie, dans ses souvenirs, sans discernement et cette idée l'effrayait. Elle pensa que la solution serait de ne plus toucher au journal pour éviter ce malaise. Elle savait que ce serait plus fort qu'elle.

Esther commença à écumer les hôtels en demandant si un certain Elzear Bensoussan était descendu récemment. Elle obtint presque toujours une réponse en inventant un mensonge convaincant, selon la personne qu'elle avait en face d'elle, à la réception. Aux jeunes femmes, elle évoquait un amant en fuite ignorant sa grossesse, aux vieux messieurs un père malade qui perdait la tête, aux dames un mari infidèle. Quand elle se heurtait à un réceptionniste trop scrupuleux, elle sortait des billets. Elle obtint ainsi presque chaque fois la consultation du registre, mais sans résultats. Elle parcourut Le Havre pendant deux jours entiers, élargissant sans cesse son cercle des recherches. Parfois, sur un trottoir ou au détour d'une ruelle, elle se figeait, glacée d'effroi. Elle croyait voir Elzear. Mais elle se ressaisissait. Elle devait tenter de se reposer, de se rasséréner, d'agir plus posément, avec bon sens et sans angoisse.

Au matin du troisième jour, alors qu'elle venait enfin de dormir quelques heures, elle eut une certitude qui lui apparut comme une évidence. Elle comprit qu'Elzear n'était plus au Havre. Cette ville n'avait été qu'une ville relais, une étape pour lui. S'il avait assassiné Bertrand et Maud, comme elle en était convaincue, il était parti outre-mer.

Comment avait-elle été aussi stupide pour écumer la ville et penser le trouver là, dans un hôtel ?

Elle se rendit sur le port. Elle questionna les bureaux d'embarquement pour l'Asie, pour l'Angleterre, pour l'Europe du Nord. En vain. Au soir de cette nouvelle journée de recherche, elle tenta encore une fois de réfléchir sereinement. Où un assassin chercherait-il à faire peau neuve ?

Elle tourna et retourna cette question dans sa tête pendant des heures. Ce n'était certainement pas dans une colonie française où l'administration policière pourrait le retrouver. Même s'il avait déguisé son crime en faisant croire à un incendie, il ne devait pas être complètement rassuré.

Elzear avait certainement choisi un pays neuf, un vaste pays, un lieu où il pourrait refaire sa vie, où il pourrait faire des affaires, sans risque d'être appréhendé un jour.

Le lendemain, Esther était la première dans la file d'attente des bureaux d'embarquement pour les États-Unis. Pour se débarrasser d'elle, l'employée finit par accepter de consulter le registre de ventes de billets. Elle trouva le nom d'Elzear sur un bateau qui était parti cinq jours auparavant pour New York.

Esther sortit des bureaux, triomphante. Elle marcha le long du quai, s'arrêta face à la mer et murmura en serrant les poings :

— On s'est loupés de peu, cher Elzear… Mais je t'aurai.

À ses yeux, le fait qu'il se soit éloigné confirmait ses soupçons. Elle retourna au guichet de réservation et acheta un billet pour le prochain bateau pour New York.

IV

24 juillet 1942.

J'ai pu voir Judith ce matin, grâce à Clara. Elle est venue me chercher lorsque les gendarmes se sont éloignés du baraquement. Elle s'est postée à l'angle de la porte pour me prévenir quand ils reviendraient. Ils étaient très occupés car un nouveau convoi arrivait. D'habitude, ils surveillent nos faits et gestes. Les sanctions sont lourdes pour qui désobéit. Mais j'ai délibérément désobéi. Je devais voir ma femme. J'ai trouvé son lit grâce aux indications de Clara. Je suis resté pétrifié devant le spectre de Judith. Elle était méconnaissable : très amaigrie, l'air hagard, muette. Elle n'a pas paru éprouver quoi que ce fût. Elle a pourtant posé ses yeux sur moi un long moment et elle a plissé un peu les paupières comme si elle réfléchissait. Mais elle n'a eu aucun geste.

Elle m'en veut. Elle ne me pardonne pas.

Je la comprends. Moi aussi, je doute, parfois. Ai-je fait le bon choix ? Pour elle ? Pour notre Anaëlle ? Pour moi ? Pour Bertrand ?

Quand j'ai embrassé Judith, elle a bougé la tête, comme pour m'éviter. J'ai compris qu'elle avait définitivement renoncé à l'amour, à la vie... à moi. Elle a prononcé des mots terribles à mon encontre, alors que je m'apprêtais à partir. En sortant, j'ai entraperçu une femme qui nous écoutait. Je crois que c'était l'assistante de l'infirmerie. J'ai eu honte à l'idée qu'elle ait pu nous entendre.

Je me suis enfui dans la cour pour rejoindre Clara. J'ai pleuré comme un gamin. Je savais que ma femme allait se laisser mourir et que je n'aurais plus personne avec moi pour tenter de sauver Anaëlle. Elle était là justement, la petite Anaëlle, accrochée à Clara, à me regarder avec ses yeux bleus, une risette au coin des lèvres. Son innocence, sa fragilité m'ont sauté au visage. J'ai su encore une fois que je devais survivre avec elle. Je l'ai prise dans mes bras et je l'ai promenée dans le camp, en la tenant par la main et en la serrant de temps en temps contre moi, très fort. Au moment de regagner les dortoirs, je l'ai confiée à Clara.

— Merci, lui ai-je glissé.

— M'occuper d'elle me raccroche à la vie, a-t-elle répondu. Et vous devriez en faire autant, a-t-elle ajouté.

Clara a un caractère très fort, redoutable même. Elle me porte. Elle me pousse. Elle est ma bouée de sauvetage, comme Bertrand le fut jadis.

La vie s'organise peu à peu, ici. Nous n'avons rien à faire et cet ennui est pire que tout. Nous n'avons pas le droit d'écrire, hormis une carte postale par mois et par interné, mais je n'ai pas de quoi payer le timbre. Nous ne pouvons recevoir de colis. Nous avons des corvées de nettoyage régulièrement, sous l'autorité des douaniers. L'emploi du temps est immuable, rythmé par deux appels par jour, auxquels Judith ne répond jamais. On est réveillés vers 7 heures pour boire un café allongé d'eau. Puis on fait des corvées ou alors on discute entre les baraquements. On prend le repas à 11 heures et le soir vers 18 heures. On éteint les lumières à 22 h 30, ce qui me permet d'écrire un peu ce journal, au coin de mon lit, discrètement. Les gendarmes ne me l'interdiraient peut-être pas mais j'ai peur qu'ils le détruisent. On ne peut pas dire qu'ils soient durs. Je crois qu'ils sont dépassés par les événements. Ils ont un peu honte, ils sont très mal à l'aise. Ils n'étaient pas préparés à faire ce genre de flicage. Il y a un manque d'organisation évident. Pour manger, nous n'avons pas de vaisselle. Certains prennent des boîtes métalliques qui leur servent après pour les besoins. Il n'y a aucune distribution de linge propre. Notre petite chance est d'être en été. On peut laver nos vêtements, à l'eau, et les faire sécher. Mais il y a des bagarres et des disputes pour l'accès aux lavabos.

Je ne pensais jamais tomber aussi bas. Mais je crains de tomber encore plus bas.

Clara et moi tentons de nourrir Anaëlle pour le mieux. Je lui garde mon pain. Je récupère la pluie dans une gamelle pour qu'elle puisse boire de l'eau potable non corrompue. Nombre d'enfants sont déjà malades du typhus ou de fièvres diverses. Anaëlle, je dois la sauver. C'est un devoir. Et je la sauverai.

Je marche des heures et des heures avec elle dans mes bras. J'aime la voir courir, un peu maladroitement, dans les allées. Parfois, elle s'arrête, se retourne sur moi pour vérifier que je la regarde toujours et elle rit. Si elle savait… Si elle comprenait. Mon Dieu. Il n'y a plus que l'enfance qui protège des coups reçus.

Les adultes sont à cran. Les hommes se battent pour un rien. Ils jouent souvent aux cartes. Moi, je n'arrive pas à me concentrer sur le moindre jeu. Je ne puis me détacher un instant de ce que je vis, de ce que nous vivons tous, ici. On nous a tout pris. Notre liberté, nos biens. Cette pensée m'accable et me mortifie.

Je parle beaucoup avec Clara. C'est vraiment une chic fille. Sans sa protection, j'aurais perdu Anaëlle. Elle la garde près d'elle les nuits, dans son lit. Je crois que s'occuper de la fillette la tire de ses propres terreurs. Au camp, on nous prend parfois pour un couple, comme nous sommes toujours tous les deux, à discuter, avec Anaëlle. Mais notre relation est tout bonnement amicale. Nous sommes comme deux naufragés qui nous agrippons l'un à l'autre avec Anaëlle qui tisse un lien entre nous.

Il est vrai que des couples se forment dans notre entourage. Finalement, la vie continue dans ce ghetto de la honte et du rejet. Pour combien de temps encore, je l'ignore.

Je voudrais que les choses évoluent. J'étouffe. J'ai peur. Mes nuits d'insomnie, je suis assailli de beaux souvenirs qui me font mesurer mon immense amour de la vie. De ces petits souvenirs du quotidien qui étaient une merveille cachée : le temps passé à la boutique, à recevoir les clientes, à plaisanter, le temps passé sur notre balcon de la rue des Charmilles, à boire un café, les soirs d'été, le temps passé à l'opéra, aux concerts, le temps passé à faire l'amour, le temps passé à rire. Je ne ris plus. Je crois que je ne rirai plus jamais et cette pensée me terrifie. La vie devrait être un éclat de rire perpétuel. Ici, on nous arrache les rires des lèvres.

Une seule fois, par le passé, j'ai eu la peur au ventre, cette peur de mourir, cette peur de ne plus jamais pouvoir rire. La nuit où Bertrand m'a sauvé des griffes des miliciens qui s'acharnaient sur moi. J'ai vu la mort arriver, sous la pluie des coups. J'ai connu la douleur, du corps, celle du cœur, brisé par l'injustice, par l'humiliation. Et puis, au moment où on plonge, au moment où on doute de l'humanité même, on comprend que les fous et les barbares ne sont pas les seuls au monde. On comprend qu'il y a des êtres justes. Des êtres profondément humains. Des êtres tels que l'est Bertrand.

Toutes mes pensées vont à lui, chaque jour, chaque nuit. Je sais que, ici, il n'aurait jamais renoncé, qu'il n'aurait jamais baissé les bras. Je sais qu'il serait dans un projet de fuite, de résistance, d'affaires même. Mais il serait actif, arrogant, révolté. Il aurait ce qui me fait défaut. Il saurait me dire que mes choix ont été les bons. Que si Judith était morte, c'est parce qu'elle le souhaitait. Qu'elle n'en pouvait plus. Que c'était cette guerre et les barbares qui l'avaient tuée. Que ce n'était pas ma faute. Que j'avais toujours tout construit avec le souci de bien faire.

Mais voilà, Bertrand n'est plus là pour me rassurer et je crains de ne plus jamais le revoir.

V

Esther referma le carnet promptement, comme brûlée par les mots. Elle le jeta au bas du lit où elle était installée dans un hôtel bruyant près de la gare. Elle se leva, ouvrit la fenêtre, respira l'air venu de la mer. Elle se sentait oppressée. Elle avait l'impression d'être gagnée, comme par contagion, par l'angoisse qu'Elzear dépeignait dans son journal. Les mots qu'il utilisait pour parler de son père lui faisaient venir des larmes. Son amitié pour lui la touchait.

Elle regarda les gens dans les rues, elle les écouta, elle entendit les rires, les éclats de voix et elle se calma, petit à petit, en murmurant :

— C'est fini tout ça, c'est fini toutes ces horreurs.

Mais elle eut du mal à se remettre au lit. Les mots revenaient en écho, harcelants, blessants. Qu'avaient fait tous ces gens pour mériter pareil traitement? Elle parvint à s'endormir mais fut réveillée peu après par un terrible cauchemar.

Elle voyait une femme extrêmement maigre dans un lit de dortoir. La femme se levait et elle s'écroulait, en un tas d'os avec un cri d'effroi. Son bébé gisait près d'elle.

Esther reprit le journal. À la fois terrorisée et captivée.

VI

27 juillet 1942.

Clara a trouvé Judith morte dans son lit, à l'aurore. Elle est venue me l'annoncer alors que je marchais dans la cour, comme tous les matins, pour éviter de trop penser. À sa mine, à sa façon de serrer Anaëlle contre elle, j'ai compris. Je me suis approché du baraquement et j'ai vu deux gendarmes sortir le cadavre de ma femme. Elle était recouverte d'un drap. Ils l'ont chargée à l'arrière d'un camion bâché. Ils ont démarré.
Voilà.
Je ne verrai plus jamais Judith. Et je dois continuer à vivre avec la culpabilité de l'avoir tuée.

VII

Esther embarqua à l'aube sur le paquebot qui menait à New York. La première journée, elle demeura dans sa cabine à tenter de dormir. Au souper, elle sortit et gagna le restaurant, un peu intimidée de paraître seule. Elle choisit une table près d'un grand hublot. Elle regardait la mer onduler, sans pensées précises. Le brouhaha de la salle la berçait. Elle but deux verres de vin et se sentit plus décontractée. À la table d'à côté, il y avait une vieille dame extravagante qui riait fort. Elle avait les cheveux teints d'un roux presque rouge et portait des lunettes rondes aux montures de la même couleur. Ses yeux étaient surchargés de maquillage. Sa tenue colorée accentuait son originalité. Elle dégageait une gaieté communicative. Elle était accompagnée par deux messieurs élégants avec lesquels elle parlait en anglais. De temps à autre, elle souriait à Esther.

— Vous voyagez seule, jeune fille ? finit-elle par lui demander.

— Oui. Je vais à New York pour mon travail.

— Accepteriez-vous de manger le dessert avec nous ? Ces deux gentlemen sont très ennuyés de vous voir isolée. Vous connaissez la courtoisie anglaise…

Esther prit son assiette et vint s'installer près de la dame qui se présenta :

— Je suis miss Henriette Nittle.
— Esther Lescure. Enchantée.
— Lescure… Cela me dit quelque chose.
— Aimez-vous la mode parisienne ?
— Je la connais un peu…
— Je dirige le groupe *Lescure et Co*. Nous faisons essentiellement dans le vêtement féminin mais je tente d'élargir nos collections.
— Oh…
— Je pense à la vente par correspondance…
— C'est une riche idée. Vous verrez qu'aux États-Unis cette technique de vente est utilisée depuis les années 1930 et elle marche très bien. Mais peut-être le savez-vous ?
— Je ne suis jamais allée en Amérique.
— Diantre ! Il faut connaître les États-Unis pour comprendre le monde actuel. Ce sont eux qui le gouvernent et qui déterminent ce qu'il sera. Mais je ne le dis pas trop fort car mes deux comparses sont très *english*… Ils n'apprécient guère que leurs cousins d'Amérique leur aient soufflé le premier rang mondial.
— *What ?* demanda un des messieurs, l'air intéressé.

Henriette rit un peu et finit par proposer un tarot. Enchantée de se divertir, Esther accepta volontiers. Cette vieille dame avait de l'énergie et un humour fou. Elle mena les parties avec aplomb et élégance, plumant systématiquement les deux Anglais en adressant des clins d'œil à Esther.

— Où avez-vous appris à jouer aussi bien ? finit par demander Esther épatée.

— À Pithiviers, répondit la vieille dame en gardant son sourire et en jetant un regard de biais à Esther.

Elle resta pantoise un moment, ébranlée par cet aveu aussi détaché et finit par articuler :

— Vous avez été déportée ? finit-elle par articuler.
— Internée.
— C'est-à-dire ? interrogea Esther qui ne comprenait pas la nuance.
— On en reparlera, ma chère, dit Henriette en lui tapotant la main. Mais sans larmoiement, je ne les supporte pas. J'ai vécu cette triste expérience des camps, je m'en suis sortie et j'en parle sans ruminer la douleur. C'est de l'histoire passée. Jouons !

Esther tenta de reprendre le jeu mais elle était troublée. Ses mains tremblaient un peu. Elle regardait Henriette du coin de l'œil et s'interrogeait. Peut-être avait-elle rencontré Elzear et sa famille lors de leur transit par Pithiviers.

— Qu'avez-vous, ma chère, vous n'êtes plus du tout au jeu ! lui reprocha Henriette.
— Je dois vous parler. C'est important.
— Je n'interromps jamais une partie, dit sèchement Henriette.
— Alors c'est moi qui l'interromps, dit Esther en posant ses cartes.

Elle sortit du restaurant et fit quelques pas sur le pont supérieur. Elle s'accouda à la balustrade et regarda la mer, au loin. Elle espéra longtemps qu'Henriette la rejoigne. En vain. Elle regagna sa cabine, déçue et nerveuse. Vers minuit, elle alla frapper à la cabine d'Henriette dont un employé du bateau lui donna le numéro. Henriette la rabroua gentiment sans lui ouvrir. Pourtant, le lendemain, pour le petit déjeuner, elle vint s'asseoir près d'Esther en lui souriant.

— Je vous écoute…, lança-t-elle dans un soupir. Allons-y avant que mes deux gentlemen arrivent.

Elle se servit une grande tasse de thé, mit du sucre, du lait et saisit un croissant. Esther la regardait, déstabilisée.

— Vous êtes restée longtemps à Pithiviers ? finit-elle par demander en reposant sa tartine.

— Presque deux ans.

— Pour quels… motifs ?

— J'étais communiste. Je travaillais dans une librairie qui vendait des traductions d'ouvrages anglais, dans le Cher. On m'a arrêtée avec des tracts des francs-tireurs alors que j'avais à peine vingt ans.

— Vingt ans !

— Oui. On m'a dénoncée… J'ignore qui, d'ailleurs. Peu importe aujourd'hui…

— Peu importe ? Mais comment pouvez-vous pardonner ?

— Je ne pardonne rien. Je me refuse à ressasser… J'ai été mise en prison puis condamnée par un tribunal d'exception qui siégeait à Tours. Le fait d'être une femme m'a sans doute sauvée de la peine de mort.

— Mon Dieu…

— On m'a jetée en prison. Début juillet 1942, une gardienne m'a dit que Vichy recrutait des prisonnières pour servir d'aide dans les camps du Loiret. J'ai demandé à poursuivre ma détention là-bas, pour aider. On m'a envoyée à Pithiviers comme assistante à l'infirmerie. Quand j'y suis arrivée, il n'y avait encore que des hommes, des Juifs d'origine étrangère pour la plupart, et quelques résistants de la région qu'on ne savait où mettre. Les rares femmes étaient des prisonnières politiques, comme moi.

— Ce n'était pas trop dur ?

— Je n'ai pas de mauvais souvenirs de mon premier mois à Pithiviers. Le camp était en pleine campagne, nous étions libres de nous promener entre les baraques et je me souviens d'une période riche en rencontres, en discussions. Nous résistions par nos mots. Nous avions tous des points communs. Nous étions pétris des mêmes idéaux. Nous pouvions écrire, dessiner. Nous jouions aux cartes, certains même faisaient de la musique ou écoutaient des radios. J'ai eu des amants, des beaux gars que je retrouvais la nuit. Je n'étais pas malheureuse.

— C'est rare d'entendre parler des camps de cette façon-là, glissa Esther.

— Je vous avais prévenue, très chère. Je n'aime pas pleurnicher. Pithiviers, au début, ce fut pour moi une vie pleine, des amours, du jeu, des rires. C'était bien mieux que ma cellule de prison à Tours, je vous le garantis ! Mais par la suite…

— Les déportés juifs sont arrivés…

— Oui… Pithiviers est devenu l'antichambre de la déportation. Un camp de transit, si vous voulez. À partir de ce moment-là, c'est devenu insupportable… de voir… la souffrance des déportés du Vel' d'Hiv… puis des autres raflés… de la zone sud. J'ai vu passer tant de familles qui partaient vers l'inconnu… Elles ont commencé à arriver fin juillet… de cette foutue année 1942… Je me souviens des premiers convois.

C'était un désordre inimaginable… Tant de parents désemparés… Ils entraient dans le camp, égarés, entre espoir et terreur. Ils ne savaient rien de leur sort. Certains chancelaient d'angoisse, d'autres étaient silencieux, d'autres chantaient. Ils ont reçu un numéro de baraque, les hommes et les jeunes garçons d'un côté, les femmes et les petits de l'autre. Rapidement, ce fut la pagaille, à cause du manque de places. Des centaines de femmes essayaient de se trouver un lit, avec les enfants qui pleuraient, qui criaient dans leurs jupes. Les gendarmes les houspillaient. Ces types-là, trop jeunes ou trop vieux, étaient débordés. Ils les fourraient dans les baraques sans égard.

— J'imagine.

— Certaines femmes pleuraient. D'autres s'organisaient pour trouver la meilleure place pour leurs petits. J'en ai vu rester calmes, dignes et donner l'exemple. Les plus orgueilleuses refusaient d'entrer dans cet espace malodorant où on perdait toute trace d'intimité. Elles ne voulaient pas faire partie de ce troupeau humain. Mais elles ont bien fini par se soumettre.

— Pas le choix…

— Elles le vivaient comme une profonde humiliation…

— Il n'y avait plus de respect pour personne.

— Oui… C'est ça. Plus de respect. De tout petits enfants s'accrochaient désespérément à leur mère, le regard affolé, extrêmement fatigués par ces longues nuits passées au Vel' d'Hiv, sur les gradins. Les visages des petites filles étaient tirés. Comme si ces journées venaient de les arracher à l'innocence, à la quiétude, à l'insouciance. Comme si elles entr'apercevaient déjà ce qui allait venir. Le pire. Car, pour tous ces pauvres gens, chaque journée était pire que la précédente. Pire dans le manque d'hygiène. Pensez, il n'y avait pas de quoi servir à manger. Pire dans la promiscuité… Les femmes passaient de l'épuisement à la panique, de l'abattement à l'affolement. Je les rassurais comme je pouvais, je soignais les petits avec dévouement en assistant au mieux l'infirmière. De fait, nous n'avions presque rien…

Esther se taisait. Elle avala une gorgée de thé. Elle devait tenter d'en apprendre davantage sur Elzear, sans brusquer la vieille dame.

— À Pithiviers, vous avez côtoyé des Juifs qui venaient du Vel' d'Hiv, alors ? demanda-t-elle.

Henriette lui jeta un regard plein de tourments, sembla se reprendre et affirma, d'un ton glacial :

— Ne comptez pas sur moi pour en parler. C'est très malsain quand on a eu la chance d'en réchapper.

— Je n'attends rien. Je cherche une vérité.

— Laquelle ?

— Je ne veux ni être indiscrète ni impudique. En aucun cas. Je recherche simplement des renseignements sur le meilleur ami de mon père, un certain Elzear.

— Cela ne me dit rien, répondit Henriette sans s'appesantir.

— Il y avait son épouse avec lui. Je ne sais pas trop dans quelles circonstances elle est morte.

— Vous êtes sûre qu'elle est morte à Pithiviers ?

— Oui. Peu après son arrivée. Elle se serait laissée mourir… alors qu'elle avait sa petite avec elle… Elle s'appelait Judith Bensoussan. Et sa petite, Anaëlle.

Henriette détourna les yeux. Elle resta silencieuse un long moment. Esther comprit qu'elle savait quelque chose mais elle ne la pressa pas.

— Quand Judith est arrivée dans notre baraquement, articula faiblement Henriette, c'était une femme anéantie. On était le 21 juillet. Un jour maudit. Judith s'est jetée sur sa paillasse, pour ne plus s'en relever. Jamais. Elle avait encore un physique charpenté mais elle a dépéri très vite. On ne pouvait rien lui faire avaler. On lui rapportait pourtant du pain ou des bouillons mais elle se laissait mourir. Elle n'avait plus cette petite lueur d'espoir au fond d'elle, cette étincelle qui maintient en vie, malgré tout. Je me souviens qu'une autre détenue l'avait prise sous sa protection.

— Une certaine… Clara.

— Oui… Une femme extraordinaire, avec une capacité de se donner aux autres qui l'honorait. Elle s'est beaucoup occupée de Judith et de sa fille Anaëlle. Les nuits, elle restait éveillée près d'elles.

— Judith ne dormait pas ?

— Non… Elle délirait de fièvre. Elle faisait peur à tout le dortoir, comme si ses hallucinations n'étaient qu'une immense peur collective, une projection condensée de nos angoisses, comme si ses cris étaient tous les nôtres, comme si cette pauvre femme était notre agonie à venir, à nous toutes… notre folie potentielle… La voix de notre perte. Judith pleurait, elle hurlait. Clara tentait de la calmer, de l'apaiser.

Elle lui posait un linge frais sur le visage. Ce qui me faisait pitié, c'était la petite...

— Anaëlle.

— Oui, Anaëlle... Judith refusait de la prendre contre elle. Elle répétait que ce n'était pas sa fille.

— Elle ne la reconnaissait plus ?

— Non... Les nuits de délire, elle disait qu'on lui avait volé sa petite et elle l'appelait : « Anaëlle. Anaëlle... » Elle criait son nom. Elle le hurlait. Sans cesse... Mais quand Clara lui portait la fillette, elle ne semblait pas la voir ni la reconnaître.

— Mon Dieu, comme l'enfant a dû en souffrir.

— Elle était petite... Trois ans et demi. Elle trouvait du réconfort dans les bras de Clara qui faisait croire qu'elle était sa mère... pour la protéger. La petite Anaëlle a appris rapidement à vivre en fusion avec elle... Heureusement. Comme quoi, on a toujours un peu de chance dans le pire de nos malheurs... Dès qu'elle était en dehors du baraquement, Anaëlle courait vers son père. Il l'avait souvent avec lui, dans la cour. Lui aussi il souffrait, pauvre homme... cet Elzear... Un jour, il a réussi à entrer dans la baraque des femmes, grâce à Clara. J'étais sur ma paillasse, pas très loin de sa femme. Il s'est assis près d'elle, il lui a parlé.

— De quoi ?

— J'entendais mal et je ne cherchais pas à entendre. Mais j'ai cru comprendre qu'il cherchait son pardon...

— Se faire pardonner, mais quoi ?

— Au sujet d'un Bertrand.

Esther dissimula au mieux sa stupéfaction.

— Judith n'a pas réagi à la présence de son mari, reprit Henriette. Comme si elle ne le connaissait pas. Quand il s'est éloigné, elle lui a dit : « Va au diable. » Ces mots m'ont glacée… Il allait y aller, pauvre homme, au diable. Elle ne croyait pas si bien dire… J'ai failli courir, le rattraper, pour l'aider, ce grand type… J'ai pas osé. Puis Judith est morte, un matin. Lui, il a été déporté trois jours après. Sans la petite…

— Les hommes sont partis en premier ?

— Oui… Puis les femmes, plus tard.

— Sans les enfants ?

— Sans les enfants. Je n'ai jamais rien vu de plus insupportable que ces gamins triés et écartés de leurs mamans.

— Mais comment expliquer une décision pareille ? bafouilla Esther.

— On le sait maintenant. Il y a eu des études historiques… Depuis le début des rafles, les autorités de Vichy étaient embarrassées par le sort des enfants arrêtés avec les parents. Elles faisaient pression pour pouvoir déporter les petits mais l'ordre de l'Allemagne tardait. Les camps polonais n'avaient pas reçu l'ordre d'accepter les enfants et, de fait, les premiers enfants à être gazés allaient venir des convois français.

— C'est affreux.

— Surtout quand on songe que les familles concernées croyaient avoir trouvé en la France un pays de liberté et de tolérance.

— Le pays des droits de l'homme et du citoyen…

— Le refus des Allemands de déporter les enfants était préoccupant pour l'administration de Laval. Qu'allait-elle faire des gosses ? Vichy s'était engagé à livrer un certain nombre de Juifs : treize convois pour le mois d'août. Or il allait manquer des milliers de personnes pour remplir les convois, les Juifs de la zone libre n'ayant pas pu être regroupés à temps. Pour les autorités pétainistes, il a fallu trouver une solution pour respecter les engagements avec les occupants allemands. Le dilemme fut vite résolu. Les parents encore internés dans le Loiret, en majorité les mères, partiraient pour compléter les convois, *via* Drancy.

— Mon Dieu, pour compléter des convois…

— Oui… Les mères sont donc parties peu à peu, sans les enfants. Au camp, les gardiens gardaient une femme, une pour quinze petits, selon les âges. De fait, j'ai demandé à être affectée dans un des bâtiments transformés en crèche. C'était un tableau pitoyable, bien entendu. Les rares mamans étaient anéanties, dépassées. Elles n'avaient pas notre recul. J'ai été soulagée de ne pas être mère. Cet attachement viscéral à son enfant, dans une telle tourmente, quand on le sent en danger, ce n'est pas supportable. De fait, j'ai vu des femmes devenir folles.

— Comme Judith…

—J'ai connu des situations bien pires que la sienne. Judith était comme… éteinte. Hermétique. Amnésique, surtout. Oui, c'est exactement cela : amnésique… Finalement, c'était sûrement la meilleure des carapaces pour elle. Une fuite d'elle-même. Les autres, j'entends, les mamans qui avaient leur lucidité ne pouvaient pas endurer la situation. Les plus attachées à leurs petits savaient qu'elles allaient partir, tôt ou tard. Elles savaient dans quelle solitude elles laisseraient leurs enfants. Certaines les ont vus mourir à l'infirmerie, du typhus, d'une appendicite, de la varicelle même. Le camp est devenu la tombe ouverte de leurs enfants. J'en ai vu une rester des nuits à se taper la tête contre un mur. Une autre s'est arraché tous les cheveux, un à un. Imaginez, Esther : certaines mamans avaient refusé de laisser leurs petits à Paris, chez des voisins ou dans une cachette quelconque. Elles n'avaient pas pu se séparer d'eux. Elles les avaient condamnés... par amour. La détresse et la peur de ces mères m'ont dissuadée à jamais de faire un petit.

— Je comprends...

— Jamais je n'aurais pu devenir mère après avoir vu l'esclavage et l'aliénation auxquels porte le sentiment maternel. C'est bien trop fort que d'aimer un enfant. C'est un oubli de soi, total... Voyez-vous, j'ai été capable de vivre des situations difficiles au Royaume-Uni, quand je combattais dans l'ombre pour les F.F.I. J'ai récupéré des amis à moitié morts, parfois torturés. J'ai connu la peur de mourir. Je sais ce que signifie se pisser dessus de trouille. Mais rien dans ma vie de résistante n'a été plus dur que Pithiviers après la déportation des mères. Imaginez tous ces gamins, de un à quatorze ans, entassés dans les baraques qui semblaient des hangars noirs, assis sur la paille, à pleurer, à languir, à se chamailler un bout de pain caché sous un vêtement. Heureusement, on était en juillet et il ne faisait pas froid, sinon les enfants n'auraient pas survécu longtemps. Il y avait des gales, des poux. Des gamins de deux ou trois ans se retrouvaient vraiment seuls, personne pour les consoler, pour les serrer, leur faire une place pour dormir. Ils appelaient leurs parents, leurs frères, leurs sœurs, toutes les nuits. Je faisais ce que je pouvais mais je ne pouvais pas grand-chose. Pour lutter contre la loi du plus fort, surtout…

— Que voulez-vous dire ?

— Les gendarmes avaient conservé la même organisation qu'avant le départ des adultes : il y avait toujours un chef et un sous-chef de baraquement choisis parmi les prisonniers. C'étaient donc des gamins entre dix et quinze ans qui étaient nommés ! Une absurdité.

— Mais c'était quoi leur rôle ?

— Ils étaient responsables de l'entretien des lieux. C'est eux qui allaient aux cuisines et qui distribuaient la soupe. Les plus grands se réservaient le pain, la soupe du fond, celle où tombaient les légumes. J'essayais de les modérer, d'aider les plus jeunes. En les nourrissant, en les lavant, en dormant près d'eux. Pensez ! Une goutte d'eau dans la mer. Des milliers de petits pour une centaine de femmes adultes. Nous ne pouvions rien… et ce sentiment d'impuissance me démolissait… De fait, nous participions au mensonge, sans le savoir, sans le vouloir, pour apaiser les plus petits. Nous disions aux gamins qu'ils allaient revoir leurs mamans, bientôt, là-bas… Comme le leur ont dit les gendarmes à leur départ… Comme les rares adultes enfermés à Drancy puis dans les wagons ont dû le dire aussi pour les calmer.

— Vous ne pouviez pas savoir…

— Nous pensions qu'on les renvoyait en Pologne, d'où étaient originaires beaucoup de familles raflées. Quand j'ai su, après guerre, qu'ils avaient été envoyés à Auschwitz, ça a été un terrible choc. Aucun n'est revenu. Parfois, dans mes nuits de vieille femme, j'ai le souvenir précis d'un de ces gamins qui me revient en mémoire. C'est une torture affreuse. Un petit fantôme qui me fait hurler.

— Ils sont tous partis en même temps ?

— Non... À la mi-août 1942, Berlin a donné son accord à Vichy pour déporter les enfants des camps français. Mais les Allemands ne voulaient pas de convois partant directement du Loiret.

— Pourquoi ?

— Ils ne voulaient pas de convois constitués que d'enfants. Sûrement pour préserver l'opinion publique, ne pas alerter... Les enfants ont donc transité par Drancy pour y être mélangés avec des adultes provenant de la zone sud. Pour faire croire qu'ils voyageaient avec leurs parents.

— C'est ignoble.

— Plusieurs convois d'enfants sont partis entre le 15 août et le 15 septembre. Je me souviens du premier départ. Quelque mille enfants de tous les âges ont été rassemblés dans la cour du camp par un détachement de la gendarmerie du Cher. Il y avait deux cents femmes avec eux. Les gardiens leur disaient de prendre leurs affaires, qu'ils allaient revoir leurs mères. Qu'ils devaient être sages. On les avait fait asseoir par terre à attendre, avec leur petit ballot à côté. Les gendarmes ont fait un appel, comme à leur habitude. C'était presque risible avec des tout petits gamins qui ne répondaient même pas à leur nom. Certains étaient trop jeunes pour le connaître. Ils bougeaient tout le temps, ne gardaient pas le silence.

Les gendarmes se sont résignés à compter le troupeau et à le mettre en marche vers la gare de Pithiviers. Je me souviens que des enfants chantaient et faisaient une farandole en marchant. Ils se réjouissaient à l'idée de revoir leur famille. Ils sont partis en laissant un grand silence dans le camp. Le pire…

— Oui ?

— Le pire c'est que les gamins qui n'étaient pas encore partis étaient jaloux. Eux aussi voulaient rejoindre leurs parents, là-bas, au-delà de la gare… Quand le deuxième convoi a été appelé, quelques jours après, des petits applaudissaient à l'appel de leur nom…

— Mon Dieu… Clara est partie dans quel convoi ?

— Elle est partie en septembre, le 21.

— Avec sa petite protégée ?

— Oui. Lorsque Anaëlle a été appelée par les gendarmes, elle ne pouvait répondre à son nom, bien évidemment. Clara s'est avancée dans la colonne. Un gendarme du camp a dit que c'était la mère de la gamine. Clara n'a pas démenti. Elle ne pouvait laisser l'enfant partir seule. Et Clara est partie avec la petite fille qui ne lâchait pas son cou. Vers Auschwitz… Vers la mort assurée.

— Anaëlle est vivante, lâcha Esther d'un trait.

Henriette fixa Esther avec un regard incrédule.

— Impossible. Les enfants ont tous été jetés dans les chambres à gaz dès leur arrivée.

— J'en suis certaine. Anaëlle a survécu. J'ignore comment mais elle est vivante. Elle a mon âge.

— Vous l'avez rencontrée ?

— Oui. Mais elle m'a d'abord caché son identité.

— C'est sans doute pour s'arracher à son passé qu'elle ne vous aura rien révélé… Je ne vous reproche rien, Esther, mais chaque fois que je dis que je suis une ancienne déportée, je n'existe plus qu'en tant que telle. On oublie tout ce qui est autre en moi. On me questionne.

— Pardonnez-moi. Je ne vous demanderai plus rien, sourit Esther embarrassée.

— Oh! il n'y a rien à ajouter en ce qui me concerne…

— Vous n'avez pas été déportée vers l'est, vous?

— Jusqu'en 1943, les départs de Pithiviers concernaient les Juifs d'origine étrangère. Puis ce fut le tour des Juifs français. Moi, j'étais une prisonnière résistante mais bien française. On a commencé à être inquiétés quand la politique de répression de Vichy et des Allemands s'est renforcée. Les résistants internés ont été déportés vers l'Allemagne. J'ai quitté Pithiviers début 1944. J'ai réussi à m'évader après mon transfert pour Drancy grâce à la complicité d'un gendarme, avec lequel je me suis arrangée, dira-t-on… Après mon évasion, j'ai rejoint l'armée de De Gaulle, à Londres. J'étais agent de liaison, comme je parle très bien l'anglais. Je suis restée vivre en Angleterre par la suite. J'y avais mes amis, dont les deux veufs qui m'accompagnent. Nous sommes tous les trois des anciens combattants. Nous allons donner des conférences sur «l'armée des ombres» dans plusieurs universités aux États-Unis.

— Vous faisiez quoi comme métier après la guerre?

— Traductrice pour un journal. J'ai beaucoup voyagé. Je crains d'avoir droit à un interrogatoire en règle à l'aéroport. Dans ce contexte de guerre froide, les journalistes passent souvent pour des espions. Les douaniers sont scrupuleux, vous verrez. Ils vous font jurer sur l'honneur que vous n'êtes point une bolchevique… Comme si ceux qui le sont effectivement allaient le leur dire !

Esther sourit. Elle passa le reste de la journée en compagnie d'Henriette, à discuter. La vieille dame lui raconta le Vietnam communiste, la Chine rouge qu'elle avait pu visiter avec un ambassadeur anglais. Elle lui parla diplomatie.

Converser avec elle fut un enrichissement. Il y avait beaucoup de bonne humeur chez Henriette, une joie communicative qui portait Esther, qui la gagnait. Elle rit, même. Ce qui ne lui était pas arrivé depuis la mort de son père.

Quand elle approcha de New York, quand elle vit la silhouette de la statue de la Liberté, dans la brume de la ville géante, elle ressentit une vive émotion, comme de l'excitation. Elle eut envie de connaître cette ville. Elle en percevait déjà les bruits, les clameurs, les lumières. Elle avait l'impression d'approcher d'un monde nouveau, inconnu, rutilant. Elle se fraya un passage sur le pont, à l'avant du bateau, attirée par la vue qui se faisait précise. Des façades, des blocs, des cubes offraient une image surprenante, à la fois citadine, pleine mais pourtant aérienne. Toutes les constructions paraissaient s'échapper vers le ciel. Surtout, dans la nuit tombante, c'était une pluie de lumière qui jaillissait des fenêtres des buildings. On devinait la vie, frénétique, intense et cette sensation rasséréna Esther. Elle se sentit enfin arracher à l'histoire terrible d'Elzear. Elle se sentit en vie et elle était impatiente de mettre un pied à terre. Elle songeait à tous ces émigrés européens qui étaient venus tenter leur chance en Amérique. Qu'avaient-ils ressenti en voyant le bras dressé de la statue, pour les accueillir ? De l'angoisse ? Un sentiment de liberté ? De reconstruction ? Le chagrin du pays quitté ? L'espoir ou l'amertume ?

Autour d'elle, Esther sentait les voyageurs gagnés eux aussi par l'excitation de cette ville unique, la ville de toutes les audaces, de toutes les libertés, la ville cosmopolite née de rien, sur rien, mais devenue la première mégapole mondiale. Que ferait-elle, Esther, dans cette ville de la réussite ? Trouverait-elle une idée pour faire rebondir son entreprise et y fixer son empreinte, à elle ? Parviendrait-elle à prendre des décisions et à faire les bons choix sans les avis de son père ? Il le fallait, elle en fut convaincue, là, sous les murs de New York. Elle devait apprendre à devenir une chef d'entreprise seule, autonome, émancipée. Son père était mort et elle était à un tournant de sa vie. Elle devait devenir une femme accomplie et adulte. Y parviendrait-elle, sans Bertrand ? Le chagrin la submergea, le manque aussi. Quand elle posa le premier pied sur le sol new-yorkais, ce fut à son père qu'elle songea. Elle aurait voulu qu'il soit là, qu'il partage ce frisson de plaisir qui la faisait avancer vite. Bientôt l'excitation reprit le dessus. Elle était dans la ville, elle s'y plaisait déjà et elle avait envie de tout en connaître. Elle souriait, sans s'en rendre compte. Ce fut Henriette qui le lui fit remarquer, en attrapant son bras pour fendre la foule sans perdre sa protégée.

— Cette ville vous fait sourire, mon amie. Elle vous portera. Elle vous révélera, vous verrez. On ne revient jamais indemne de New York, mais on en revient plus grand, plus ouvert, plus mature.

Alors Esther repensa à la véritable raison de son voyage. Elle replongea tout entière dans son projet de vengeance. Elle devait retrouver Elzear. Ce serait difficile dans cette ville tentaculaire qui se projetait haut dans le ciel. Il lui faudrait être patiente, endurcie, opiniâtre. Mais elle retrouverait l'assassin de son père. Au moins pour comprendre. Et malgré ce sentiment de profonde pitié que l'histoire d'Elzear lui inspirait.

VIII

28 août 1942.

Cela va faire quatre semaines que je n'ai pas touché à ce carnet. Ce soir, je vais écrire une longue page. Une page grave. Essentielle. L'histoire de ma survie en enfer.
Le jour où les S.S. sont entrés dans le camp de Pithiviers, j'ai compris que nous partions loin. Je ne savais vers quel type d'enfer mais c'était forcément en enfer. Je connaissais le fond de l'idéologie nazie, même si trop longtemps je me suis refusé à m'en inquiéter. Je n'avais cependant pas l'imagination assez folle pour envisager ce que je vois ici. J'ai même hésité à l'écrire dans ce journal. De peur qu'ils ne le trouvent. Car les barbares détruisent toutes les preuves de leur crime de masse. Ils interdisent les dessins, les chansons, les poèmes, les mots. Tout ce qui exprime l'humanité. Ils pillent les détenus, leur interdisant tout objet personnel.
Pourtant, quand on nous a fait monter dans les wagons, à la gare de Pithiviers, nous avions encore des bagages. Des petites valises. Pour ma part, je m'évertuais à conserver ce carnet et le crayon contre moi. Je n'avais rien d'autre. En laissant Anaëlle dans le camp, je perdais tout. Je l'ai regardée aussi longtemps que j'ai pu alors que les S.S. nous regroupaient. Elle était dans les bras de Clara, au pied d'un baraquement. Les S.S. ont

fait ranger tous les hommes en file indienne, dans la cour principale, distribuant des coups de crosse aux récalcitrants, arrosant de claques les épouses et les enfants qui s'accrochaient à eux pour dissuader quiconque de résister. Ils ont froidement abattu un jeune homme désespéré qui tentait de fuir, devant ses parents et ses jeunes frères. Les S.S. ne versent pas dans le sentiment. Ils sont dans l'organisation froide et efficace de l'épuration. Les Juifs doivent partir puis disparaître. Sans pitié. On leur a appris ça, dans les jeunesses nazies : ne jamais avoir pitié. Arracher son propre cœur pour devenir un monstre.

Nous sommes sortis du camp de Pithiviers dans le silence le plus absolu. Seuls des sanglots étaient perceptibles dans la foule des femmes et des petits qui nous regardaient partir. Clara avait des larmes silencieuses. Anaëlle fixait notre colonne d'hommes sans comprendre que la mort était sur nous. Bientôt, je ne l'ai vue que de loin puis nous avons encore avancé et je l'ai perdue de vue. C'était comme un mauvais songe. Une douleur affreuse m'a terrassé. J'ai manqué d'air. Le chagrin et la culpabilité m'ont scié en deux. Je n'avais pas réussi à protéger Anaëlle des monstres. Elle était seule entre leurs griffes. Je pouvais compter sur Clara mais pour combien de temps ? Les monstres allaient aussi déporter les femmes. Ils veulent anéantir les Juifs en tant que race. Qu'allaient-ils faire des petits ?

À ce moment précis, je suis tombé à genoux. J'ai voulu mourir. Un S.S. m'a crié dessus. Un autre a tiré sur un homme qui s'échappait. Alors, en un éclair, j'ai relevé la tête, je me suis ressaisi. J'ignore pourquoi mais j'ai choisi de survivre. Et je survivrai. Même loin de la petite.

Je suis monté dans le train docilement. J'ai suivi le convoi dans sa marche jusqu'au wagon à bestiaux. Je me suis serré pour éviter les coups de crosse des monstres qui fermaient les portes sur la foule comprimée. J'ai cherché l'air pendant cinq jours. Je l'ai trouvé. Je ne me suis pas accordé une larme ni l'ombre d'un doute. Je n'étais pas seul, j'avais mon Anaëlle quelque part et je voulais la revoir. C'était devenu mon obsession.

À chaque instant, je croyais toucher l'infâme fond de ce cauchemar. Mais il n'avait pas de fond. J'avais une faim et une soif torturantes, insupportables, qui ont fini par disparaître pour me laisser dans une espèce d'état second à la limite de l'inconscient. J'étais éreinté. Impossible de s'asseoir pendant la durée du trajet. J'ai dormi debout, coincé entre tous ces corps inconnus. Je serrais mon carnet de bord que j'avais dissimulé à la ceinture de mon pantalon, sous ma chemise, contre ma peau. Comme un talisman. C'était ce qui me restait de vie. De personnel.

On n'a jamais ouvert les portes du convoi. J'ai fini le trajet avec une dizaine de cadavres dans le wagon, avec l'image et l'odeur de la mort. Mais j'étais endurci. J'avais le visage de ma fille en tête et c'était comme un remède. Ça l'est toujours.

Quand le train s'est arrêté définitivement, personne ne parlait. Deux S.S. ont enfin ouvert la porte du wagon, sur Auschwitz.

Je n'ai pas compris où on était au début. J'avoue même avoir été gagné par un bref espoir. Peut-être qu'on allait vivre, parqués entre les barbelés qui enserraient l'endroit, mais vivre. Il y avait un vacarme impressionnant entre les déverrouillages des portes, les aboiements des chiens, les cris d'espoir, les hurlements des premières séparations, les ordres vociférés: « Schnell ! Raus ! » *Il n'y avait pas de planches pour descendre des wagons et il fallait sauter de plus de un mètre de haut. Je me souviens d'avoir aidé un vieillard à descendre en le portant à bout de bras. Quand il a touché terre, il est tombé à genoux et il a remercié le ciel. Un autre a voulu se jeter au cou d'un S.S. pour en tuer un, « au moins un », hurlait-il. Il a été abattu aussitôt et les S.S. ont ri.*

J'ai ravalé mes espoirs. L'enfer était là.

Les S.S. nous ont fait descendre selon l'ordre des wagons, dans la discipline, à coups de crosse et sous la menace de chiens hurlant au bout de leurs laisses. Des hommes en pyjama traduisaient en français les vociférations des S.S. Nous devions avancer trois par trois vers la tête du train. Comme mon wagon était en fin de convoi, j'ai assisté à tout le tri en bout de quai. Les hommes se présentaient devant des S.S. dont le commandant était assis sur un fauteuil, l'air agacé. Il sélectionnait ceux qui étaient aptes au travail en les faisant mettre à droite. Les autres à gauche.

Quand j'ai paru devant ces monstres, je n'ai pas baissé les yeux. Je voulais voir leurs visages. Le commandant de camp avait le regard méprisant de ceux qui croient être supérieurs, de ceux qui ont subi un lavage de cerveau dans les jeunesses hitlériennes, de ceux qui deviennent des monstres par fidélité au régime, orgueil et mimétisme, sans douter un instant de leurs convictions. Mais ce qui m'a sidéré, c'est que, parmi les S.S. qui assistaient au tri et le contrôlaient, il y avait des types à la mine sympathique, ordinaires, presque affables, l'air débonnaire. Comme si ce qu'ils faisaient n'était pas tragique. Comme s'ils étaient à l'usine, à travailler avec du matériel ou des bêtes.

J'ai eu envie de hurler, de me révolter, de me jeter sur ce commandant. Il avait le visage carré, anguleux, avec des pommettes saillantes. Ses traits secs et ses yeux perçants lui donnaient l'air déterminé. Son expression était glaciale et impénétrable. Il était là, assis, encadré par ses S.S., à poser un regard implacable sur chaque détenu, de façon méthodique, rapide et professionnelle, sans aucun sentiment palpable. Figé. Dans sa dureté. Dans son rôle de juge.

Sous son apparence de marbre, il était pourtant sur le qui-vive. Il a eu une réaction d'une violence inouïe, disproportionnée, quand un vieux prisonnier s'est laissé tomber à ses genoux pour l'implorer, en yiddish. Il s'est relevé, comme piqué par un serpent, comme humilié par ce contact. Il a battu l'homme, à terre, avec sa cravache pendant de longues minutes, sans que personne réagisse. Après plusieurs coups, il s'est arrêté. Il a contemplé le corps inerte, il a craché par terre et il s'est rassis. J'ai vu une sorte d'apaisement sur son visage, mêlé à de la satisfaction. Il a repris son profil de statue. Il a recommencé le tri alors que ses S.S. jetaient le corps du vieux dans la benne d'un des camions qui attendaient à côté.

Le silence dans la file d'attente était total. Il en disait long sur l'ampleur de la terreur suscitée par la scène. J'étais indigné, mais silencieux. Comme les autres. Pourtant, nous étions plus de mille hommes, souvent dans la force de l'âge, à être là face à ces monstres. Nous aurions pu, nous aurions dû nous rebeller. Nous étions encore en pleine nature, loin des barbelés du camp. Même si nous avions échoué. Même si nous avions été tués. Au moins, nous aurions lutté pour la dignité et la mémoire de ce vieil homme massacré, pour le respect de cet homme. Pour le respect de l'Homme. Je sais que Bertrand, lui, se serait rebellé. Même seul contre tous.

Quand je suis arrivé face au monstre, il m'a toisé d'un œil curieux. Il a perçu l'ampleur de mon indignation et de ma haine. J'en suis sûr et cela m'a figé d'effroi parce que c'était une forme d'intimité. Il a eu un rictus de mépris et il m'a fait signe de rejoindre les aptes. Ceux qui faisaient partie des invalides sont montés à l'arrière des camions qui attendaient. Avec le cadavre du vieux.

Nous, les aptes, nous avons été alignés, encadrés par les S.S. et leurs foutus chiens. Nous avons marché sur deux kilomètres vers l'entrée d'un camp. De loin, on eût dit une forteresse, avec ses hauts murs et son porche surmonté d'un mirador central. J'ai su que nous étions à Auschwitz quand notre longue file est passée dessous. Il y avait une grande pancarte indiquant le lieu où arrivaient les trains. Comme s'il s'agissait d'une grande ville nouvelle. D'un nouveau genre... Nous avons avancé jusqu'à des bâtiments rectangulaires serrés les uns contre les autres. On nous a fait entrer dans un premier baraquement qu'on appelle « secrétariat ». Des prisonniers polonais nous ont fait remplir des fiches d'identité. Les S.S. veillaient à ce qu'ils ne nous adressent pas la parole. Nous avons tous dû faire précéder notre prénom d'Israël. Je suis devenu Israël-Elzear. Puis nous avons été conduits vers le « sauna », un baraquement de désinfection où trois S.S. nous ont ordonné de nous mettre complètement nus. Les pudiques ont reçu des coups de la part des kapos qui portaient un brassard et traduisaient toujours les ordres en français. Des prisonniers avec le pyjama rayé ramassaient nos affaires pour les emporter vers une baraque de tri. J'ai tenté de cacher mes carnets enfermés dans la housse noire en les jetant sous mon pantalon et ma chemise posés en tas devant moi. J'ai vu un prisonnier ramasser mes habits et les carnets. Il a regardé vers moi, en plissant un peu les yeux. J'ai pensé que j'allais être roué de coups. Mais il a continué sa tâche en fourrant mon trésor dans un grand sac de lin. J'ai failli en pleurer. Ce carnet était ma petite survie. Mon témoignage. Mon ami. J'avais donné mon alliance et ma chaîne, presque sans regret ni peine. On avait essayé de me les prendre à Pithiviers, avant le départ, j'avais réussi à les cacher dans ma bouche, mais, ici, je n'ai pas retenté le coup. Les S.S. me terrifiaient. Ils ont assommé un jeune à coups de crosse parce qu'il cachait une bague…

Nous sommes demeurés nus un long moment. D'autres groupes de prisonniers polonais sont arrivés pour nous raser. Partout. Ce fut une grande humiliation. Pas la plus terrible. Celui qui s'est occupé de mes cheveux était peu loquace. Il gardait le regard rivé sur son travail, plein de honte. Ces gars-là sont des Sonderkommandos, *des prisonniers recrutés par les S.S. pour les assister dans l'encadrement des déportés. Leur présence m'a ulcéré. Comment pouvaient-ils collaborer à cette machine criminelle ?*

J'ai tenté de poser la question au jeune qui me rasait, en allemand, mais il ne m'a pas répondu. Il a eu un geste maladroit et m'a coupé le cuir chevelu qui a saigné un peu. D'autres détenus se sont approchés pour nous tatouer avec des plumes et des encriers. Les chiffres correspondaient à notre date d'arrivée au camp. Mon matricule fut le 76453. On nous a ordonné de l'apprendre par cœur. Sous la douche, j'ai eu peur qu'il s'efface mais j'ai vite compris que c'était un tatouage à vie. Nous étions devenus un numéro. Nous n'avions plus d'identité, plus de personnalité. De fait, on nous a ensuite jeté un pyjama rayé avec une croix rouge dans le dos, puis des chaussures, en vrac, sans prendre en compte notre pointure.

Elles avaient été prises aux anciens détenus et j'ai frémi en songeant que j'enfilais sûrement celles d'un mort.

Les S.S. nous ont encore une fois regroupés, comptés et ils nous ont emmenés vers les baraques de quarantaine, un peu plus loin. À l'intérieur, il y avait une succession de « koyas », des cadres en ciment et en bois où on couche à six sur trois niveaux. Par chance, j'ai été placé à l'étage du haut où on a de l'espace pour s'asseoir et pour manger alors qu'au-dessous on doit vivre allongé.

Le lendemain, on nous a distribué un bout de tissu avec notre matricule pour l'attacher sur notre costume rayé, précédé de l'étoile de David. Les kapos nous ont ordonné de savoir le dire en allemand. J'ai aidé des centaines de détenus à le prononcer sans trop de mal pour éviter d'être battus. Il y avait pourtant tellement longtemps que je n'avais pas parlé cette langue. Je la connaissais bien quand j'étais enfant, c'était la langue de ma mère et elle l'utilisait avec moi. Mon père lui parlait en polonais. Quand nous nous sommes installés en France, mes parents ont décidé de ne plus jamais utiliser ni l'allemand ni le polonais pour devenir vraiment français. J'avais huit ans et, pourtant, je crois que je comprends très bien la langue des monstres de ce camp. Je pense être capable de me faire comprendre en allemand. Peut-être que cela me servira un jour.

IX

Esther était descendue au même hôtel qu'Henriette, dans l'Upper Midtown, près de la 5ᵉ Avenue. Elle était jalonnée de boutiques célèbres, d'églises, de synagogues, de clubs, de gratte-ciel d'avant-garde, d'appartements luxueux. Les deux femmes s'y étaient déjà longuement promenées, assourdies par le trafic routier, noyées par la foule, avant de regagner leurs chambres respectives.

Dès qu'Esther se sentit seule dans la pièce, elle fut mal à l'aise. Sa solitude l'angoissait. Elle hésita à aller tambouriner à la porte de la chambre d'Henriette, pour être rassurée, mais elle n'osa pas. La vieille dame était fatiguée. Elle se mit à arpenter les lieux, de long en large, en tentant de vider son esprit des mots d'Elzear. Elle ne pouvait s'empêcher d'imaginer le camp qu'il décrivait, elle voyait des images de violence, elle était oppressée par l'univers concentrationnaire que le carnet brossait.

Pourtant, elle en avait déjà eu connaissance, lors de ses cours d'histoire au lycée mais le témoignage d'Elzear la touchait profondément. Elle avait l'impression d'être à ses côtés quand elle lisait son écriture. Il y avait tellement de justesse dans ses mots, de sensibilité, d'amour aussi, malgré tout, d'amour pour la vie, pour Bertrand, pour sa fille.

Esther entreprit de vider sa valise dans la grande armoire. Ses mains tremblaient. À plusieurs reprises, elle fit tomber des vêtements. Elle renonça, laissant le contenu par terre, en désordre.

Elle prit une douche dans la salle de bains luxueuse : tout était blanc, lisse, carrelé, astiqué. Ce décor excessif venait se heurter à la misère des camps que décrivait Elzear. Son esprit la ramenait toujours à lui. Elle s'assit sur le lit, observa la chambre, toute tendue de toile rouge, garnie de moquette, de petits guéridons baroques, de fleurs et de linges soyeux. Ses yeux revenaient sans cesse sur les carnets qu'elle avait posés sur la table de nuit. Ce fut plus fort qu'elle. Elle s'en saisit et se replongea dans la lecture avec un frisson. D'effroi, de curiosité et de plaisir.

X

29 août 1942.

Nous sommes restés trois semaines en quarantaine, enfermés dans ce baraquement. On n'en sortait que pour l'appel du matin, à 4 heures, après la distribution du jus, une décoction d'orge, et pour celui du soir qui durait des heures, dehors, sans avoir le droit de bouger, de parler ou de tousser. Pour que personne ne manque, on devait sortir les corps de ceux qui étaient morts dans la nuit. Des Sonderkommandos emmenaient les cadavres dans les camions bâchés. Le typhus faisait des ravages. Les malades étaient évacués vers le Revier, *l'infirmerie du camp. J'ai entendu un jour un jeune homme hurler et se débattre pour éviter de partir se faire soigner. Ses cris étaient déchirants. Un prisonnier m'a dit que les malades ne sortaient jamais vivants du* Revier. *Je n'ai pas posé davantage de questions. Je me protégeais du désespoir. J'avais Anaëlle à retrouver. Mais j'ai été soulagé, chaque soir, de me coucher sans fièvre ni maladies de peau dont les nazis ont la phobie, la gale, les* krätzes.

En dehors des appels, nous restions dans la baraque. Nous attendions la soupe, de l'eau claire, tiède, avec des bouts de rutabaga, de chou. Il y avait des patates mais les kapos se les réservaient. Ils avaient des petites chambres privées, face à face, avec un poêle et de quoi cuisiner, à l'entrée de la baraque. Surtout, ils avaient leurs propres latrines. Les nôtres étaient situées dans une grande baraque. Elles étaient d'une crasse et d'une puanteur inimaginables. C'était un long banc de béton percé de dizaines de trous en quinconce. Chaque place était souillée à cause des dysenteries. Nous n'avions aucun moyen de nettoyer l'endroit ni papier pour s'essuyer. Nous étions une cinquantaine à entrer en même temps, par roulement. Le moindre instant d'intimité nous était donc interdit.

Au bout de ces trois semaines, les S.S. nous ont tous fait sortir un matin. Des kapos nous ont sélectionnés, par groupe, selon notre stature et ils nous ont conduits dans d'autres baraques pour que nous travaillions. Notre chef de baraquement parlait français. Il s'appelait Frank, un déporté au physique athlétique, grand, avec une voix tonitruante. Pendant un long moment, j'ai eu l'impression de l'avoir déjà vu, je ne savais d'où me venait cette idée. Il nous a expliqué que nous devions lui obéir pour rester en vie. Avant que nous partions travailler, il nous a fait entrer dans la baraque et nous a répartis chacun sur un couchage. Il ne m'a donné ma place qu'en fin d'appel. Il m'a désigné mon lit du menton en m'observant à la dérobée. J'ai jeté un œil sur la paillasse remplie de sciure. Mon regard a été retenu par une forme rectangulaire posée sur la couverture roulée. C'était la housse de mes carnets. Je n'ai pas osé bouger. J'ai pensé que je devenais fou. Frank m'a dit tout bas:

— Je te l'ai mis de côté. Cache-le bien chaque matin dans la sciure, il y a des fouilles régulières ici.

J'ai scruté son visage. Alors je me suis souvenu de lui: c'était l'homme qui avait ramassé mes habits le jour de notre arrivée.

— *Pourquoi ? ai-je articulé en refrénant la bouffée de reconnaissance qui montait en moi.*

— Je ne peux pas être un salaud avec tout le monde, a-t-il répondu. Or j'ai dû être un beau salaud pour arriver à ce poste aussi rapidement.

Il a hurlé l'ordre de se ranger à l'extérieur pour le départ au travail. J'ai eu le temps de serrer un peu mon carnet contre moi. Et le contact du papier m'a réconforté. Je l'ai rapidement caché dans la sciure de la paillasse.

Après un autre appel, Frank a répété aux détenus de se soumettre à la plus totale obéissance pour éviter de partir en fumée. Sur le chemin, un gars présent à Auschwitz depuis plusieurs mois m'a expliqué que les cadavres étaient brûlés dans les crématoires par d'autres Sonderkommandos. Bien sûr, je l'ai cru fou. Mais cette version m'a été confirmée par d'autres détenus et surtout par la présence d'immenses cheminées s'échappant de bâtiments à moitié enterrés, à plusieurs endroits au fond du camp. Nous passons à proximité chaque matin et chaque soir. Elles fument même la nuit et dégagent une odeur qui ne laisse aucun doute. Celle de la chair humaine brûlée.

Plusieurs fois, Frank nous a aussi conseillé de rester en bonne santé et de travailler avec acharnement. Tous les six mois, les S.S. refaisaient des sélections et se débarrassaient des malades qui n'étaient alors plus productifs.

XI

3 septembre 1942.

Je m'accroche. Chaque matin, je pars avec mon kommando jusqu'à une usine de moteurs située au-dehors du camp. Nous nous mettons en rang au son d'une marche militaire jouée par l'orchestre du camp, sans avoir rien avalé. Puis nous marchons sur quelques kilomètres jusqu'à l'usine où on s'engouffre pour plus de douze heures. À midi, on nous donne du pain et une espèce de bouillie où flotte un peu de viande. Quand on revient le soir, c'est encore en musique. On se jette sur nos paillasses pour dormir. J'ai beaucoup maigri. Je ne saurais dire de combien de kilos mais mon pantalon ne me serre plus à la taille. Je fais des nœuds pour le retenir sur mes hanches. Je m'endors chaque soir en pensant à Anaëlle, après avoir griffonné quelques mots salvateurs dans ce carnet que j'ai miraculeusement réussi à conserver. Il est désormais mon seul objet personnel. Je ne sais pourquoi je m'y accroche autant, mais j'y tiens plus qu'à tout, aujourd'hui. Aujourd'hui que je n'ai plus rien. Aujourd'hui que je ne suis plus rien qu'un esclave des nazis. Un de ceux qu'ils ont choisis de tuer au travail pour en tirer profit.

Je m'accroche à l'idée qu'un jour quelqu'un qui m'aimait lira ce journal. Sans doute ma fille. Je voudrais qu'il soit comme un témoignage, le témoignage qui accablera nos bourreaux. Car je sais que ceux qui nous tuent auront un jour des comptes à régler devant l'humanité même. Je ne parle pas de Dieu. Ma foi est morte. Je parle d'humanité. Car ces barbares nient l'humanité. Notre humanité et de fait la leur.

XII

Si ce n'était la lecture du journal d'Elzear qui la troublait, Esther se sentait bien dans la mégalopole new-yorkaise. On y était porté dans un flot continuel de passages, de bruits, d'animation, de vie. C'était un éternel bouillonnement, dans une ouverture culturelle unique. On s'y trouvait réellement au centre du monde, au centre du monde moderne, du monde en marche.

Tout était contrasté. Tout était saisissant.

Le lendemain de leur arrivée, Esther demanda à Henriette de lui montrer le célèbre quartier de l'Upper Midtown, où était situé leur hôtel, . Midtown était sans doute ce qu'il y avait de plus new-yorkais dans la ville, de plus «manhattanien», comme le précisait Henriette. Tout y était démesuré : la foule, les avenues bordées d'immenses gratte-ciel, à perte de vue, en longueur, en hauteur, en profondeur, comme un jeu de cubes immenses.

Esther se sentait bien minuscule. Mais ce qui la surprenait le plus, c'était que l'architecture était créative, diverse, gigantesque. Les façades des buildings racontaient toutes une histoire.

Ce soir-là, l'activité du quartier battait son plein. Il était presque 18 heures. Une marée de cols blancs marchait à grands pas, fendant la foule des touristes et des amateurs de grandes enseignes. Le trafic était démentiel, dans un concert de sirènes de police, de Klaxons des taxis exaspérés. Esther devait hurler pour se faire entendre d'Henriette. Les avenues alignaient leurs hôtels de luxe et leurs grands magasins, rivalisant d'extravagance et de chefs-d'œuvre d'architecture moderne. Henriette expliqua que le premier grand magasin à s'être installé dans le quartier alors uniquement résidentiel fut *Altman*, au début du xxe siècle. Les autres suivirent: les bijouteries *Gorham* et *Tiffany's*, *Lord and Taylor*, l'un des plus anciens magasins de la ville et *Cartier*. Ici, il y avait désormais tous les grands noms de la mode et Esther sut qu'elle trouverait des sources d'inspiration, si toutefois elle avait la tête à ça.

Au bout de la 45e Rue, le long de l'East River, elles visitèrent le siège de l'O.N.U. Le hall surprit Esther avec un pendule de Foucault qui oscillait en suivant le sens de rotation de la Terre. Le site se composait de plusieurs bâtiments reliés les uns aux autres dans un complexe surprenant surmonté par la haute tour de verre connue du monde entier.

Elles virent aussi le New York Yachtclub, un superbe édifice datant de 1900, dans le style Beaux-Arts, dédié à la voile. Sur sa flamboyante façade, la base de ses fenêtres était ornée de poupes de bateau richement sculptées. Plus loin, les appartements de l'Alwyn Court, construit en 1909, étaient recouverts d'ornements de terre cuite. C'était un ensemble d'immeubles de 1909 aux façades inspirées des châteaux de la Loire. Elles comprenaient des dragons, des couronnes et autres sculptures en terre cuite. On pouvait y voir une salamandre couronnée, emblème de François Ier.

Au milieu des buildings immenses et écrasants surgissaient des lieux de culte dont l'architecture contrastait avec la modernité. Henriette tint à faire visiter à Esther la cathédrale Saint-Patrick dont l'élégance surprenait. Elle était dans le style néogothique en vogue au XIXe siècle. Elles passèrent aussi devant l'église Saint-Thomas, dont le clocher asymétrique et les sculptures extérieures étaient assez cocasses.

— Vous comprenez, chère Esther, ce peuple, ici, est un peuple neuf, dans un pays neuf. Les Américains ont tout eu à construire, à édifier, avec leur culture européenne en héritage. Alors, bien sûr, ils ont imité nos monuments. Mais toujours avec une touche personnelle, non ?

Esther ne répondit pas, absorbée dans ses contemplations, étourdie.

Plus au loin, Henriette lui montra une des plus vieilles synagogues de la ville. Par association d'idées, Esther se figea. Elle pensa à nouveau à Elzear, au journal. Elle fut prise de l'envie dévorante de le lire. Par chance, Henriette héla un taxi pour rentrer à l'hôtel en lançant :

— On rentre se reposer un peu et ce soir je vous emmène au restaurant ! Je suis vannée par le bouillonnement de cette ville.

XIII

7 septembre 1942.

Je me demande combien de temps je vais subsister. C'est très dur. J'en ai vu des plus costauds que moi pleurer comme des gosses et se laisser mourir d'épuisement, en refusant de manger. Certains vont aux fils barbelés, ils se jettent dessus pour être électrocutés. Si ça ne marche pas, ils attendent qu'un S.S. les abatte depuis un mirador. Hier, un homme est tombé à genoux en suppliant les S.S. de tirer sur lui. Ils l'ont ignoré.
Je n'ai aucune idée du temps qui me reste, à ce rythme. J'ai tellement faim. J'ai une sensation de vide au creux de moi. D'après Frank, un prisonnier de notre type tient au maximum deux mois, sauf s'il préfère aller aux fils ou aux chiens. Moi, je n'irai ni aux fils ni aux chiens.
Je dois tenir pour Anaëlle. Elle n'a plus de maman.

XIV

Esther avait commencé à chercher la trace d'Elzear dans le quartier de Midtown, dès le lendemain de son arrivée. Elle avait visité les hôtels qui jouxtaient la grande gare centrale et tous ceux des avenues touristiques. Inlassablement. Elle faisait toujours la même requête en montrant la photo d'Elzear, en trouvant tous les prétextes pour qu'on se préoccupe de sa demande, avec sérieux.

Quand elle arriva sur le seuil du *Waldorf Astoria Hotel*, elle hésita à entrer. C'était l'hôtel le plus chic mais aussi le plus cher de la ville. Après tout, Elzear était riche s'il avait pris l'argent retiré par Bertrand, comme elle le pensait.

Elle y entra et déambula dans le grand lobby, dont les colonnes Arts déco, les velours, les dorures la clouèrent de stupéfaction. Les allées intérieures étaient bordées de magasins de luxe et de bars. Elle finit par tomber sur la réception. Un employé l'écouta attentivement, comprenant mal son anglais hésitant. Elle prit un papier, lui écrivit le nom de Bensoussan, en expliquant qu'elle était notaire et qu'elle le recherchait pour un héritage qui lui revenait de droit. L'homme consulta ses registres en faisant glisser son doigt sur chaque nom.

— *Yes, I've a Bensoussan*, finit-il par lâcher dans un sourire.

Il posa le registre sur la banque, juste devant Esther qui se sentit faiblir. Une chambre était louée depuis presque deux semaines au nom d'E. Bensoussan. C'était la 745. Elle remercia et se dirigea vers l'ascenseur en serrant et desserrant les poings pour tenter de maîtriser son émotion.

— Me voilà, cher Elzear, tu ne m'échapperas plus…, répétait-elle entre ses dents. Tu vas me dire pourquoi tu as tué mon père…

L'ascenseur tarda à venir, puis à monter dans les étages. La nervosité d'Esther était à son paroxysme. Enfin, elle parcourut le long couloir du septième étage. Elle chercha le numéro 745 en frôlant les murs, comme si elle craignait d'être reconnue et de perdre sa proie. Elle ne savait pas vraiment ce qu'elle faisait. Elle ne calculait plus rien. Elle agissait, spontanément, pour aller au contact de ce personnage mystérieux qui devait lui expliquer les causes de la mort de son père.

Elle se figea devant la porte de la chambre et frappa. Tambourina même un peu. Elle dit :

— Elzear, je dois vous parler. Je suis la fille de Bertrand. Ouvrez-moi ! Je n'ai pas peur de vous ! Je veux vous voir !

La porte resta close. Alors Esther recommença à tambouriner, un peu plus fort encore. Tout à coup, elle perçut un mouvement sur la poignée qui s'abaissait. Elle tressaillit, manqua fuir, s'immobilisa. Suffoqua. La porte s'entrebâilla.

Une grande femme rousse passa sa tête dans l'embrasure, les traits tirés.

— *What do you want ? I'm sleeping !*

— *I want to speak to Elzear Bensoussan.*
— *Who ?*
— *Elzear Bensoussan.*

La femme ouvrit tout à fait la porte laissant apparaître sa silhouette un peu empâtée dans une robe de chambre rose.

— *I'm Elen Bensoussan. And I'm alone ! No one is Elzear !*

Esther recula d'un pas en comprenant son erreur. Elle n'avait lu sur le registre que la première lettre du prénom. Un E. Comme… Elen.

Elle bafouilla quelques excuses et s'enfuit. Ce fut un rude échec. Elle arrêta ses recherches les jours qui suivirent, très dépitée.

XV

12 septembre 1942.

Le commandant de camp, Lechman, est entré dans notre baraquement tôt ce matin. Nous dormions encore tous. La nuit était très noire. Le son de ses bottes m'a réveillé. Dans l'effroi. Si la mort devait avoir une voix, ce serait le bruit oppressant de son pas. Glacial. Affolant. Lent et pesant. Régulier. Discipliné.

Soudain, tout s'est agité. Huit S.S. ont allumé le bloc. Ils ont fouillé au hasard des lits en sortant les détenus sans ménagement. Ils éventraient les paillasses, allaient de couchage en couchage, passaient au crible les moindres recoins, avec un zèle qui ne trahissait que trop leur propre frustration d'être dans l'entière soumission. Un S.S. a hurlé qu'il avait quelque chose. J'ai vu le commandant s'avancer dans l'allée d'où l'interpellait l'homme et avancer vers lui. Je n'ai pas bougé. J'avais mon journal contre moi. J'ignore ce qu'ils ont trouvé dans la paillasse mais le commandant a fait tomber le détenu et l'a traîné par les cheveux jusqu'au-dehors. Puis Frank nous a ordonné de sortir dans la cour devant notre baraque.

En rang, trois par trois, sans bouger, nous avons dû regarder l'exécution – la mise à mort – de ce malheureux. Les S.S. l'ont roué de coups de matraque et de coups de bottes, à terre. Pendant des minutes qui furent d'une durée terrible, insupportable. Nous devions regarder. L'homme n'a pas crié. Il n'a pas supplié. Même quand le monstre a lâché deux chiens sur son corps ensanglanté. En un court instant, j'ai observé le visage de Lechman. Il avait le même masque froid et imperturbable que le jour de notre arrivée, au tri, au bout du convoi. Il regardait, sans pitié, sans trouble, sans réaction. Sans hésitation. Il voulait aller au bout de sa mission, de son rôle, il voulait des résultats. Par la terreur.

Quand il a jugé l'homme suffisamment atteint, il s'est approché de lui, l'a retourné d'un coup de botte, l'a regardé, impassible. Il lui a tiré une balle dans la tête. Alors j'ai perçu un léger rictus de contentement sur ses lèvres, comme au jour du tri. Il avait eu son exemple, son exécution. Il avait su être digne de son rang de nazi tortionnaire et brutal, sans une hésitation, sans ressentir une émotion humaine qui ressemblerait à de la pitié.

XVI

Les jours suivants, Esther tenta de se changer les idées. Le journal la bouleversait. Ses recherches infructueuses la décevaient.

Henriette l'emmena dans les musées, dans les restaurants branchés, dans les grands centres de conférences. Elles fréquentaient les boutiques de mode. Esther prenait une foule de notes. Des nouvelles idées lui venaient. Elle avait même visité des entreprises de vente par correspondance, pas seulement dans l'habillement. Pour parler, elle avait beaucoup de mal avec son anglais mais Henriette était une parfaite traductrice. Elle riait en permanence, de tout. Elle était capable de s'amuser de l'ivrognerie d'un mendiant comme de la perruque d'une vieille dame de la haute société. Elle avait un réservoir de bonne humeur sans fond. Sa gaieté apaisait Esther qui, par mimétisme, s'amusait beaucoup et plaisantait sur tout.

Elle suivait Henriette dans des cocktails ou des dîners chic qui la divertissaient. Elle avait acheté des tenues à la dernière mode new-yorkaise et elle avait accepté de suivre Henriette dans un grand salon de coiffure dont les employés avaient travaillé pour Hollywood. Elle en était ressortie avec une coupe au carré très courte, au-dessus de l'oreille, une copie revisitée des années folles. Henriette la complimentait.

Elle s'attachait à elle. Elle se projetait en elle. Peu à peu, une complicité s'était installée entre les deux femmes.

Esther avait fini par lui confier qu'elle recherchait Elzear Bensoussan, sans lui en avouer les véritables motivations. Elle avait dit vouloir le retrouver pour le connaître et pour lui annoncer en personne la mort de son père.

Henriette avait décidé d'assister Esther dans ses recherches. Elle avait de nombreuses connaissances à New York. Elle s'était même prise au jeu. Elle avait questionné des amis du milieu juif pendant des semaines. Elle avait aussi demandé à tous les Anglais rencontrés s'ils n'avaient pas vu dans leur hôtel un client du nom de Bensoussan, sans succès.

De son côté, Esther avait fini par reprendre les recherches. Pendant quatre ou cinq heures par jour, elle écumait les hôtels de la ville en tentant d'y trouver une trace d'Elzear. Après le quartier de Midtown, elle se consacra à celui de Chelsea, plus tranquille, car moins touristique, sûrement plus discret pour qui voulait passer inaperçu et ne pas être repéré. Les maisons et les immeubles bas étaient en brique, avec des arbres dans les cours et dans les rues. L'ambiance était très animée avec des bars, des restaurants et de nombreuses galeries d'art. D'anciens entrepôts se mêlaient aux hôtels. Esther entra dans chaque établissement. À l'accueil, elle épelait le nom d'Elzear Bensoussan, en prenant bien garde de préciser le prénom, elle montrait aussi la vieille photo. Sans résultat.

— Nous trouverons quelque chose, bientôt, répétait tous les soirs Henriette, qui, en plus d'être drôle, était d'un optimisme sans faille.

Parfois, Esther était stupéfaite de la personnalité de cette femme. De son expérience malheureuse en camp, elle avait développé un désir de vivre qui contrastait avec les réactions des autres victimes, souvent marquées par des crises de dépression ou de repli.

— Quand on passe plusieurs années en camp, ma chère, avait expliqué Henriette, on ne survit que si on le désire. Moi, je l'ai désiré parce que j'ai mesuré combien j'aimais la vie et la liberté. Alors je me suis trouvé une arme. Tous ceux qui ont survécu en avaient une. Le don de soi, le jeu, le travail, parfois l'écriture, l'amour… La mienne, ce fut le rire. Rire et faire rire. Et cela a marché.

Ce jour-là, Esther s'était demandé quelle arme avait trouvée Elzear pour survivre à Auschwitz.

Troisième partie

JACQUES

I

14 septembre 1942.

Aujourd'hui, j'entrevois une issue pour moi. Et je tiens bien à m'accrocher à la perche que la vie me tend alors que je n'ai plus que la peau sur les os. Je suis usé.

Hier soir, mon chef de baraquement, Frank, est entré dans le dortoir. Il était tard et nous dormions tous.

C'est désormais notre seul réconfort, le repos, le silence. Notre seule évasion est le sommeil. Curieusement, je n'ai plus de cauchemars. En tout cas, je ne m'en souviens pas au réveil. Mon épuisement me sauve de la folie. Il m'abrutit. Je suis un humain qui ne raisonne plus.

Frank nous a réveillés. Il a avancé au milieu de l'allée du dortoir et il a hurlé :

— Y a-t-il quelqu'un qui sache jouer du violon, ici ?

J'ai pris ma tête entre mes deux mains. J'ai frotté mes yeux. Du violon ? Quelle question !

— Le violoniste de l'orchestre vient de mourir, ajouta Frank. Le chef du camp cherche un bon violoniste pour le remplacer. Les musiciens sont bien traités !

— Plutôt crever que jouer pour des S.S. ! a jeté une voix dans l'obscurité.

— On n'est pas des vendus ! a ajouté une autre.

Ici, les Sonderkommandos sont maudits. Ils ne sont plus des nôtres. Ils travaillent pour nos bourreaux.

— La musique est de l'art, a renchéri une voix plus loin. *L'art n'est pas pour les nazis ! Ils ne le méritent pas.*

Soudain, je me suis levé et je me suis précipité vers Frank en criant :

— Je sais jouer, Frank, j'ai fait le conservatoire de Paris.

Des sifflets ont fusé de part et d'autre. J'ai reçu des crachats. Peu m'importait. Une chance se présentait à moi, je voulais la saisir. J'avais remarqué ces orchestres dans le camp. Ils jouaient sans cesse, surtout des marches militaires, sur les quais, pour accompagner les kommandos au travail, devant les dortoirs, pendant les repas. Aussi ironique et paradoxal que cela puisse paraître, tout se faisait en musique à Auschwitz. Hitler et les hauts dignitaires nazis tenaient à cultiver leur réputation de mélomanes, partout.

— Suis-moi, m'a dit Frank. Si tu dis vrai, tu vas vivre plus longtemps que les autres !

Il m'a entraîné dans la baraque des Sonderkommandos qui jouxte la nôtre. La nuit, il s'en échappe des éclats de rire et des bruits de bouteilles. À l'intérieur, le confort contrastait avec l'extrême dénuement des autres baraquements. Les Sonderkommandos avaient des box séparés avec un lit et des couvertures, un peu de mobilier. Je compris mieux pourquoi ceux qui étaient sélectionnés pour être les assistants des S.S. faisaient du zèle : pour garder leurs privilèges à côté des horreurs qu'ils côtoyaient au quotidien. On ne peut comprendre ce choix ni le juger sans l'avoir vécu. Quand on a connu la faim, la peur de la mort, les tortures, l'épuisement, on est prêt à tout pour ne jamais le revivre. Même à tuer. Et je défie aujourd'hui le plus digne et le plus courageux des hommes de ne pas devenir un bourreau pour éviter d'être victime.

Quand je suis entré dans la cuisine au fond du baraquement, j'ai été assailli par une odeur de viande grillée et de pommes de terre qui m'a paralysé d'envie.

— T'en fais pas ! m'a dit Frank en me tapotant l'épaule. Si l'essai est concluant, tu boufferas à nouveau et tu ne travailleras plus.

À l'idée de me tirer d'affaire, des bribes de mon enfance me sont revenues en tête. Les premières leçons que me donnait ma mère Anna, elle-même fille de violoniste. Mon ennui, mes caprices devant l'instrument, puis mon travail acharné pour contenter ma mère chérie, nos fous rires, nos morceaux composés, nos duos. Mon entrée au conservatoire où j'allais tous les soirs après le lycée, les concerts sous les yeux fiers de mes parents… Les après-midi de vacances où je jouais dans la boutique de mon père, pour plaire aux clientes, et le regard de mon père, fier de mon talent… Il y avait si longtemps que je n'avais pas joué. J'avais abandonné le violon un peu après mon mariage, au décès de ma mère. L'instrument me liait trop à elle. Et je n'avais plus le temps de jouer avec la boutique… Judith n'aimait pas le violon. Le son la rendait triste… Mais je savais que je n'avais rien oublié de la musique. Cela ne peut s'oublier.

Dans la pièce principale du baraquement, des Sonderkommandos en uniformes rayés jouaient au bridge. Ils me virent à peine, trop occupés à leur partie. Je les connais pour les avoir croisés dans les usines du camp. Eux aussi sont au service des S.S. Qu'est-ce qui leur a valu d'être recrutés ?

Très certainement le fait de parler allemand et une langue des déportés, notamment le polonais ou le français.

Frank m'a fait laver le visage et les mains dans une bassine d'eau parfumée. Il m'a demandé de me raser et de me peigner en me tendant un bout de miroir, j'ai failli crier en voyant mon reflet. J'étais méconnaissable. Un zombie. Je ressemblais à un de ceux qu'on appelle ici les musulmans, des gars d'une extrême maigreur, avec les joues creusées sous des yeux exorbités. Frank m'a tendu un costume deux pièces à rayures et il m'a dit de le suivre. On a marché en silence jusqu'à un baraquement éloigné, le bloc 15. On était à la limite de l'espace réservé aux maisons des S.S., un parc clos et surveillé. Loin de l'enfer. Dans un ancien village polonais vidé de ses habitants.

Quand je suis entré dans la baraque des musiciens, j'ai été stupéfait. Devant moi, contre une cloison de bois étaient accrochés toutes sortes d'instruments à vent en cuivre et en bois, tout neufs. J'ai distingué un énorme tuba hélicon, un trombone, quelques trompettes, des cors à pistons, des hautbois altos, des saxophones, des clarinettes et deux flûtes dont un piccolo. Dans un coin, il y avait une contrebasse impressionnante avec un archet glissé sous les cordes. Une grosse caisse avec des cymbales et une percussion attendaient contre un mur, accompagnées de tous les accessoires. Sur une étagère, il y avait des violons, des étuis, quelques accordéons. Une armoire ouverte, à côté, était chargée de partitions et de livres de musique. Deux hommes étaient assis devant un pupitre. Ils travaillaient une partition. Frank s'est adressé à eux dans un polonais hésitant que je n'ai pas compris. Le plus âgé m'a fait signe d'approcher et il m'a tendu un violon. C'était le chef d'orchestre d'Auschwitz.

Je le connaissais de vue. Il m'a adressé un regard gentil pour m'encourager. Cela m'a touché. Sa sollicitude. Son amabilité. Son respect. Je pouvais donc encore être considéré comme un humain ? Comme un monsieur ? Il a posé la partition du Quatrième Concerto pour violon *de Mozart sur un pupitre et il m'a fait signe de m'approcher pour jouer. J'ai caressé l'instrument, je l'ai posé sur mon épaule. L'homme m'a tendu un archet d'un air complice.*

— Mes doigts sont tellement engourdis, ai-je dit en regardant Frank qui a traduit.

Les deux hommes m'ont souri avec compréhension. Le plus âgé m'a fait un signe de la main pour que je prenne mon temps. J'ai parcouru la partition des yeux en assouplissant mes doigts du mieux que je pouvais. Ils étaient raides, meurtris, mon bras replié sur le violon était douloureux. L'archet m'a échappé, je me suis baissé pour le récupérer.

Il fallait que je joue. Je connaissais bien cet air, jadis. Dans ma vraie vie.

Je me suis lancé. Les premières notes m'ont touché. Malgré leur maladresse, elles avaient une résonance que je n'avais pas entendue depuis des années. Elle était la voix de ma jeunesse, celle de ma mère, celle de mon mariage. Celle de ma vie lorsque j'étais encore en vie, dans la vie… J'ai laissé tomber la baguette, figé de souffrance. Frank s'est précipité pour la ramasser et me l'a tendue en m'encourageant du regard. Ma vue était troublée par les larmes et la fatigue. J'ai eu l'image fugace de ma fille et j'ai recommencé. J'ai joué. J'ai réussi. En étouffant mes sanglots, en réprimant mon émotion.

C'était beau.

Terrible aussi.

J'avais cette sensation de renouer avec moi-même, cette impression, surtout, de vivre encore. De créer de la beauté dans ce lieu de mort. D'être vivant. D'être survivant. De revenir. D'être un artiste qu'aucun barbare ne pourrait abattre. J'ai joué et joué. Toute la partition. Quand je suis arrivé au bout du Concerto n° 4, *j'ai joué le 1, de tête, en entier. Je les connaissais tous par cœur, à vingt ans, au conservatoire. Jamais je n'aurais pensé les avoir encore en moi, quelque part dans ma mémoire. Mais ils ont resurgi.*

J'ai joué peut-être une heure, ou deux.

Les deux autres musiciens me regardaient, visiblement impressionnés. Le chef d'orchestre s'est mis à me guider. Frank, abasourdi, s'était laissé tomber sur une chaise et écoutait. J'avais mal aux doigts, à l'épaule, je faiblissais mais je jouais. Personne ne m'interrompait. Je reprenais le Concerto n° 4, *puis je le mêlais au cinquième. J'enchaînais sur les trois sonates de Brahms. Et la musique montait en moi, puissamment, me tirait, m'entraînait, vers la vie, vers le bonheur.*

Car je fus heureux, un instant, malgré tout.

Ce fut à ce moment précis que je le vis.

Je ne sais depuis combien de temps il était là, au travers de la porte du baraquement, à m'écouter intensément, avec une sorte de ferveur dans les yeux, comme de la fièvre, comme s'il était en prière. Il était là, le commandant du camp, Lechman, avec son uniforme impeccable et ses gants. Avec ce même regard vif et perçant que lors de la sélection sur le quai le jour de mon arrivée. Il était là à profiter de ma musique, à partager mon art.

Je me suis arrêté de jouer net. Il y a eu un silence très lourd. Il a fait quelques pas vers moi et il m'a demandé mon nom, en allemand. Je lui ai répondu sans baisser les yeux : Elzear Bensoussan.

— Vous êtes français ? a-t-il ajouté dans ma langue, avec un fort accent, mais sans rudesse.

— Oui.

— Dans quel orchestre jouiez-vous ?

— Je ne suis pas musicien de métier.

— Vous êtes un grand musicien, au contraire, affirma-t-il toujours en français.

— C'est-à-dire ?

— Vous jouez avec votre cœur. Avec une grande sensibilité.

Je me suis bien gardé de lui dire que les nazis ne peuvent savoir ce qu'est la sensibilité. Il s'est tourné vers les deux hommes et leur a donné un ordre en polonais. Il est sorti.

— Mon vieux, m'a dit Frank, tu viens de sauver ta peau.

Et il a ri en me tapant dans le dos.

II

Cela faisait plus de deux mois qu'Esther continuait ses recherches dans tous les hôtels et autres motels de la ville. Elle avait marché des heures, pris des centaines de taxis, patienté dans des embouteillages interminables. Inlassablement. Elle commençait à tout connaître de New York. La ville trouvait toujours à l'étonner. Elle avait fouillé Manhattan, au pied de Wall Street et de la Banque fédérale. Puis elle avait écumé Seaport, que les New-Yorkais nommaient la rue de la voile, comme au XIXe siècle, à l'époque où les navires venaient s'y amarrer. Elle avait sillonné le Lower East Side de Manhattan, où elle avait mesuré le caractère cosmopolite de la ville. C'était là qu'étaient venus s'établir tant d'immigrants, italiens, chinois et juifs, et ils avaient créé leurs propres quartiers en préservant leur langue et leurs coutumes, leurs religions. Il y régnait une ambiance dépaysante, on avait l'impression d'être projeté dans le monde entier, au sein de cultures diverses, dans des pays différents. Esther avait aimé se perdre dans les rues de Chinatown qui regorgeaient d'étals de primeurs, de boutiques de souvenirs et de restaurants. Elle avait demandé aux accueils de chacun des hôtels, avec son anglais incertain, si un Elzear Bensoussan était descendu dans l'établissement récemment. La réponse fut négative partout.

Alors elle avait sondé le quartier de Tribeca, au pied des deux constructions Arts déco de la NY Telephone Company et de la Western Union. Elle avait traversé de charmants petits coins autour du Washington Square. Elle avait longé les anciens entrepôts de fruits et d'épices, entrant dans tous les hôtels, sans davantage de succès.

Henriette l'avait accompagnée dans le quartier de Greenwich et de West Village, qu'elle adorait et qu'elle connaissait par cœur. Elle avait même vécu un temps dans ce périmètre délimité par l'Hudson River, Broadway, Houston et la 14e Rue. Elle avait expliqué à sa protégée que cette zone avait d'abord été une plantation de tabac, puis qu'elle s'était transformée en quartier résidentiel anglais avant d'être investie par une population jeune qui en fit le quartier bohème de Manhattan, le temple de l'underground. Jacques Brel chantait fréquemment dans le cabaret du *Village Gate* où Henriette l'avait entendu se produire plusieurs fois. Elle disait aimer ce grand maigre au visage aussi expressif qu'ingrat. Elle avait montré à Esther ces rues où abondaient boîtes de jazz, restaurants, magasins de mode et antiquaires. Elle l'avait conduite devant le 55 de la 6e Avenue où vivait Jimmy Hendrix dans des chambres transformées en studios d'enregistrement. Les deux femmes avaient même traversé le Bowery, une des avenues sordides de New York où se déroulaient règlements de comptes et trafics en tout genre. Mais dans chacun des hôtels visités, toujours nulle trace d'Elzear.

III

15 septembre 1942.

Tout va très vite pour moi. Ce matin, je ne suis pas parti travailler à l'usine. Le chef d'orchestre est venu me chercher dans mon baraquement. Il m'a demandé de le suivre dans un français hésitant à peine compréhensible. J'ai rapidement attrapé mon journal sous la paillasse et je l'ai glissé sous la ceinture de mon pantalon. J'ai serré une main contre lui en espérant ne pas le perdre. L'homme m'a accompagné dans le vestiaire du personnel des nazis. Quand j'ai ôté mes vêtements, le journal est tombé. Le chef d'orchestre l'a regardé, l'a posé sur un banc. Il a mis son képi dessus pour le cacher en m'adressant un regard complice et rassurant.

On m'a fait doucher. Ce fut un raffinement inouï pour moi. J'ai eu de l'eau chaude et un savon. Après, on m'a donné un uniforme noir, avec un képi. Le chef d'orchestre a glissé lui-même mon journal dans la ceinture de mon pantalon. Il a fait venir Frank pour qu'il traduise ses recommandations : je devais m'installer dans le bloc 15, avec les musiciens. Je ne ferais plus partie des kommandos. Mon travail consisterait désormais à jouer dans le camp, la journée, et pour les nazis, en veillée. Le chef était un grand amateur de violon et il voulait m'entendre jouer en solo, dès les prochains jours. J'avais la journée pour répéter. Je n'intégrerais l'orchestre que le lendemain.

Je me suis donc installé dans mon nouveau bloc qui est conçu comme les autres mais avec moins de couchages. Les musiciens ont l'électricité et des couvertures. Ils mangent entre eux, dans une cuisine au fond du baraquement, un menu spécial qui est celui des Sonderkommandos et des S.S.

Quand Frank et le chef d'orchestre m'ont laissé, j'avais mon violon en main et mes carnets à la ceinture. Je me suis jeté sur mon nouveau couchage pour y cacher le journal et j'ai dormi. Des heures. Ce sont les musiciens qui m'ont réveillé en rentrant manger. Ils sont une cinquantaine. Quelques-uns sont français et je me suis assis près d'eux en me jetant sur la nourriture. Ils m'ont regardé, compatissants mais ennuyés. L'un d'eux m'a conseillé :

— Fais attention, violoniste. Tu vas te faire péter le ventre. Tu as perdu l'habitude de manger.

Mais je ne parvenais pas à me refréner, comme un enfant trop longtemps privé. J'ai ingurgité des quantités de saucisses grillées, de patates, de pain. Tout était tellement bon. Je n'ai compris mon erreur qu'une heure après, lorsque mon ventre a commencé à se nouer. Des spasmes insoutenables m'ont jeté au lit. J'appuyais mes deux mains de toutes mes forces sur mes intestins pour les aider à digérer, en vain. J'ai vomi. J'ai même perdu connaissance. Cela a duré des heures. Frank est venu. Il n'était pas content et me criait dessus mais je ne l'entendais que de très loin. Il m'a fait avaler un liquide verdâtre qui m'a soulagé.

Il est tard maintenant et je me sens mieux. Je peux écrire librement, on ne me l'interdit pas. C'est une liberté immense à mes yeux, même si les Français m'ont conseillé de cacher ce journal. J'ai repris un peu de forces et surtout beaucoup d'espoir.

IV

Cet après-midi-là, Esther se promenait dans Central Park. Elle avait besoin de calme et de réflexion. Elle était déçue de ne pas retrouver Elzear mais aussi soulagée. Elle ne savait plus si elle devait poursuivre sa quête. La souffrance de son ennemi, décrite dans le journal, la faisait douter. Elle ne parvenait plus à imaginer Elzear en assassin.

Central Park était un parc immense, le premier parc public créé dans une ville américaine, ouvert en 1873. Il avait fallu dix millions de tombereaux de terre et de pierres pour transformer cette zone marécageuse en 300 hectares de paysage naturel. Il y avait là des milliers d'arbres, des rochers, des buissons, des lacs et des pelouses soignées. Des jeunes jouaient au tennis ou au croquet. C'était saisissant : Esther avait l'impression d'être en pleine nature alors qu'elle était à quelques centaines de mètres de la vie trépidante de Manhattan.

Elle s'installa un moment sur une terrasse proche de la fontaine Bethesda. De là, elle voyait le lac et les sentiers boisés du Ramble. Un monsieur âgé promenait son petit-fils autour de la fontaine en lui tenant la main. Il marchait lentement, semblant profiter du soleil et du calme de l'endroit. L'enfant s'agrippait à lui et souriait en le regardant de temps à autre. Esther voyait l'homme de dos mais elle devinait sa stature grande et fine. Il portait un costume trois pièces rayé noir. Il avait une certaine élégance, les gestes rares, évoluant lentement avec une légère voussure du dos. Il finit par s'asseoir sur un banc, face à Esther, de l'autre côté de la fontaine. Esther détailla son visage. Elle se figea. La forme ovale, le nez légèrement aquilin, les lèvres expressives, les joues extrêmement creuses et ce regard profond… cette impression de bonté qui transperçait.

C'était lui.

C'était Elzear.

Esther en était convaincue.

Elle tenta de respirer calmement et se leva. Que faisait-il là avec un enfant? Mon Dieu, elle devait se tromper. Pourtant, son visage était là, le même que sur la photo, c'était sûr. Ce sourire discret. Elle tremblait. Son regard se troublait. Elle était assaillie d'émotions contraires: devait-elle le serrer dans ses bras ou le tuer? L'embrasser ou le gifler? Comment lui faire dire la vérité sur son crime? Les raisons de son abominable meurtre?

Elle approcha de lui. L'homme se penchait avec affection sur le petit garçon qui mangeait une friandise. Esther pressa le pas. Elle songea au journal intime, aux moments de promenade d'Elzear avec sa fille Anaëlle, dans la cour de Pithiviers.

Elle se rapprocha encore, contourna la fontaine pour arriver dans le dos de l'homme. Elle fut bientôt derrière lui. Il se retourna vers elle, décelant sa présence.

— *Hello!* lança-t-il. *What do you want, miss?*

Esther poussa un hurlement de terreur. Elle devenait folle.

Le vieux monsieur la regardait, surpris. Il n'était pas Elzear. De près, son visage était très différent, plus empâté et carré. Son regard n'était pas clair et il n'y avait aucune ressemblance probante entre les deux hommes.

Esther se prit la tête entre les deux mains. Elle avait peur de ce fantôme après lequel elle courait. Jusqu'où son obsession la porterait-elle?

V

16 septembre 1942.

Ce matin, le chef d'orchestre et Frank ont obtenu une journée de plus pour que je m'entraîne. Je suis sorti du bloc 15 où j'ai passé ma première nuit et je suis allé sur une petite butte qui séparait ce lieu des autres blocs. Nous étions à l'aube d'une journée de septembre qui aurait pu être belle et douce. Elle l'était certainement dans d'autres lieux, dans d'autres vies. J'ai même entendu des chants d'oiseaux. J'étais bien, presque apaisé de savoir que je ne travaillerais plus comme un forçat. Bien sûr, il y avait cette culpabilité d'abandonner tous les autres à leur bagne. Bien sûr, il y avait le manque lancinant d'Anaëlle et l'inquiétude que j'ai pour elle, constamment, cette inquiétude qui me tord le ventre. Mais la vie a une grande capacité à redonner des ailes aux mourants. Des espérances me gonflaient le cœur : peut-être, peut-être que j'allais m'en tirer, peut-être que j'allais retrouver Anaëlle. Peut-être que nous survivrons et qu'un jour je reverrai Bertrand et qu'on dînera avec nos enfants dans le parc Monceau. Peut-être que je serrerai à nouveau une femme contre moi… un jour.

J'ai sorti le violon de la housse. J'ai commencé à me dégourdir les doigts en faisant des exercices, de ceux que je faisais enfant et qui me revenaient en tête, naturellement.

Je n'étais donc pas complètement mort. Les monstres ne m'avaient pas tout pris.

J'ai joué longtemps, peut-être quatre heures. Avec acharnement. En pensant à ma fille. Son visage m'apparaissait dans une précision absolue. Son visage d'ange, avec son petit nez, ses yeux bleu océan. Son pâle sourire.

Un S.S. est passé sur la route qui séparait les deux blocs. Je me suis mis au garde-à-vous, et j'ai ôté mon képi, comme l'ordonne le règlement. Il m'a invité de la main à continuer à jouer :

— Weiter !

Puis il s'est éloigné.

Incroyable. Ici, on est roué de coups et humilié si on sort du rang, si on regarde un S.S. en face, si on tente de caresser un chien, si on fait le moindre écart, si on tente de voler une miette de pain... Mais si on joue, on est respecté.

Quel lien ont donc les monstres avec la musique ?

J'ai repris les exercices à m'en faire souffrir les doigts. Je sais que mon salut tient entre mes mains, dans ce violon.

VI

Esther passa deux jours complets à fouiller les hôtels de Brooklyn, sans Henriette. La vieille dame s'était épuisée à accompagner sa protégée. Désormais, elle réservait une large partie de son temps à fréquenter les salons de bridge ou les salles de conférences avec ses deux compères. Parfois, selon le sujet traité, Esther les suivait si on lui proposait des casques de traduction ou des sous-titrages. Mais elle avait du mal à se concentrer. Dès qu'elle n'était plus dans la suractivité, elle était prise par des crises de panique. Elle se nouait d'angoisse. Les mots d'Elzear, ces mots d'outre-tombe, ces mots parvenus de l'enfer, la figeaient d'effroi. Elle s'agitait, tentait de penser à autre chose mais elle demeurait prisonnière des mots. Une infinie tristesse, surtout, la brisait. Une forme de compassion exacerbée pour Elzear et sa fille. Elle se sentait attirée dans leur vie, investie dans cette expérience humaine inimaginable. Elle s'attachait à Elzear au travers de son récit et ce sentiment la dérangeait. La lecture du carnet faisait naître en elle des sentiments violents et contradictoires. Elle était déchirée entre une double réaction à son égard : le rejet et la fascination.

La gêne et l'intérêt.

L'effroi et la compassion.

Il était cet assassin qui avait tué son père. Celui qu'elle pourchassait. Ce journal de bord la mettait face à un dilemme : devait-elle pardonner le crime une fois qu'elle en aurait l'explication ? Devait-elle pardonner au nom de la souffrance endurée en camp ?

Elle était troublée. Il lui semblait souvent qu'Elzear utilisait les mots qu'elle aurait pu utiliser à sa place. Elle comprenait toutes ses réactions, partageait ses sentiments, ses émotions. Il se dégageait de lui une sensibilité qui lui paraissait familière. Irrémédiablement, elle se rapprochait de son ennemi, de l'assassin. Sa haine vis-à-vis de lui était ébranlée. Parfois, après des heures de lecture, elle avait du mal à revenir au présent.

De fait, elle ne cherchait plus la vengeance. Elle voulait la vérité. Et le connaître.

Elle ne trouva rien sur lui dans tout le quartier de Brooklyn. Alors, avec persévérance, elle visita celui du Queens. C'était un lieu différent du reste de la ville, avec un rythme de vie ralenti, plus calme, avec des trottoirs propres, des immeubles moins élevés. Mais elle ne trouva nulle piste la conduisant au meurtrier là non plus. Un soir, alors qu'elle s'apprêtait à renoncer, elle entra dans un tout petit établissement grec qui donnait sur la bouche de métro où elle allait s'engouffrer. Elle s'adressa à une jeune femme qui balayait le hall. À l'évocation de Bensoussan, l'employée plissa un peu les yeux pour réfléchir.

— *Yes, I know this name... Mr. Bensoussan has slept here.*

Elle sortit son carnet de réservation et le consulta.

— Un mon...sieur charmant, dit-elle dans un français un peu hésitant. Il est resté trois nuits début août.

Esther farfouilla nerveusement dans son sac à main et sortit la photo.

La jeune fille l'observa longuement.

— *I don't know him. This man isn't Bensoussan…* Pas lui. Sûre.

— *You are sure ?*

— *Yes, sure.*

Esther soupira et laissa une pièce à la jeune femme.

Après presque trois mois de recherches dans tous les hôtels new-yorkais dont elle avait une liste précise, elle n'avait plus grand espoir de retrouver une trace d'Elzear.

Elle décida donc de se renseigner dans les compagnies de transports, les aéroports et les entreprises de location de voiture. Il lui fallait repartir de zéro. Pour se donner du courage, elle pensait à Bertrand. La douleur ravivait sa persévérance pour ses recherches.

VII

17 septembre 1942 (midi).

J'avais le trac, comme lors des premiers concerts au conservatoire où je jouais devant ma mère. J'avais le trac comme si je devais me produire en soliste devant un vaste public de gens avertis et de critiques musicaux de haut niveau. Je ne m'expliquais pas pourquoi.

L'orchestre était au complet. Nous étions une cinquantaine en rangs par cinq, dans l'allée principale, à hauteur de notre bloc, sur un podium : cinq trompettistes, derrière eux, deux ténors, un hautbois, un basson, des accordéons, des clarinettes, trois saxophones, deux tambours et une grosse caisse avec des cymbales. Les violonistes dont j'étais se tenaient au fond, de part et d'autre de l'orchestre. Nous n'avions pas beaucoup d'allure. Dépenaillés. Mais nous avons joué, en fixant notre chef d'orchestre.

Nous avons joué pour sauver nos peaux.

Nous avons obéi au cri guttural du S.S. : Los ! Musik !

D'abord une marche militaire puis un air de jazz que le chef nous avait demandé de savoir par cœur. Les grilles des blocs se sont ouvertes. Les misérables détenus sont partis en rang, au pas cadencé, au son de notre musique, encadrés par leurs kapos, vers leurs usines, vers leurs bagnes. J'en avais les larmes aux yeux. J'étais passé de l'autre côté. Je les abandonnais. Je tentais de ne pas croiser leurs yeux. J'avais honte. Je pensais à Anaëlle pour ne pas faiblir.

Quand le dernier kommando a quitté le camp, le chef nous a fait plier bagage. Nous nous sommes mis en rang dans l'allée principale pour rejoindre notre bloc. Dans la baraque, chacun d'entre nous a attendu les ordres. Le chef d'orchestre nous a divisés en trois groupes. Les joueurs de gros instruments sont partis travailler dans un kommando. Un autre groupe est allé sur le quai de gare. Moi, je faisais partie du dernier groupe, le groupe des meilleurs musiciens. Celui qui jouait toute la journée pour les S.S. et les chefs nazis en repos dans leur camp. J'ai suivi les autres vers les habitations des Allemands. Le chef d'orchestre est venu avec nous.

On a franchi les grilles d'Auschwitz pour se rendre dans le village réservé aux S.S. et aux chefs nazis. On l'appelle le quartier de Zasole, du nom du village polonais dont les habitants ont été chassés. Il est suffisamment éloigné pour que les familles soient épargnées par les odeurs, par les bruits. C'est un domaine à part, très surveillé par des gardes postés sur des miradors et aux entrées. Ce qui m'a surpris, d'abord, c'est la verdure. Des jardiniers agrémentent les lieux avec des fleurs et des pelouses. Des enfants jouaient avec un ballon. Leurs rires m'ont crevé le cœur. Le contraste était saisissant avec les gosses de Pithiviers qui s'amusaient dans la boue du camp, le teint blafard, la peau rongée de varicelle ou d'eczéma.

Les villas avaient des balcons ou des fenêtres décorés de pots fleuris. Plusieurs S.S. se partageaient les plus grandes. Seuls les chefs avaient une villa particulière avec leur famille. Nous avons marché dans une allée pour aboutir à la place centrale où coulait la fontaine du village. Le chef d'orchestre nous a formellement interdit de parler. Il nous a fait mettre en cercle autour de lui et nous avons joué. Des fenêtres se sont ouvertes pour que la musique entre dans le quotidien des monstres. Des femmes secouaient leurs draps aux fenêtres des chambres, d'autres sortaient nous écouter avec leur bébé sur la hanche. Des S.S. qui n'avaient pas encore pris leur service fumaient en bavardant entre voisins, dans l'indifférence absolue de ce qui se passait à un kilomètre à peine. Un massacre organisé. Je suffoquais. Comment pouvions-nous rester là, à jouer pour les monstres ? Pour ceux qui tuaient les nôtres dans la banalité de leur quotidien ? Mon Dieu, que ferai-je, si je survis, de toute cette haine et de toute cette incompréhension accumulées ?

Pourtant, j'ai fait taire ma haine. Une fois encore. J'ai joué. En déraillant souvent. Le chef d'orchestre m'a jeté des regards réprobateurs.

Je me suis appliqué, en regardant le sol, en évitant de voir cette vie qui continuait, cette vie des monstres qui paraissaient ici des êtres normaux et anodins, des bons pères de famille, des amis, des gens comme il faut.

En milieu de matinée, le commandant du camp s'est approché de nous. Sa vision m'a glacé d'effroi, comme à chaque fois. Cette impression de voir un robot, ce visage comme un masque, pâle, froid. Il nous a écoutés un moment. Puis il a fait signe au chef d'orchestre et lui a donné un ordre en allemand. Moi et un autre musicien devions le suivre. Les autres ont repris la musique dans la cour.

Nous, nous avons talonné le commandant du camp jusqu'à sa villa. Nous y sommes entrés. J'ai eu la nausée.

À sentir son odeur, à voir ses objets du quotidien. À mesurer qu'il était un homme.

Nous l'avons suivi dans son bureau, une pièce lumineuse située derrière un salon coquet. Il y avait là un piano à queue. Le musicien qui était avec moi s'y est installé. Il avait déjà joué ici, vraisemblablement. Le commandant du camp s'est installé à son bureau et il nous a fait signe de commencer. J'ai repris mon violon et j'ai joué avec mon collègue pianiste en me concentrant sur la partition, du mieux que je pouvais.

Nous avons joué deux heures complètes pour Lechman qui travaillait. De temps en temps, il levait les yeux sur nous, battait un peu le rythme du doigt, fredonnait et repartait dans ses papiers. Que signait-il ? Que comptait-il ? Qu'organisait-il ?

Une nouvelle usine à forçats ?

Il avait un visage sans défaut, qui aurait pu être beau, avec ce même regard perçant et clair que le premier jour. Rien ne filtrait. Il ressemblait à un automate. Il travaillait. Travaillait encore. Les papiers défilaient sous ses mains, il lisait, annotait, écrivait, sans relâche. En musique. Il avait une arme à la ceinture, en évidence, mais il avait confiance en nous, ses martyrs, ses esclaves. Pourtant, il était seul. Nous aurions pu à nous deux le surprendre et l'abattre. L'idée me montait à la tête, me martelait. J'en aurais au moins eu un, de monstre. C'était un chef. Et pas n'importe lequel. Le commandant du camp. Sa mort aurait désorganisé la machine et elle aurait retardé le nombre de décès. Mais l'image de ma fille me maintenait dans la soumission et la docilité.

Il était mélomane. J'en fus convaincu. Il connaissait la musique et il l'aimait. Par moments, ses yeux se perdaient un peu dans le vague et je savais qu'il était dans la mélodie et qu'il s'y trouvait bien. Ce sentiment profond d'humanité me gênait, comme il m'avait gêné la première fois qu'il était entré dans le bloc où je faisais mes essais. Cette première fois où j'ai compris que nous avions un point commun, même si cela m'offusquait et me salissait.

Nous aimions la musique tous les deux.

Il a fini de travailler vers midi. Mes doigts étaient fatigués, mes yeux troublés par ce travail de concentration. D'un signe de la main, il nous a commandé de rejoindre notre orchestre qui jouait encore dans la cour principale. Avant que je passe la porte de la villa, il m'a rappelé sèchement :

— Elzear !

Je me suis tourné vers lui, surpris qu'il se souvienne de mon prénom. J'ai ôté mon képi pour me mettre au garde-à-vous.

— Vous viendrez pour 20 heures, ici, chez moi. Frank vous donnera un smoking. Lavez-vous avec soin. Je dîne avec ma femme. C'est notre anniversaire de mariage. Elle adore les repas au violon. Soyez excellent !

— Je le serai.

— J'y compte bien. Ma femme, Frida Lechman, est une grande musicienne.

Il n'y avait aucune bonté dans sa voix, aucune trace d'amabilité dans son comportement. Il me replaçait dans mon rang de prisonnier, mais j'ai su qu'il me respectait. Parce que je connaissais la musique. Parce que j'avais su l'émouvoir. Parce qu'il avait besoin de moi.

VIII

Ce matin-là, Henriette était partie faire une série de conférences à Chicago. Esther était seule. Elle sortit et commença à arpenter les rues de la métropole pour s'oublier dans le tourbillon continuel de la vie new-yorkaise. Elle prit un taxi jusqu'à Chelsea : c'était le quartier du textile.

Peut-être trouverait-elle des idées, des renseignements pour son entreprise ?

Peut-être, enfin, parviendrait-elle à oublier les mots d'Elzear et son histoire tragique qui la glaçait et qui l'obsédait ?

Peut-être qu'elle se détendrait suffisamment pour oublier que ces nombreuses recherches dans les compagnies de transports et les aéroports ne la conduisaient à rien. Elle n'avait toujours aucune trace de Bensoussan.

Elle flâna dans Fashion Row, la rue de la mode, le long de la 6e Avenue entre les 18e et 23e Rues, où les anciens grands magasins affichaient encore des façades grandioses et majestueuses. Celle de la mercerie O'Neill, bien que fermée depuis des années, était remarquable : elle était en fonte à pilastre, illustrant bien la réussite de l'entreprise fin XIXe siècle. Esther marcha encore un long moment puis entra chez Macy's, réputé comme étant le plus grand magasin du monde, qui occupait un bloc entier. Elle fut époustouflé par l'entrée qui avait conservé ses fenêtres en saillies et ses colonnes corinthiennes. À l'intérieur, des escalators en bois permettaient de rejoindre les nombreux étages. Ici, on proposait une multitude d'articles dans toutes les gammes de prix. C'était la première fois qu'Esther entrait dans un de ces temples américains de la consommation. La tête lui tournait un peu. Elle ne savait où donner de l'œil. Elle s'attarda dans les rayons de vêtements de femmes et mesura toute la marge de progression qu'elle pouvait encore avoir pour son entreprise.

Son entreprise.

Elle y pensa. Fortement.

Elle en prenait régulièrement des nouvelles, elle en suivait la gestion en passant des coups de téléphone aux comptables. Tout marchait bien mais il faudrait qu'elle reprenne la situation en main et qu'elle donne un nouveau souffle à son affaire, par son projet de vente par correspondance mais peut être aussi en ouvrant un grand magasin. Elle acheta un chemisier rouge avec un col à frous-frous pour Henriette. Puis, elle déambula dans le quartier jusqu'au pied de l'Empire State Building. Elle mesura, une fois encore, la puissance et les ambitions économiques du pays. Le monument s'élevait en pointant vers le ciel ses 443 mètres. Il incarnait les États-Unis : ambitieux, moderne et conquérant. Esther gagna la plate-forme d'observation du 86e étage. Elle eut une vue somptueuse et saisissante sur Manhattan. Mais l'immensité de la ville, son nombre d'habitants, ces rues et ces immeubles infinis firent retomber son enthousiasme.

Parviendrait-elle à retrouver Elzear dans cet enchevêtrement de buildings ?

Elle redescendit, le cœur lourd, et prit un taxi jusqu'au quartier de Soho. Il était constitué, en partie, par d'anciens immeubles à structures métalliques. Ils alignaient leurs façades sur des longueurs de rues, entre Canal et Houston Streets. Esther fut surprise par cet ensemble hétéroclite. Elle demeura un long moment devant Haughwout Building, un immeuble à structures et à façade de fonte qui appartenait jadis à un marchand de porcelaine. Malgré la crasse accumulée au fil des années, la façade était originale : les rangées de fenêtres encadrées d'arches reposaient sur des colonnes flanquées de pilastres dans une répétition de motifs métalliques imitant la pierre. Plus loin, entre Broome et Spring Streets, le long d'une ancienne chaussée pavée, Esther tomba sur un pâté de maisons qui était un bel exemple de l'architecture cast-iron mêlant la fonte et l'acier. Il y avait là cinq façades en fonte, identiques, dont seules les couleurs variaient, avec aux angles des murs en trompe l'œil. C'était étonnant : une succession d'immenses fenêtres étaient ouvertes sur des balcons reliés entre eux par un escalier épuré, métallique. Les constructions étaient imbriquées, tel un jeu de construction. Non loin, des immeubles semblaient être des premiers essais de gratte-ciel : la façade était d'une grande simplicité géométrique avec une succession de grandes fenêtres sur des étages nombreux. Esther fut stupéfiée par l'immeuble Singer, du nom du célèbre fabricant de machines à coudre, bâti en 1908. Il était revêtu de terre cuite et décoré de balcons de fer forgé avec d'élégantes arches peintes en vert foncé. L'alliance d'acier, de verre et de terre cuite rappelait les murailles des buildings des quartiers modernes, comme un coup d'essai. Comme il devait être curieux d'avoir ses bureaux perchés derrière ces façades lumineuses qui tendaient leurs ouvertures dans le ciel. Esther s'imagina un moment assise derrière une de ces baies de lumière, à gérer *Lescure et Co*.

Elle respirait mal.

Elle dut s'asseoir un moment, accablée de doutes. Avait-elle encore le goût des affaires ?

Elle songeait à sa vie d'avant qui lui semblait bien lointaine, enfouie dans un passé à des années et des années de là. Tout en elle avait basculé. Rien ne pourrait être comme avant.

Elle se releva précipitamment, marcha encore, en tentant d'oublier son angoisse. Elle s'engagea dans Harrison Street aux immeubles élevés, alignés dans une curieuse répétition, avec leurs toits inclinés à lucarnes. Elle accéléra le pas, hésita à reprendre un taxi, décida de poursuivre sa promenade. Mais le bruit des Klaxons, la foule, les panneaux publicitaires, les cris l'agaçaient. Elle rêva de silence, de calme. En parvenant dans White Street, elle leva les yeux sur les immeubles d'architecture néo-Renaissance. Elle remarqua les étages supérieurs de petite dimension couverts de toits à deux pentes. Il y avait là une profusion de boutiques. Elle acheta quelques vêtements plus par habitude que par véritable plaisir.

Elle visita une ancienne entreprise textile transformée en musée sans réussir à accrocher son attention. Son hyperactivité ne parvenait pas à l'apaiser. Les mots du carnet d'Elzear lui revenaient sans cesse, alors même qu'elle se concentrait sur autre chose. Ils ne prévenaient pas. Ils l'envahissaient, lui entraient au cœur et lui ramenaient des images violentes, insupportables. Elle se sentait agressée, envahie, investie, de force. Elle se sentait prisonnière des mots. À la fois rebutée et attirée.

Follement intéressée par le récit d'Elzear, elle fit signe à un taxi et rentra à l'hôtel pour lire la suite du carnet.

IX

17 septembre 1942 (minuit).

J'ai joué pendant presque trois heures pour lui. Et pour elle. Sa femme. J'ai joué en les regardant dîner. Ils étaient comme un couple normal. Le monstre portait un costume trois pièces blanc et noir qui faisait ressortir le bleu lumineux de ses yeux. Il y avait de l'élégance dans tous ses gestes et de la douceur dans ses mots. J'entendais mal ce qu'il disait à son épouse, à cause du son de mon violon. Leur allemand était trop rapide, aussi.

Il y avait beaucoup d'amour entre eux.

Il était question de leurs enfants, restés à Berlin. La femme parlait d'une vie future, dans une maison qu'ils se feraient construire près du lac. Le chef la rassurait en parlant de sa promotion à venir. Il lui tenait la main, de cette même main qui triait les convois à l'entrée de l'enfer. Et je fermais un peu les yeux pour ne plus voir ce monstre devenu un homme du monde qui savait parler littérature et amour, qui était père et mari. Et il n'était que sourire. Il avait ôté son masque. C'était troublant. Comme une insulte pour nous tous, les déportés. Le monstre était aussi – ou encore – un humain, sensible et cultivé. Capable d'amour. Capable d'aimer et d'être aimé.

Je ne voyais sa femme que de dos. Elle portait une robe de soirée décolletée qui dégageait la nuque qu'elle avait fine. Quand elle riait, elle basculait un peu sa tête sur la droite, dans un geste charmant, et elle posait sa paume ouverte sur la joue du monstre. Il la baisait avec passion.

À la fin du repas, ils ont ouvert une bouteille de champagne et ils ont trinqué. Elle s'est approchée de lui et elle l'a serré longuement dans ses bras. Le monstre avait sa tête contre sa poitrine et il fermait les yeux de bonheur. Cette image m'a choqué. Je les ai trouvés beaux, et cette idée venait se heurter à leur laideur intérieure. J'ai failli hurler.

Après le champagne, le monstre a imploré sa femme de chanter pour lui. Je ne comprenais pas ce qu'il attendait. Elle l'a laissé insister puis elle m'a regardé. J'ai vu son visage. Dans un autre contexte, je l'aurais trouvée irrésistible. Elle est venue vers moi et elle a mis sa main sur mon épaule en disant en français :

— Monsieur, pourriez-vous jouer La Traviata *? Le premier mouvement ?*

J'ai gardé un moment le violon contre mon flanc. Abasourdi. Elle m'avait appelé monsieur. Elle m'avait touché. Elle m'avait souri. Elle était aimable. J'étais perplexe.

— Allons-y, maestro *! a-t-elle lancé.*

J'ai joué.

Mieux que jamais. J'ignore pourquoi. J'avais l'impression que chacune des cordes du violon vibrait au fond de moi, m'éveillait, me réveillait.

Je trouvais une audace dans ma façon d'interpréter la musique dont je n'aurais jamais été capable en d'autres circonstances.

À la deuxième mesure, elle a commencé à chanter. Dans un italien qui écorchait les mots mais avec une voix superbe, qui portait, qui entrait dans le cœur, dans les tripes, qui remuait tout au fond de moi : les émotions, les souvenirs, les rêves. J'avais des bouffées de plaisir qui me brûlaient. Un sentiment merveilleux m'envahissait. Je suis entré dans une espèce de bonheur fou, irréel, loin d'ici. Ailleurs. Pourtant en moi. Au fond de moi. Dans mes beaux souvenirs qui m'envahissaient et me donnaient envie de rire encore.

J'avais envie. Envie de vivre. Envie de revivre. Envie de survivre.

Et un long sentiment de reconnaissance et d'émerveillement montait pour celle qui chantait à mes côtés. Elle avait la voix d'un ange. La voix du ciel. Celle de l'espoir. Du bonheur.

Nous étions dans une communion que je ne pouvais briser. J'aurais dû. Au nom de tous ceux qui mouraient à deux pas. Au même moment, peut-être.

Quand elle a cessé de chanter, j'ai continué à jouer pour ne pas rompre la magie. Je ne voulais pas sortir de cette joie puissante que je savais momentanée. C'était comme si tous mes instants de tristesse et d'angoisse avaient trouvé un oubli dans la musique. J'étais grisé. J'aurais voulu me jeter aux pieds de la femme du commandant pour qu'elle continue de chanter. Elle a posé sa main sur le bras qui tenait mon violon et elle m'a dit merci en français. J'ai regardé son visage. Lumineux. Encore baigné de l'éclat du plaisir d'avoir chanté. Jamais je ne m'étais senti aussi proche d'une femme. J'ai eu peur. De cette proximité d'avec mon ennemi.

Elle a rejoint le monstre, qui s'est levé. J'ai joué une valse de Vienne et ils ont dansé tous les deux. J'ai regardé leurs longues silhouettes glisser sur mes notes. Ils ont fini par se rasseoir face à face. Le monstre m'a fait signe pour que je joue plus langoureusement, plus doucement.

— Je n'aime pas cet endroit. Je ne pourrai rester longtemps, a-t-elle fini par lui dire.

— Frida… Frida… Ce ne sera pas long, mon amour, a-t-il répondu. Le temps que notre Führer achève de nous construire le monde que nous méritons.

Alors, je suis revenu sur terre. Sur cette sale terre. À Auschwitz. J'étais juif et les nazis dominaient l'Europe.

X

Esther eut du mal à refermer le journal. Mais Henriette allait l'attendre. Elle l'emmenait à l'opéra. Elle enfila une robe noire sobre et élégante, sans maquillage, avec des escarpins rouges à talons. Ses cheveux étaient relevés dans un chignon haut, strict. Elle saisit à son départ une étole qui cacherait ses épaules et un sac à main à bandoulière. Henriette lui avait dit qu'aller à l'opéra signifiait se plier à certains codes. Elle s'y pliait, de mauvaise grâce. Elle n'aimait ni la musique classique ni l'opéra qui la laissait de marbre et l'ennuyait. Mais la lecture du journal d'Elzear avait éveillé sa curiosité.

L'opéra était donné dans le quartier des théâtres, à Broadway, tout près de Times Square. Elles s'y rendirent en taxi. Henriette était trop fatiguée pour marcher dans la ville bondée. Un nombre impressionnant de véhicules engorgeait les avenues. Cet endroit avait le don de faire oublier qu'il faisait nuit. Des centaines d'enseignes lumineuses éclairaient les rues, c'était une profusion de lumières clignotantes, scintillantes, rutilantes.

Henriette demanda au taxi de faire le détour par le Rockefeller Center. Les employés des centaines de bureaux quittaient leurs postes et croisaient des adeptes du lèche-vitrine et des flots de touristes.

Henriette montra à Esther les quatorze premiers gratte-ciel construits entre 1931 et 1940 fournissant plus de deux cent trente mille emplois en pleine récession. Par la suite, d'autres travaux avaient porté le nombre de tours à dix-neuf. Esther contempla surtout le Radio City Hall qui ouvrit ses portes dans cet ensemble en 1932, devenant un temple des divertissements. Toutes les boutiques de la 47ᵉ Rue que le taxi longeait affichaient or, bijoux, pierreries. Cette tradition remontait à l'installation ici des premiers immigrés juifs, expliqua Henriette en se penchant vers Esther, à l'arrière du taxi.

C'était ici aussi qu'on trouvait les plus vieux théâtres de New York, comme le Lyceum qu'elles virent de loin. Quelques immeubles après, il y avait un des plus chic hôtels de New York, l'*Algonquin* où Henriette avait souvent assisté à des réceptions. Il y avait une foule immense qui accaparait les trottoirs dans toutes les artères qui se croisaient ici. Esther leva les yeux sur l'American Standard Building, taquinant le ciel de ses vingt et un étages. Il était dans un curieux style néogothique. Il avait été achevé en 1924, d'après les dires d'Henriette. Les briques noires de la façade étaient soulignées par des ornements de terre cuite dorée. Le sommet, doré aussi, couronnait l'ensemble qui paraissait plus haut qu'il ne l'était vraiment en raison de cette architecture élancée. Le Paramount Building attira les yeux d'Esther, avec son style Arts déco des années 1920. De forme pyramidale, il est couronné par une horloge et un globe. Il faisait écho à celui de Mony Tower. Les deux femmes mirent un certain temps à s'en approcher mais Henriette tenait à montrer le haut du bâtiment, nanti d'une girouette qui indiquait la température en fonction de la couleur de son mât devenant vert quand il faisait beau, orange si le temps était nuageux et blanc s'il neigeait. Il y avait aussi un jeu de lumière sur le mât qui indiquait les changements de temps. Non loin de là, Esther fut surprise par le Centre de la musique et de la danse d'un style mauresque, surmonté d'un dôme de tuiles d'Espagne. Il datait de 1924. On y donnait des spectacles de danse uniques au monde et Henriette promit à Esther d'y réserver une place dans la semaine. Il y avait de multiples concerts, à côté, au Carnegie Hall.

Elles regagnèrent le quartier des salles de spectacle de l'ouest de Broadway et descendirent du taxi. Elles remontèrent gaiement la Shubert Alley où était situé l'opéra où elles se rendaient : le Shubert Theater.

Le hall du Shubert Theater était plein mais on y chuchotait, comme pour se mettre déjà dans l'ambiance feutrée de l'opéra. Esther ne voyait que des vagues silhouettes qui s'agitaient autour d'elle, sans pouvoir s'attarder sur les visages ni écouter les mots. Elle laissait Henriette la présenter et la suivait machinalement, perdue dans ses pensées.

Elles prirent place dans un des balcons bas qui dominaient l'orchestre. L'auditorium était magnifique. Tout y était blanc, hormis les fauteuils marron qui reprenaient les couleurs des moulures et des fresques de la grande salle. Esther regarda évasive les musiciens s'installer et accorder leurs instruments. Puis elle se concentra sur la musique qui débutait. Elle avait du mal à comprendre l'émotion dont parlait Elzear. Elle n'était pas insensible à la beauté de la musique mais elle n'était pas bouleversée. Malgré elle, son regard fixait les violonistes et elle pensait à lui. Soudain, elle fut brûlée par une pensée : qu'était devenue la femme soprano du commandant ? Cette Frida ?

Elle éplucha discrètement la liste des musiciens et des choristes de l'affiche sans y lire un nom allemand.

— Que cherchez-vous, très chère ? lui demanda Henriette en se penchant discrètement vers elle.

— Avez-vous entendu parler d'une musicienne du nom de Frida Lechman ?

Henriette réfléchit un court instant et murmura :

— Bien entendu, très chère ! C'était une des sopranos les plus réputées dans l'Europe d'avant-guerre. Elle se produit encore de temps en temps mais c'est une vieille dame maintenant.

— Vous l'avez entendue chanter ?

— Oui, une fois. À Paris.

Des voix venues de derrière leur rang leur demandèrent de se taire. Henriette roula de gros yeux mais glissa :

— Elle est divine.

XI

18 septembre 1942.

Tous les matins, l'orchestre au complet joue pour le départ des kommandos. J'évite de croiser les regards hagards et usés des travailleurs. Depuis plus d'une semaine que je joue du violon, j'en ai vu mourir plus d'un. Chaque matin, certains manquent à l'appel, ils sont morts sur leur paillasse durant la nuit. Alors on voit arriver de nouveaux visages, de nouveaux bagnards recrutés à l'arrivée des derniers convois, après leur quarantaine.

Ils ont toujours le même air stupéfait à nous entendre jouer, là, dans ce bagne, pour leur départ au travail. Cette musique est un pied de nez énorme à leur épuisement. C'est tellement paradoxal de donner de la musique à cet enfer. D'y faire survivre une part d'art et d'harmonie.

Je joue en fixant le sol, pour éviter de voir ces travailleurs des kommandos dont je fus. C'est trop lourd de supporter leurs regards accusateurs. Nous sommes la chance qu'ils n'ont pas eue. Nous sommes les artisans du diable. Les collaborateurs. Les lâcheurs. Nous sommes dans le même sac que les Sonderkommandos, que les kapos. Nous sommes les petites mains des monstres.

Il faut bien avouer que nous ne sommes pas maltraités. Dans notre bloc, on mange de la viande à tous les repas, on boit beaucoup. Les S.S. laissent de la vodka. Les Sonderkommandos jouent aux cartes toute la nuit, parfois rejoints par des kapos. Je ne les aime pas. Généralement, les S.S. les ont recrutés dans les prisons allemandes ou polonaises. Ils ont accepté de travailler en camp pour retrouver leur liberté mais ils ont le vice.

J'en ai vu être plus tortionnaires que leurs supérieurs. Ils font du zèle. Ils flattent les S.S., font des courbettes. Quand ils viennent dans le baraquement des musiciens, ils savent se tenir mais dans les leurs ils font venir des prisonnières et se livrent à des viols. Ce sont les chefs des kommandos de travail qui sélectionnent les femmes, avant qu'elles soient trop maigres et décharnées. Elles se plient à leurs caprices contre un peu de viande. Certaines sont très jeunes. J'entends les kapos faire des commentaires sur ces pauvres filles pendant qu'ils jouent aux cartes. C'est abominable. Abominable mais j'écoute toujours d'une oreille au cas où ils parlent des arrivées de convois. Deux d'entre eux travaillent à la première sélection. Ils savent d'où viennent les déportés. Je leur ai demandé de me renseigner s'ils entendaient parler de convois français. Je réitère souvent ma demande. Hier soir, j'ai encore parlé au kapo qui travaille sur le quai en insistant pour qu'il me prévienne si des convois français arrivaient, avec des tout petits enfants. Il m'a regardé bizarrement.

— On ne reçoit pas d'enfants ici, mon gars ! m'a-t-il jeté en allemand.

J'ai été brisé de doutes : que vont-ils faire de la petite, là-bas, à Pithiviers ? Qui s'en occupe aujourd'hui ? C'est terrible cette incertitude, cet espoir qu'elle aille bien auquel je m'accroche, grâce auquel je survis.

— Il ne faut pas souhaiter voir arriver un gosse ici…, a ajouté le kapo.

Puis il a parlé trop vite pour que je comprenne. J'ai demandé à Frank de me traduire :

— Il a dit que les gamins restent en camp de transit. Personne n'a reçu d'ordres pour les gazer, ici.

J'ai pensé avoir compris de travers.

— Pour les gazer ? ai-je articulé.

— Oui, mon gars, a-t-il affirmé sans me ménager. Qu'est-ce que tu crois ?

Je suis resté bouche bée avec un air stupide qui a fait rigoler tous les kapos de la tablée.

— Tu veux dire quoi ? ai-je insisté en les ignorant, prisonnier de ma terreur.

Frank m'a regardé d'un air agacé.

— Je veux dire qu'il arrive des convois d'adultes pleins à craquer chaque jour, ici. Tu ne te demandes pas où partent ceux qui ne peuvent pas travailler ? Ceux qui sont trop vieux, trop jeunes, trop malades ?

Je ne pouvais articuler un mot.

— Ils ne prennent pas la peine de les garder en vie, mon vieux. Les S.S. les emmènent dans l'autre partie du camp. Ils les font entrer dans des chambres à gaz, ils les tuent et ils brûlent leurs corps dans les crématoires.

— Tu es dingue, Frank, ai-je protesté.

— Je le sais. Les Sonderkommandos qui travaillent dans les chambres à gaz n'ont pas le droit de parler et ils sont eux-mêmes régulièrement gazés pour éviter les fuites. Mais moi, je le sais, de source sûre. Comme tous les kapos le savent aussi à cette table.

Tous les autres m'observaient à la dérobée. J'ai un peu ri en croyant toujours à une bonne blague.

— C'est la vérité, gars ! m'a lancé Frank avec un sérieux qui m'a figé d'effroi.

Je me suis éloigné de la table en chancelant.

— Tu te feras à cette idée ! m'a lancé Frank.

J'ai caché ma figure dans mes mains.

C'était vrai.

Bien sûr que c'était vrai. Je ne m'étais jamais rendu à l'évidence. Jamais les nazis n'auraient construit autant de crématoires si ce n'était que pour brûler les corps des prisonniers morts d'épuisement. Certes, il en mourait des centaines par jour mais pas suffisamment pour justifier l'utilisation des cinq fours qui tournaient jour et nuit.

XII

Esther avait ressenti le besoin de marcher pour se sortir l'esprit du journal d'Elzear dont la lecture l'accablait. Elle prit un taxi et passa l'après-midi dans le Village, le quartier de Greenwich dont Henriette lui avait parlé. Les New-Yorkais l'affectionnaient. Le plan tortueux de ses rues reprenait l'ancien tracé des parcelles et des cours d'eau de cette zone. Les citadins étaient venus y trouver refuge en 1822, lors d'une épidémie de fièvre jaune. Jamais le plan désordonné de ce quartier ne put être mis aux normes. Aussi Esther ressentit un peu de nostalgie à déambuler dans cette enclave, dans ce havre de bohème qui lui évoquait certains quartiers de Paris. La France lui manqua. Il y avait là de jolies petites maisons, des allées secrètes, des cours verdoyantes, des ruelles étroites. Le nombre de clubs, de restaurants, de théâtres et de cafés rappelait le Quartier latin ou la rue Mouffetard. Elle passa devant le théâtre Lucille-Lortel, devant le Cherry Lane. Les immeubles de Patchin Place, avec leurs façades austères, étaient protégés par des barrières. Ils étaient occupés par des écrivains célèbres. Elle longea Grove Court avec ses six maisons bâties au milieu du XIXe siècle, implantées au fond d'une paisible cour. Leurs encadrements de fenêtre, très blancs, avec des volets pastel, la firent songer à sa villa près de Paris.

Alors elle fut assaillie d'angoisse. Elle était à vif.

Là, au milieu du quartier de « village », elle s'inquiéta soudain pour son entreprise, sans chef. Pour sa grand-mère, seule dans la villa. Pour ses frères qui lui manquaient. Elle ressentit une grande tendresse pour eux, alors que rien ne s'y prêtait. Elle sentait qu'elle allait mal. Qu'elle raisonnait mal. Qu'elle n'était plus elle-même. Des vagues de souvenirs la submergèrent, avec ses rires d'enfants, avec ses frères.

Alors, comme une épée plantée en plein cœur, le visage de son père lui revint, et avec lui d'autres souvenirs. La déchirure de sa mort la brisa. Elle dut s'asseoir pour faire face. Le flot de haine pour Elzear revint lui couper le souffle. Elle se releva du banc où elle s'était laissée tomber en proie à ce coup de déprime. Elle reverrait les siens quand elle aurait retrouvé le meurtrier de son père. Elle voulait qu'il s'explique.

Elle héla un taxi et indiqua l'adresse de son hôtel.

Elle allait faire passer une annonce dans les journaux pour tenter de retrouver celui qui était son ennemi et qui devait le demeurer. Elle venait de se le jurer.

XIII

21 septembre 1942.

Ce matin, quand Frank est venu me dire de me rendre dans la villa du commandant, j'ai cru à une plaisanterie. Pourtant, il était sérieux.

— La femme de Lechman veut faire des vocalises, a-t-il ajouté. Son piano ne lui suffit plus. Elle te veut au violon.

J'ai eu un drôle de frisson que j'ai tenté de refréner, un sentiment malsain et inadapté qui m'a gêné. Un frisson de plaisir. J'avais encore des bouffées du bonheur que m'avait procuré la voix de cette femme chantant La Traviata. *Avec cette puissance à m'arracher au monde actuel, à mon débris de vie, à mes peurs concernant ma fille. J'en rêvais encore. J'en voulais encore.*

— Elle me veut, pour répéter ? Moi ? ai-je bafouillé, stupéfait.

— Oui, toi ! Tu es violoniste, non ? Il n'y a personne d'autre qui puisse le faire, les autres n'ont pas le niveau d'après elle. Je te jure ! Ces putains de nazis ! Ils sont capables de gérer et de commander des bataillons et des camps entiers mais ils plient devant leur femme !

J'ai regardé Frank et il m'a fait pitié. Il n'avait jamais connu l'amour. Il ne savait pas combien il pouvait rendre esclave, même le pire des bourreaux. C'est sûrement de ce manque que lui vient sa capacité à être kapo, sans scrupule ni conscience.

— Prépare-toi, je t'attends dehors, a-t-il ordonné.

J'ai mis mon costume de l'autre soir, je me suis passé un coup d'eau sur le visage, j'ai pris mon étui et je l'ai rejoint. Il m'a accompagné sans dire un mot. J'ai compris qu'il me jalousait. Mais j'étais déjà dans la musique.

Elle m'attendait près du piano, dans le salon. Elle regardait dans le vague, avec une grande tristesse sur le visage. Ses enfants devaient lui manquer, ainsi que la vie berlinoise, pleine et cultivée. Dans ce camp abject, elle n'était pas à sa place. Encore une fois, je me suis senti proche d'elle et cette idée m'a gêné.

J'ai toussoté et elle a pris conscience de mon arrivée. Elle a eu un pâle sourire. Elle portait une robe rouge qui lui tombait au-dessous des genoux, cintrée à la taille. Elle était extrêmement mince. Elle m'est apparue dans une aura qui m'a coupé le souffle. Celle des grandes artistes. Celles dont le talent se lit sur le visage. Celles à qui le talent donne un charme fou.

Il y avait un homme armé posté à l'angle de la pièce. Elle lui a dit de sortir en allemand. Il a refusé en arguant que je pouvais être dangereux et que le chef avait ordonné qu'il reste. Elle lui a répété de sortir sur un ton qui n'admettait aucune réponse. Il est demeuré sur le petit balcon à surveiller tous mes gestes à travers la fenêtre.

J'ai pris le violon et j'ai joué avec la partition qu'elle avait ouverte sur le pupitre. Je ne sais plus de quoi il s'agissait. J'ai joué mécaniquement. Elle a travaillé ses vocalises. Elle a beaucoup déraillé. Elle n'était pas bien. Sa voix était au bord de la brisure, à plusieurs reprises. Elle a fini par s'asseoir un long moment sur le canapé, sans un mot. Alors j'ai joué ce qui m'est venu à l'esprit. Du

*Verdi. Des extraits d'*Ernani, *puis de* Nabuchodonosor. *Elle a relevé la tête. Elle m'a regardé, conquise.*

Puis elle s'est mise au piano et elle a joué avec moi. Pendant des heures. De temps à autre, par-dessus le piano, elle me regardait avec intensité et elle me souriait.

Quand le commandant est entré, il a poussé la porte avec d'infinies précautions. Il avait dû nous entendre jouer de l'extérieur. Il est allé s'asseoir sur le canapé, à pas de velours, et il nous a écoutés, la tête reposant sur le dossier du canapé. Son visage est devenu serein. Il a même fermé les yeux. Il semblait harassé. À nouveau la bulle nous a enfermés tous les trois. À nouveau cela m'a gêné. À nouveau j'ai eu du bonheur avec ces gens-là, avec mes bourreaux, avec le monstre Lechman.

C'est lui qui a fini par me faire signe d'arrêter de jouer. Il n'a pas repris son masque. Il a compris qu'il n'en avait pas besoin avec moi. Ou bien ne voulait-il pas le porter devant Frida. Elle s'est arrêtée de jouer aussi. Ils se sont embrassés. J'ai rangé mon violon dans mon étui et je suis parti sans les regarder.

XIV

Recherche Elzear Bensoussan dans l'État de New York, pour transmission de patrimoine. Ci-joint sa photo. Monsieur d'une cinquantaine d'années, d'origine juive, parlant le français et avec un passeport israélien. Forte récompense pour tout renseignement. Adresser vos courriers à la boîte postale 546 de l'hôtel Smith and Wollensky, *3ᵉ Avenue, New York.*

XV

24 septembre 1942.

Je suis réveillé avant que Frank nous appelle. Le jour me réveille. L'envie, aussi. L'envie de la voir jouer et de l'entendre chanter. Des heures. Chaque matin. Je ne vis plus que dans l'excitation. Pourtant, je ne suis pas amoureux d'elle. Je suis fou de ce qu'elle est capable de produire en chantant… de beau, d'exaltant, d'émotionnel. Tout cela, c'est la vie. Frida me prouve que je suis encore en vie, que je suis encore un homme, avec un passé, et peut-être, malgré tout, un futur.

Quand je regarde son visage, je n'y trouve aucun défaut. Rien n'y est à modifier. C'est cela, sans doute, la beauté. La même qu'il y a dans sa voix. Malgré sa perfection, son nez fin, droit, parfait, ses lèvres bien dessinées, son front intelligent, sa nuque tellement féminine, son apparence manque de lumière et d'éclat, quand elle ne chante pas ou qu'elle ne joue pas de piano. À l'inverse, dès qu'elle est dans la musique, ses traits prennent l'ampleur de leur beauté, comme si la musique ouvrait des fleurs inconnues, imperceptibles mais essentielles sous sa peau. Cette femme est faite pour la musique. C'est sa sève, sa substance vitale, sa grâce et son pouvoir. Je comprends désormais pourquoi le monstre met tout en œuvre pour que sa femme puisse entretenir sa passion, ici, à côté de l'enfer et de la barbarie, dans ce lieu tellement inadapté. Sans musique, son épouse dépérirait.

Ce matin, alors qu'elle refermait le piano avec une précaution qui ressemblait à une caresse, j'ai demandé, en allemand :

— Où avez-vous appris le chant ?
— Dans une autre vie.

Elle s'est détournée et je suis sorti.

Le soir, je suis allé voir Frank qui jouait aux cartes avec d'autres kapos. Je lui ai demandé s'il savait quelque chose sur Frida. Il a haussé les épaules pour me signifier que non et qu'il s'en fichait.

Je suis reparti sur ma paillasse pour écrire.

Le chef d'orchestre m'a rejoint peu après. Je lui ai demandé en allemand s'il savait qui était Frida. Il m'a dit que la femme du monstre avait été cantatrice, à Rome. Elle était fille d'un ambassadeur allemand qui l'avait élevée longtemps à Paris, puis dans plusieurs capitales d'Europe.

Il l'avait entendue chanter, à Varsovie, juste avant la guerre. Elle était renommée et talentueuse.

XVI

Esther était un peu étourdie par la foule. Elle avait perdu Henriette des yeux depuis un moment. Elle passait de groupe en groupe, sans entendre les conversations, sans vouloir les écouter, une coupe de champagne à la main, un peu enivrée par l'alcool, la fatigue, l'agitation. Elle regrettait d'avoir suivi Henriette à ce cocktail en l'honneur de deux anciens combattants américains de la Seconde Guerre. Elle avait pourtant aimé leurs récits, elle avait ressenti de l'admiration pour eux mais l'évocation de la guerre la rejetait à cœur ouvert dans le témoignage d'Elzear auquel elle tentait d'échapper quelques heures par jour pour pouvoir se détendre et continuer à vivre sereinement.

Dans la salle de réception flottaient des parfums mêlés, des rires fusaient, les salutations obséquieuses et les présentations n'en finissaient plus. Esther était un peu lasse maintenant de ces réceptions surfaites où elle trouvait un certain ennui. Le luxe à outrance l'agaçait. C'était trop. Tout ce qui lui était apparu grandiose à son arrivée lui semblait maintenant lourd, surdimensionné. Le texte d'Elzear gâchait ses jours et la ramenait aux situations terribles qu'il y livrait.

Elle se demandait si son père aurait aimé lire le journal de son ami. Cela aurait sans doute été une terrible souffrance pour lui. Esther tentait de se soulager en se répétant que cette malheureuse expérience était finie. C'était du passé. Oui, mais elle y était impliquée par cette lecture. Pour quelles raisons Anaëlle lui avait-elle confié ce journal ?

Qu'est-ce que cela lui apporterait, à elle ?

Elle était terriblement déçue du manque de résultat de son annonce dans la presse. Elle n'avait rien reçu de sérieux. Elzear semblait s'être volatilisé.

Ce soir, Esther se sentait trop jeune au milieu des invités, différente, intruse. Elle culpabilisait presque de ne pas avoir vécu cette sombre période de la guerre à laquelle elle était pourtant rattachée par un fil inconnu : le récit d'Elzear. Elle mesurait l'immense impact de la guerre sur les êtres, sur leurs vies, sur leurs personnalités. Elle pressentait être elle aussi une des victimes de cette folie de la guerre, par répercussion. Un des anciens combattants avait expliqué qu'après l'expérience du débarquement de Normandie il n'avait plus aimé la mer. L'autre avait prétendu ne plus supporter de recevoir un ordre, une injonction, même anodine.

Esther observait maintenant les visages. Que cachaient-ils derrière les rides, derrière le pétillant des regards ou les lueurs plus sombres ? Quels secrets ? Quels tourments ? Quelles joies et quels renoncements ?

Combien d'anciennes victimes de la guerre parvenaient à raconter leur expérience ? Combien d'autres vivaient avec, au fond de leur mémoire ? Avec leurs doutes et leurs mauvais souvenirs ?

Esther manqua subitement d'air. Elle voulut sortir de l'endroit pour ouvrir ses poumons et tuer son angoisse mais l'idée de se retrouver en pleine rue new-yorkaise, dans une nuée de voitures, de taxis, sous un bombardement de Klaxons et de voix la maintint à l'intérieur. Elle glissa à pas discrets vers le hall de réception et se laissa tomber dans un des fauteuils en velours rouge du salon d'accueil. Elle ferma les yeux pour oublier ses pensées noires et chasser les visions morbides qui lui martelaient la tête : c'était Elzear dans le train, sa maigreur, son enfermement, son anéantissement, elle voyait son violon et un visage de femme tourné vers lui, sans traits nets ni précis. Son imagination divaguait. L'étendue de la peine d'Elzear et de ses douleurs rejaillissait sur elle, et malgré elle.

Elle était fatiguée. De ses errances, de ses recherches, de ses hypothèses. À ce moment précis, elle aurait aimé qu'un homme la prenne dans ses bras, sans rien dire, juste un instant, pour lui rappeler l'épaule de son père, son réconfort, cette présence masculine qui rassure et réconforte. Elle aurait souhaité prendre appui. Se reposer. Juste quelques secondes, sans explication. Sur une épaule compréhensive et amie. Pour sentir son corps se relâcher et sa peine s'écouler, avec toute sa vie fatiguée derrière elle. Un homme qui comprendrait ses vertiges, sa peur. Esther mit sa tête entre ses deux mains, pour reposer ses yeux et se soustraire au monde, aux lumières. À sa vie.

Soudain, elle tressaillit. On venait de poser une main ferme et chaude sur son cou, sous son chignon, à l'endroit où sa nuque était dénudée.

— Bonjour, prononça une voix profonde et chaleureuse.

Elle se retourna et releva vivement la tête. Elle avait l'impression d'avoir été surprise dans sa grande faiblesse, elle qui détestait qu'on perçoive son mal-être. Une colère sourde l'animait contre l'intrus qui l'avait dérangée et sans doute interpellée par compassion. Ses yeux jaugèrent le visage.

Une émotion diffuse monta en elle. C'était Jacques, le petit-fils de Maud, qui la contemplait avec un sourire gentil et doux. Tellement doux que sa colère retomba et qu'elle fut envahie par un plaisir immense, qu'elle jugea disproportionné mais bienvenu. Cela ressemblait à un peu de bonheur. Elle était troublée de le revoir là, les bras ballants, dans un costume trois pièces sans cravate. Il portait un début de barbe brune qui rejoignait ses cheveux épais, un peu en désordre. La couleur des yeux en ressortait embellie et perçante. Il y avait du vert, énormément de vert et des reflets curieux qui paraissaient pétiller, des espèces d'éclats de joie. Il dégageait à la fois de la virilité et une infinie délicatesse.

— Cela fait un moment que je vous ai repérée dans cette soirée mondaine, avoua-t-il, mais je n'osais guère vous approcher.

— Pourquoi êtes-vous parti aussi vite de Paris ? le coupa-t-elle sèchement avant qu'il ne puisse lui demander quoi que ce fût d'autre.

— J'ai fui.

— Quoi ?

— Le meurtrier de ma grand-mère, j'ai fui la vision de son cadavre, cette vision d'effroi insupportable, et je vous ai fuie, vous. Vous me fasciniez... trop.

— Qu'aviez-vous à m'apprendre ? l'interrompit-elle encore sans tenir compte de sa dernière remarque.

—Je ne sais pas exactement… pas grand-chose mais j'ai eu peur que le meurtrier de Maud ne s'en prenne aussi à moi.

—Que savez-vous sur mon père? Je vous en supplie?

—Je vous jure que je ne sais rien dans le détail. Maud était la seule détentrice d'un secret vous concernant. Plusieurs fois je l'ai interrogée. Je voulais la soulager mais elle était murée dans son silence. Seule et enfermée. Elle refusait de trahir la mémoire de votre père. Elle l'admirait.

—Vous m'avancez beaucoup, là, merci! le coupa Esther, agacée.

Jacques saisit sa main et la regarda d'un air désolé. Elle la retira, se releva et fit quelques pas dans le grand hall. Elle aussi avait peur de lui, de ce trouble dans lequel il la jetait, de ses mains qui tremblaient un peu et de ses mots qui sortaient mal de sa gorge nouée. Elle avait songé tant de fois à lui, depuis leur première rencontre. Personne ne lui avait jamais fait cet effet, à la fois magique et affolant.

—J'ai insisté pour que Maud vous parle, reprit Jacques avec un faible sourire, pour qu'elle se soulage et qu'elle soit en paix. Je vous l'assure. La vie de ma grand-mère m'a toujours captivé, je ne suis pas journaliste pour rien, mais toute une partie d'elle m'échappait.

—La partie me concernant!

—Oui… Elle avait été le témoin d'un événement dont le souvenir la gênait, lui pesait, mais elle ne voulait pas s'en libérer. Elle ne le pouvait pas non plus. Je suis sûr que son meurtrier a voulu la faire taire à jamais.

Esther sentit la nausée monter en elle. Elle avait un poids qui gonflait dans son ventre, au fond d'elle, un poids qui lui bloquait le souffle. La pression était trop rude. Elle était à bout. La tête lui tourna. Bientôt, elle ne vit Jacques que dans une espèce de brouillard. Elle vacilla, tenta de rejoindre le fauteuil pour ne pas s'affaler. Elle s'efforça de résister à son malaise mais elle perdait conscience. Ses jambes étaient comme du coton. Elle ne parvenait plus à faire réagir son corps qui s'appesantissait, qui cherchait le sol, le repos, l'oubli.

Avant qu'elle ne trébuche, Jacques la prit entre ses bras. La tête d'Esther tomba contre son épaule. Elle ne pouvait plus résister. Elle trouva du réconfort, de la force, du plaisir entre les mains de Jacques. Son corps était chaud, solide. Elle eut le souvenir fugace du refuge des bras de son père, de ses épaules, de sa voix qui l'avait toujours consolée et guérie, de cette voix qui l'avait toujours calmée et endurcie, qui l'avait toujours portée dans la vie, sans faille ni faiblesses.

Elle était désormais dans la faiblesse, dans l'angoisse, dans le doute et la présence de Jacques l'aida à ne pas s'effondrer. Il était fait du même bois que Bertrand, tendre et solide, consolant et aimant. Elle releva doucement le visage vers le sien qui la regardait en tapotant sa joue, très inquiet. Esther comprit que cet homme-là était sa chance, qu'il était ce qu'il lui manquait, qu'il avait déjà une moitié de son cœur.

Elle s'attarda dans ses bras. Elle s'y lova un peu et il resserra son étreinte, imperceptiblement. Une de ses mains caressa ses cheveux et elle frissonna. Elle se redressa, peu à peu, se dégagea et s'éloigna de quelques pas, gênée de ses épanchements. Jacques toussota, lui aussi mal à l'aise. Ils avaient senti la bulle autour d'eux, leur bulle. Naître. Prête à éclore, à se refermer, à les rapprocher, à les encercler dans le bonheur et l'amour absolus. Leurs ailes l'avaient effleuré et tous deux craignaient déjà de s'y brûler.

— Marchons un peu, proposa Jacques. Cela vous remettra…

— Je suis désolée, avoua Esther sans oser lever les yeux sur lui. Je suis bouleversée pour le moment, la mort de mon père…

— Je comprends.

Il prit sa main. Ce geste allait de soi, à ce moment précis, et Esther serra même un peu les doigts de Jacques. Son contact la rassurait. Elle percevait de la compréhension, du respect vis-à-vis d'elle. C'était comme une évidence. Une sorte de confiance qui naissait et qui était appelée à se développer.

Ils longèrent le grand couloir d'accueil et prirent un ascenseur. Esther se laissait guider. Rassérénée. Ils grimpèrent jusqu'au cinquantième étage et la porte s'ouvrit sur le toit-terrasse du building.

— J'ai pensé qu'ici vous seriez bien, loin de la foule.

Elle opina de la tête. Jacques l'avait comprise, sans qu'elle demande quoi que ce fût. Elle fit quelques pas sous le ciel étoilé, posant ses yeux sur la pluie de lumières que faisaient les fenêtres des immeubles. Ils s'approchèrent de la balustrade et ils contemplèrent la fourmilière en bas. C'était ahurissant. Malgré l'heure tardive, c'était un fracas des bruits de moteurs, de Klaxons, c'était un scintillement permanent d'enseignes et de barrières publicitaires et pourtant, au sommet, Esther se sentait préservée du chahut. Elle eut l'impression d'avoir enfin du recul sur cette ville dévorante mais aussi sur sa quête.

— Alors, que faites-vous à New York? finit par lui demander Jacques.

— Et vous, esquiva-t-elle, que faites-vous à cette conférence sur la Seconde Guerre?

— Je fais une série d'articles pour un magazine spécialisé sur les anciens combattants.

— Cela vous plaît?

— Cela me passionne. Maud m'a donné l'envie de tout savoir sur cette période. Plus je la sentais atteinte et brisée, plus je brûlais de tout en connaître. À sa mort, cette volonté de travailler sur le sujet est devenue dévorante pour moi, comme si c'était la seule manière de rester avec elle. Alors j'écris, je rencontre, je découvre des gens, des horreurs, le courage, la vie qui continue malgré tout. Mais vous, chère Esther, répondez-moi franchement, sans détour. Que faites-vous à New York?

Esther jeta les yeux sur les rues, à ses pieds, elle hésitait à répondre. Elle voulait dire qu'elle était là pour affaires, qu'elle travaillait sur des modèles de jupes et de robes avec une entreprise de vente par correspondance, ce faux prétexte qu'elle avait déjà servi à plusieurs sauces. Elle releva les yeux sur Jacques. Il était là, appuyé contre la rambarde, à la regarder avec attention et bienveillance. Elle ne put lui mentir. En quelques phrases, elle expliqua qu'elle était sur les traces d'Elzear, convaincue qu'il était l'assassin de son père et de Maud.

— Mais pourquoi lui? demanda Jacques, ahuri.

— Il était à Paris lors des deux meurtres et l'assassin a utilisé la même arme.

— Pourquoi en aurait-il voulu à votre père ? Maud disait qu'ils étaient amis.

— Je ne sais pas pourquoi il les a tués, mais je sais que c'est lui. Et je le retrouverai.

— Vous voulez faire justice vous-même ? articula Jacques soudainement effrayé par la détermination d'Esther.

— Je veux la vérité. C'est tout. Mais je veux que ce soit lui qui me la dise, en face. Ce que je ferai après, je l'ignore.

Jacques mit une de ses mains sur la balustrade, sur le côté gauche d'Esther, et l'autre sur le côté droit. Elle était enfermée entre ses bras. Il la regarda bien en face.

— Vous ne devriez pas vous acharner de la sorte. Vous vous mettez en danger. Si le meurtrier de votre père a été capable de le tuer, puis de tuer Maud, il n'hésitera pas à vous faire du mal.

— Ce type m'a déjà fait tout le mal qu'il pouvait. Je ne suis plus rien sans mon père.

Sa voix avait faibli. Elle se retourna côté rue pour masquer son trouble. Jacques se rapprocha d'elle et déposa un baiser sur ses cheveux, avec insistance, en disant :

— Je ne vais pas vous laisser disparaître à nouveau. Je suis si bien avec vous.

— Je ne serai pas une compagnie agréable, avertit-elle en se collant à lui.

— Arrêtez de courir après un fantôme.

— Je le trouverai, ce fantôme, vous verrez.

— Vous êtes descendue dans quel hôtel ?

— *Le Trapèze*, dans l'Upper Midtown, près de la 5e Avenue. Je suis en plein centre. J'ai eu la chance de rencontrer une Anglaise merveilleuse, Henriette Nittle. Elle me tient compagnie et me donne un coup de main dans mes recherches.

— Je la connais de nom. J'ai assisté à plusieurs de ses conférences. Elle a un vécu surprenant : rescapée des camps, résistante, agent de liaison.

— Elle est d'une gaieté déconcertante. Elle m'apporte beaucoup.

— Moi aussi, je peux vous aider, Esther. Je connais plein de monde et j'ai envie de vous revoir. Vraiment.

— Je ne sais pas, murmura-t-elle en se dégageant.

Elle avait peur. Elle se sentait bien avec Jacques, il lui plaisait beaucoup. Il lui apportait du réconfort, un sentiment de bien-être, du plaisir. C'était nouveau pour elle. Jusqu'alors, seul son père lui procurait des sentiments d'attachement et de pleine confiance. Et c'est parce qu'elle l'avait perdu qu'elle redoutait de s'attacher fortement.

Elle aimait les yeux de Jacques, son odeur, elle aimait ses mains et ses épaules. Jamais un homme ne lui avait fait cette impression. Souvent, elle s'était même demandé si elle serait capable d'aimer un homme, un jour. Sa peau, sa voix, sa présence, son parfum? Aurait-elle encore la force des rencontres, le jeu de la séduction, les premiers mots, le premier baiser, l'étreinte?

Elle avait croisé des garçons très beaux dans le cadre de son travail : des mannequins, des modistes. Certains lui avaient fait des avances. Elle était sortie prendre un verre avec quelques-uns mais alors elle s'était ennuyée. Elle n'avait pas ressenti d'attirance, juste un peu de plaisir et de fierté d'être avec un beau garçon. Elle avait couché avec l'un d'eux, un soir, alors qu'elle était en déplacement sur la Côte d'Azur pour présenter une collection. Leur relation avait été convenue, banale, sans plaisir. Il n'y avait pas eu cette alchimie des corps, des parfums, de la peau qui fait que deux êtres se plaisent et sont bien ensemble. Deux êtres qui après l'amour ont encore envie de s'étreindre, de se tenir, de se blottir, de se parler, deux êtres sans regret, ni honte, ni remords, ni doute. Deux êtres avec le seul plaisir, entier, d'être tous les deux.

— Je vous téléphonerai demain, nous irons dîner ensemble, proposa Jacques en appelant l'ascenseur. Je dois partir, maintenant.

Ils regagnèrent le hall en silence, encore dans l'émotion. Ils se tenaient la main. Automatiquement. Et Esther sut qu'elle ferait tout, désormais, pour garder cette main dans la sienne. Qu'elle en serait plus forte.

Ils se lâchèrent quand la porte s'ouvrit sur l'accueil. Alors Jacques se dirigea vers la sortie et Esther regagna la salle de réception pour retrouver Henriette.

Elle finit par tomber sur elle en train de discuter avec un couple de Floride. Le mari connaissait bien le français pour avoir étudié deux années à la faculté de médecine de Paris après guerre. Il souhaitait visiblement montrer sa connaissance de la langue.

— Vous êtes de Paris, mademoiselle ? lui demanda-t-il avec courtoisie, sous les yeux globuleux de sa femme, petite rondouillarde qui, elle, n'entendait rien à la langue.

— Oui, j'y ai une entreprise de vêtements.

— Oh ! bien, dit l'homme en s'inclinant un peu. Je vous aurais plutôt prise pour une de ces mannequins filiformes qui défilent avec grâce sur les podiums.

Elle sourit à la flatterie avec un ennui qu'Henriette perçut. Elle ne put s'empêcher de lui glisser une grimace pour imiter le regard bête de l'épouse. Esther manqua éclater de rire. Elle s'empressa de se tourner vers le bar pour y déposer sa coupe vide.

— J'ai eu l'occasion de parler français le mois dernier, très chère, reprit l'homme pour entretenir la conversation.

— Oh ? s'exclama Esther à cran.

— Mon épouse et moi-même avons vendu notre propriété du New Jersey à un de vos compatriotes. Richissime.

— Bien, dit évasivement Esther.

Henriette intervint aussitôt en français :

— Un monsieur richissime, dites-vous ? Il doit être de mes connaissances.

Elle parlait exactement comme les gens du milieu fortuné le faisaient. Elle connaissait leurs codes et voulait déjouer la méfiance du couple.

— Certes. Il était dans les affaires mais il a renoncé à tout pour se construire une retraite dorée aux États-Unis.

— Ainsi, certains renoncent aux affaires, c'est curieux, dit Henriette l'air de rien. On dit que les vrais chefs d'entreprise ne parviennent jamais à tourner la page.

— C'est un homme qui ne s'épanche guère. Il a refusé de dîner avec nous. Mais il a une classe toute française.

— Mon Dieu, quitter la France pour les États-Unis, faut-il être farfelu, le taquina-t-elle.

— Oh, il avait quitté la France depuis longtemps.

Esther tendit l'oreille. Une angoisse la paralysa. Elle n'osa dire un mot ni ne le put de peur de tout gâcher. Pourquoi n'y avait-elle pas pensé plus tôt ? Il lui fallait chercher de ce côté-là. Elzear avait sans doute acheté un domaine, un bien pour refaire sa vie.

— Où vivait-il alors ? demanda Henriette d'un ton détaché.

— En Algérie, répondit l'homme.

— Ma foi, c'est la France quand même, renchérit Henriette sans perdre sa contenance.

Elle prétexta d'aller au bar pour s'arracher au couple et glisser à Esther :

— Vous avez la même idée que moi, je présume ?

— Il faut chercher du côté des notaires.

— Bien sûr ! Nous avons été bien sottes. Notre homme a forcément acheté une villa quelque part aux États-Unis.

— Mon Dieu ! Dans ce pays gigantesque... Nous ne le retrouverons jamais.

— J'ai des relations, ne vous découragez pas. On va se renseigner. Je suis certaine qu'il a signé une vente ici, à New York, avant de s'aventurer ailleurs. Comme tous les nouveaux arrivants d'Europe.

XVII

26 septembre 1942.

Je ne sais pas exactement ce que je ressens pour cette femme. Une sorte de fascination. J'aime jouer avec elle. J'aime l'entendre chanter. J'aime la voir au piano.

Je passe deux matinées par semaine avec elle et ces moments font écho à de bons souvenirs d'avec ma mère.

Je crois qu'elle me rappelle ma mère. Oui. C'est certainement cela.

Nous ne parlons pas. Son mari lui a interdit de m'adresser la parole et il y a toujours ce militaire à l'œil torve qui nous surveille par la fenêtre. Je crois qu'elle ne passe jamais les limites du camp des chefs nazis. Elle ne sait peut-être rien de ce que vivent les prisonniers, à côté. Mais peut-on rester innocent aussi proche du crime?

N'est-ce pas de la lâcheté?

Une protection de soi qui devient de la complicité?

Elle ne veut pas voir parce qu'elle sait qu'elle ne supporterait pas. Alors elle se terre dans sa villa.

Pourtant, ce matin, alors que nous jouions un air de Médée, l'opéra de Cherubini, elle s'est soudain arrêtée et elle m'a demandé, en français, au moment où l'héroïne assassine son enfant:

— Une mère peut-elle tuer son enfant?

Je n'ai pas répondu tout de suite.

Elle a fouillé au fond de mes yeux et j'ai maintenu son regard en prononçant :

— *Je sais que les parents d'un peuple sont capables de tuer les enfants d'un autre peuple.*

Il y a eu un silence.

— *Quel est votre prénom ? m'a-t-elle demandé.*

— *Elzear.*

— *Où est votre enfant ?*

J'ai été incapable de lui répondre. Si je l'avais fait, j'aurais hurlé que les siens assassinaient nos enfants, parce qu'ils étaient juifs. Que je les détestais. Que j'avais dû me séparer de mon enfant. Qu'Anaëlle était seule dans un camp infâme, dans l'indifférence générale. Si j'avais dit un mot, je me serais peut-être jeté sur elle pour l'étrangler parce que la haine aurait eu raison de moi. La douleur. Surtout la douleur.

— *Je sais que vous avez un enfant quelque part, un enfant qui vous manque, a-t-elle dit.*

Je me taisais toujours.

— *Vous ne joueriez pas aussi bien si vous n'étiez pas malheureux, a-t-elle ajouté.*

Je suis resté les bras ballants, sonné.

Elle avait lu en moi.

Je me suis entendu lui demander :

— *Si ma fille parvenait ici, vous m'aideriez à la sauver ?*

Elle a répondu immédiatement avec une sincérité qui m'est allée droit au cœur :

— *Oui.*

Le militaire qui nous surveillait a tapé aux carreaux pour que nous ne parlions plus. Mais nous n'avons pas repris la musique. Sans nous consulter. Nous savions que nous ne le pouvions pas. J'ai lancé, d'une traite :

— Si elle arrive un jour, ce sera avec un convoi de Pithiviers, en France. Elle a presque quatre ans. Elle s'appelle Anaëlle.

J'ai quitté la pièce en chancelant, je me suis précipité hors de la villa. Alors j'ai pleuré d'espoir.

XVIII

Jacques était venu prendre Esther à l'hôtel. Elle l'attendait au bar avec Henriette qui tenait absolument à voir «le prétendant», comme elle disait avec un demi-sourire. À l'approche de Jacques, elle avait eu une drôle de réaction, se renfrognant un peu, sceptique. Elle avait glissé un «il est trop joli garçon pour être honnête» qui avait gêné Esther. Elle avait remarqué combien Henriette tenait les hommes à distance lorsqu'il s'agissait de sentiments. Elle en parlait toujours en riant, évoquant ses histoires avec le sourire qui cachait malgré tout une fêlure. Elle avait raconté beaucoup de sa vie à Esther, de sa détention, de sa guerre, de ses reportages mais elle demeurait silencieuse sur sa vie de femme, sur sa vie sentimentale. Il n'était pas rare qu'elle regarde les hommes ou bien qu'elle les écoute pour les juger négativement, par le biais d'une phrase péremptoire et assassine. Même ses compagnons de route qui lui étaient chers essuyaient des remarques désobligeantes, un peu dures. Esther pensa qu'Henriette avait dû beaucoup souffrir pour être méfiante à ce point.

Jacques emmena Esther dans un restaurant situé sur la terrasse d'un grand palace en murmurant, alors qu'elle s'asseyait :

— Il m'a semblé que vous aimiez le ciel.

Elle avait souri. Ils s'étaient installés l'un face à l'autre, évitant de se toucher les jambes sous la table. Ils avaient bu un alcool fort, en apéritif, comme pour se donner du courage ou, en tout cas, faire baisser l'intensité du moment, les sentiments qu'ils ressentaient l'un et l'autre, l'un pour l'autre. Dans les gestes et les mots de Jacques, Esther décelait effectivement de l'assurance, une façon de séduire et de capter le désir de l'autre sans douter. Henriette avait certainement raison mais cela ne signifiait pas qu'il jouait avec elle. D'ailleurs, elle sentait l'effet qu'elle lui faisait, malgré tout, au-delà de cette assurance un peu arrogante qu'il se donnait. Ses mains tremblaient un peu, il cherchait trop à jouer la décontraction pour ne pas être dans une émotion intense.

Esther avait l'impression d'être très belle. C'était la première fois qu'on la regardait ainsi, sans baisser les yeux. Jacques voulait qu'elle parle d'elle. Elle se confia volontiers, elle qui ne se livrait jamais. Elle raconta son enfance, sa peur du noir, sa frénésie de vêtements, son amour de la couture, de la mode, ses ambitions, ses doutes de pouvoir rebondir, sa peine infinie depuis la mort de son père, cette vague impression de s'être perdue elle-même, d'avoir changé, de se dépersonnaliser. Au moment où elle prononçait ces mots, elle prenait conscience de ce qu'il lui arrivait pour la première fois. Elle mesurait sa faiblesse actuelle et cette distance, cette perception d'elle-même lui firent comprendre qu'elle était en train de progresser, d'aller mieux. Elle était dans un abîme, au bord d'un trou noir. Il en fallait peu pour qu'elle tombe mais elle ne tomberait pas. Elle s'éloignerait. Elle reprenait espoir, ce soir-là, avec Jacques. Elle sentait à travers son écoute, sa compréhension, sa confiance, que la vie renaissait en elle, qu'elle se retrouvait, enfin. Elle sentait quelque chose frémir au fond de son ventre, dans la douceur du soir, elle percevait l'odeur de la peau de Jacques, elle regardait ses dents, ses mains, elle s'épanchait davantage pour le voir rire à gorge déployée, elle se sentait vivante, renaissante. Elle était étourdie par le désir qui s'était interposé entre eux, dès le début, ce désir qui les isolait des autres, cette bulle qu'elle avait déjà perçue autour de leurs deux êtres et c'était doux, c'était beau. C'était tendre. C'était de l'oubli. Déjà de l'oubli, du recommencement et d'autres rires qui revenaient.

Ils commandèrent une bouteille, un menu, une autre bouteille et l'ivresse se mêlait à celle de leurs cœurs et de leurs corps. Sans qu'ils s'en rendent compte, leurs mains s'étaient enlacées, comme leurs yeux. Ils quittèrent la table à minuit et marchèrent dans les rues, au hasard, laissant les mots maintenir le lien. Ce fut là, sous la lumière blanche d'une enseigne qui clignotait, à un moment où elle fit quelques pas devant lui pour se retourner et l'attendre, qu'Esther comprit qu'elle aimait Jacques. Déjà, elle ne souhaitait rien d'autre que de rester près de lui, d'être à côté de lui, avec lui. Elle se replaça à sa hauteur, ils s'immobilisèrent face à face. Esther venait de découvrir ce qu'était l'amour. Ce sentiment la terrifiait et lui faisait du bien. Elle avait conscience de plaire à Jacques, de son attrait, de son attraction sur ses mains et ses lèvres. Il l'embrassa longuement, au milieu de la foule indifférente. Elle n'avait pas de souvenir d'autres baisers et pourtant il y en avait eu d'autres. D'autres hommes aussi. Tout était gommé et effacé. Puis Jacques prit son visage entre ses mains et le contempla. Il déposa frénétiquement des baisers sur ses tempes, ses joues, son nez, sa bouche. Il était captivé, passionné. Esther ne doutait pas de la réciprocité de son amour. Elle percevait son désir et le sien : les corps qui vacillaient, le sang qui battait dans les tempes, cette onde tiède au ventre qui devenait impérieuse. Pourtant, Jacques ne toucha pas son corps et elle le quitta sur ce trottoir. Elle sentit l'empreinte de ses mains sur son visage pendant tout le retour en taxi vers son hôtel. Elle avait très peur : le seul homme qu'elle avait aimé dans sa vie, on l'avait assassiné.

XIX

Esther frappa à la chambre d'Henriette d'où filtrait de la lumière malgré l'heure tardive et entra. La vieille dame ne dormait pas. Esther poussa la porte, elle sentit aussitôt l'atmosphère pesante et lourde du lieu qui reflétait l'état d'esprit de la vieille dame. Elle était en peignoir, assise dans un des fauteuils, le regard un peu flou. C'était la première fois qu'Esther la voyait abattue et pensive. Elle savait que sa rencontre avec Jacques lui avait fait remonter une vague de mauvais souvenirs. Elle savait que toute sa bonne humeur et son amour de la vie ne suffiraient pas, cette nuit, à contrecarrer ses vieux démons. Esther s'assit sur l'autre fauteuil et balança ses pieds un moment, en silence.

— Tu l'aimes, ma chérie ? finit par lui demander la vieille dame.

— Oui.

— Méfie-toi de l'amour. C'est un poison.

— Contre lequel on ne peut pas lutter.

— Il vaut mieux l'éviter, on souffre moins.

— C'est si beau, je suis si bien. Il y avait tellement longtemps que je n'avais pas été bien, rassurée, en tout cas.

— L'amour, c'est l'inverse de ce qui est rassurant. C'est une torture. Il faut le quitter avant d'être esclave.

Souvent, à l'inverse de ce que la prudence devrait nous pousser à faire, on s'y accroche, on s'y cramponne, on crée sa propre dépendance, on s'y complaît, après c'est trop tard et c'est forcément dévastateur. L'amour est euphorisant au début, tout beau, flatteur, moteur. Puis il devient une plaie et laisse des cicatrices terribles. D'ailleurs, la question n'est pas de savoir si l'amour est supportable, la question est de savoir si on se protège ou si on l'accepte. Si l'on vit à l'abri et couvert ou si on s'y livre. Si on est prêt pendant des années à porter les plaies et les marques laissées par cet amour.

— Mais l'amour peut vivre sans blesser.

— Impossible. Un véritable amour est destructeur. Et il y a toujours un perdant. Le tout est de savoir, dès le début, si on sera le perdant ou le gagnant de l'affaire. Toi, ma petite Esther, tu t'es sentie plus amoureuse, plus touchée que Jacques ?

— Je ne sais pas, articula Esther qui était déboussolée et inquiète de ces propos si noirs.

— Il y a des années, j'ai aimé un homme. D'un amour qui faisait mal, tout le temps. Il a suffi que je le voie pour comprendre que j'allais tout y laisser. J'avais une plaie au ventre, pendant l'amour, pendant l'absence, pendant l'attente. Une plaie béante qui n'était que de la peur. Mal au cœur. Mal aux tripes. Terreur de le perdre… Cet homme qui me transportait de bonheur en malheur, de joie en chagrin, d'espoir en désespoir. Il devait fuir à l'étranger. Je l'ai suivi. C'est avec lui et pour lui que je me suis échappée du camp. J'avais trop peur de le perdre. Déjà, cet amour entamait mon cœur, anéantissait ma volonté, accaparait mes envies. J'ai pris le peu que j'avais, j'ai tout quitté. Je ne laissais rien de bon, tu sais, j'étais recherchée par les Allemands. Mais, avec lui, je savais depuis le départ que je serais celle qui allait pleurer et rester seule. Nous avons vécu encore quelques mois de plein amour, j'y croyais. Pourtant, les gestes de mon amant étaient plus rares, ses mots plus vagues, plus banals. Un matin, il m'a quittée. Pour diverses raisons. Qui n'étaient pas valables. Il ne m'aimait plus. Parce que l'amour s'use, comme tout. Je suis repartie en Angleterre, j'ai continué à vivre, à marcher, à manger, à me battre. La guerre, faire la guerre et résister ont été ma façon de compenser le manque mais j'étais brisée et je porte une faille immense en moi, que je n'ai jamais comblée.

— Jamais ?

— Non. J'ai d'abord attendu qu'il revienne. Je ne vivais qu'avec cet espoir. Et puis, un jour, j'ai appris par le réseau qu'il demeurait en U.R.S.S., dans un groupe armé dont une femme était la meneuse. Sa femme. J'ai hurlé. J'ai pleuré. J'ai agressé mon corps de toutes les façons possibles pour mourir : j'ai pris des risques de façon inconsidérée et ce que l'on a pris longtemps pour du courage, dans mes actes de résistance, fut de l'inconscience, du désespoir. J'ai bu. J'ai cessé de me maquiller, de me laver. Je ne voulais plus être moi, cette fille naïve abandonnée pour une Russe. J'ai passé le reste de ma vie à fuir mes souvenirs dans une espèce d'hyperactivité, de noyade, dans une fuite en avant, dans une spirale de vie, pourvu qu'il n'y ait pas de souvenirs trop violents. Je n'ai jamais plus aimé. J'ai fait une carapace de mon cœur. Je ris pour ne pas pleurer, ma petite Esther. Et je ne veux pas que tu vives cette souffrance. Car, vois-tu, ce qui m'a plu chez toi, quand je t'ai vue pour la première fois sur le bateau, ce fut ta souffrance, j'y ai vu un reflet de la mienne, un lien. Tu as eu ta part de chagrin. Ne laisse pas un homme t'en donner davantage.

— J'ai envie de le revoir. Je ne peux pas lutter.

Henriette soupira, se releva, quitta son peignoir, se mit au lit et s'exclama :

— Alors vis, ma fille ! Vis ! Mais je ne pouvais m'empêcher de te mettre en garde.

Elle avait retrouvé son sourire immuable mais Esther savait maintenant que c'était un masque.

XX

Esther voyait Jacques chaque jour. Elle le rejoignait entre deux de ses reportages, au moment du repas ou le soir, tard, dans son appartement de Soho. Chaque minute passée avec lui était du soulagement, de la pleine vie, du bonheur et des rires. Elle sentait le gouffre noir qui la menaçait s'éloigner d'elle, l'angoisse libérait son cœur et elle redevenait sereine même si elle n'avait jamais envisagé d'abandonner ses recherches. Dès qu'elle était en présence de Jacques, leurs corps entraient en contact, leurs mains se liaient, leurs bouches se rapprochaient, leurs lèvres se happaient.

Ils étaient en fusion. Ils étaient dans l'entente. Les mots venaient tout seuls, sans cesse, en même temps que les baisers, les silences d'émotion après l'amour, les envies de promenade, de restaurant, de plage, de cinéma, de partage. Esther savait désormais ce que faire l'amour signifiait de beau et de puissant. Elle savait ce qu'aimer voulait dire et elle n'avait pas peur.

Leur attachement devenait plus fort, plus solide chaque jour, se nourrissant des moments vécus ensemble. Se nourrissant de leurs plaisirs, de leurs confidences, de leurs désirs jamais inassouvis l'un pour l'autre. Se nourrissant de leur souhait inconscient de ne former qu'un seul être, inséparable, indivisible, tourné vers l'avenir et la vie, sans crainte.

Les premières nuits, Esther s'était forcée à rentrer dormir dans son hôtel. Sans trop comprendre pourquoi, elle s'entêtait alors que tout son corps souffrait de se séparer d'avec Jacques. Elle aimait leurs retrouvailles. Pourtant, assez vite, elle ne parvint pas à s'arracher aux bras de son amour et, imperceptiblement, elle passa une grande partie de son temps libre avec Jacques ainsi que toutes ses nuits.

Henriette ne l'avait plus jamais mise en garde contre Jacques. Elle avait dîné plusieurs fois avec lui, elle savait comment il regardait Esther, comment il la caressait des yeux, combien il l'aimait. Elle restait convaincue que l'amour restait fugace et trompeur mais elle n'en disait plus rien, heureuse de sentir Esther revenir à la vie. Elle avoua même, un soir, s'être peut-être trompée. Elle aurait dû réessayer d'aimer sans trembler. Elle aurait dû tenter de guérir.

XXI

Ce matin-là, Esther avait dormi tard. Elle était seule. Jacques était parti quelques jours pour faire un voyage. Elle avait lu et relu des passages du journal d'Elzear toute la nuit. Les trois journées précédentes, elle avait écumé les agences immobilières de la ville. L'une après l'autre. En vain.

La voix d'Henriette lui parvenait, étouffée :

— Réveillez-vous, très chère ! J'ai quelque chose !

Esther sauta du lit, attrapa une robe de chambre et se précipita pour ouvrir la porte, tout ébouriffée, les yeux cernés. Henriette entra en trombe, la bousculant un peu. Elle se laissa tomber sur un des fauteuils de la chambre.

— On tient votre homme !

Esther ravala sa salive, arpenta la chambre à grands pas en tentant de garder son calme.

— Maître Vigiet, reprit Henriette, un petit cousin d'une vieille connaissance, m'assure avoir fait signer une vente entre un de ses clients et un certain Elzear Bensoussan, israélien, rescapé d'Auschwitz. Il est formel.

Esther s'immobilisa mais attendit qu'Henriette en dise davantage.

— Il est arrivé à New York voilà presque trois mois et il a signé la vente rapidement. Il était pressé d'avoir un domaine.

— Où est-il? articula Esther.

— Au Texas. Il a acheté un domaine immense.

— Vous avez l'adresse?

— Maître Vigiet n'a pas voulu aller jusque-là, pour préserver le secret professionnel… Mais il a lâché que c'était près d'une petite ville appelée Nexhire. Nous devrions trouver sans mal.

— Nous?

— Je vous accompagne.

— Mais… Henriette? Vos conférences? Et vos deux acolytes?

— Ils m'ennuient. Je pars avec vous. D'ailleurs, j'ai déjà deux billets d'avion.

Esther la regarda avec un air amusé et reconnaissant.

— Votre affaire me passionne, ajouta-t-elle en commençant à saisir les vêtements d'Esther pour les mettre dans sa valise. Et puis moi aussi, j'ai envie de revoir Elzear…

— À quelle heure est notre vol?

— Demain, à l'aube… J'ai pensé que vous auriez besoin de votre journée pour dire au revoir à Jacques, non?

Esther songea soudain qu'elle n'avait pas lu le carnet d'Elzear depuis des nuits.

Il était temps qu'elle achève sa quête.

XXII

27 septembre 1942.

C'est Frank qui m'a réveillé ce matin, très tôt. Il m'a secoué un peu en me disant :
— Elzear ! Elzear ! Deux convois sont arrivés de France, avec des enfants.
Je me suis redressé sur mon lit, pris de panique.
— Avec des enfants ?
— Oui. Des milliers d'enfants, parfois très jeunes. C'est le kapo qui m'a dit de te prévenir.
— Emmène-moi sur le quai de tri ! Je t'en prie !
— Je n'ai pas le droit d'y aller. Aucun kapo ne peut sortir du camp de travail. Mais je peux t'emmener dans le camp de quarantaine des femmes. J'ai un laissez-passer et je connais un peu une des kapos. Tu pourras au moins te renseigner sur ta fille. Prends ton étui à violon, ça passera mieux.
Je me suis précipité dehors. J'ai fait ce que je pouvais pour ne pas courir. J'avais du mal. Frank me disait de ralentir, que nous allions paraître louches, qu'on ne nous laisserait pas passer. Je respirais mal. On a longé toutes les baraques du camp des travailleurs puis on est parvenus à la grille qui ouvrait sur la voie ferrée. Le quai était vide. On y voyait, de-ci de-là, des objets, des petits balluchons abandonnés, selon les ordres des S.S.

au débarquement. De ces objets qui témoignaient de l'arrivée des prisonniers français, de ces objets qui faisaient frissonner. Ils avaient été le dernier rattachement des êtres à leur ancienne vie. Ici, ils ne seraient plus qu'un numéro. Ils n'auraient plus rien. Ils seraient humiliés et déshumanisés.

J'ai fermé les yeux, j'ai ravalé ma nausée. L'espace d'un instant, j'ai imaginé Anaëlle, perdue, paniquée, en pleurs sur ce long quai sinistre. À quatre ans. Elle n'avait dû rien comprendre de la situation si ce n'était le mal absolu. On avait dû la pousser vers une zone de tri. Elle avait dû haïr définitivement tous les adultes. Elle avait dû se demander ce que je faisais... Pourquoi je ne l'aidais pas. Elle avait peut-être pensé, dans sa tête d'enfant, que finalement je faisais partie des méchants, des monstres...

Je me suis détesté. Je me suis voulu du mal.

Frank a parlé avec le S.S. de la grille. Il nous a ouvert. Nous avons traversé la gare. J'ai jeté un œil sur cet affreux porche d'entrée qui m'avait, à mon arrivée, laissé ressentir un bref espoir. Aujourd'hui, il m'est apparu comme l'entrée d'un caveau, avec sa tour mirador et ses longs murs de brique orange.

Nous sommes entrés dans le camp des femmes. Il ressemblait à celui des hommes : un alignement de baraquements le long de deux allées qui se croisaient. Les lieux étaient déserts. Les kommandos étaient partis au travail.

— On va dans le bâtiment de quarantaine, m'a dit Frank en me guidant au bout de la première allée.

Je l'ai suivi comme un zombie, le cœur au bord des lèvres. Quelle abomination allais-je encore découvrir ?

La musique m'arrachait à ce quotidien infamant. Cette journée m'y replongeait, de façon plus intolérable et révoltante encore, parce que je savais désormais que même des enfants allaient connaître ces bas-fonds de la barbarie.

Les femmes de la quarantaine étaient alignées en rangs de cinq devant la baraque. C'était l'appel. Les kapos les comptaient. Elles étaient vêtues de leurs pyjamas, elles étaient rasées, elles avaient encore des sentiments dans les yeux. Ces yeux qui deviendraient torves et inexpressifs au fil des jours. J'y ai vu de la révolte, j'y ai vu du désarroi, j'y ai vu la résistance, j'y ai vu la soumission, j'y ai vu parfois la volonté de collaborer pour survivre.

Je marchais le long de la ligne de ces femmes en scrutant les visages, derrière Frank.

— Alors ? Tu reconnais quelqu'un ? me demandait-il répétitivement, agacé du temps que je lui faisais perdre.

Je faisais non de la tête, sans lâcher les visages des yeux.

— Elzear, a soudain prononcé une voix très faible.

Je me suis immobilisé et j'ai jeté mes yeux sur toutes les prisonnières. L'une d'elles m'a fait un petit signe du doigt, en bougeant à peine la main. J'ai manqué crier. C'était Clara. Méconnaissable, mais c'était elle. Il n'y avait aucun doute. Elle était livide, amaigrie. Surtout, elle n'avait plus ce petit rictus sur les lèvres qui la caractérisait, ce rictus qui donnait tout le temps l'impression qu'elle souriait. Des larmes coulaient sur ses joues.

— Je veux parler avec cette femme, ai-je dit à Frank en désignant Clara.

Il a remonté la longue file pour glisser un mot à la kapo. Elle a hurlé :

— Matricule 98675, sortez du rang.

Clara a fait quelques pas en se glissant derrière les autres détenues et elle est apparue, seule, en marge. Ses épaules étaient voûtées. La femme que j'avais rencontrée à Pithiviers, celle qui gardait de l'espoir, celle qui s'acharnait à lutter, était usée. Je l'ai vu à son attitude. Frank lui a dit de me suivre et nous avons contourné le baraquement pour échapper aux regards. Il y avait une planche surélevée qui servait de banc. J'ai fait signe à Clara de s'asseoir puis j'ai serré ses mains dans les miennes, longuement, en silence. Elle a compris tout de suite ce que je voulais mais l'émotion lui brisait la voix. Frank qui nous épiait a lancé :

— Elle parle, ta rombière, on n'a pas que ça à foutre !

Elle a dégluti. Elle a essayé un mot, s'est tue, a réessayé. J'ai attendu en caressant ses doigts.

— Ils l'ont emmenée, a-t-elle fini par articuler difficilement.

J'étais pendu à ses lèvres, au paroxysme de l'angoisse. Elle a poursuivi :

— Hier, quand le train est arrivé, les S.S. nous ont fait avancer et ils ont demandé à ceux qui ne pouvaient pas marcher de monter dans des camions. Moi, je pouvais marcher… Je ne voulais pas prendre la place d'une femme usée…

J'ai senti l'effroi me mordre l'échine, mouiller mon dos, courir en moi, me pétrifier.

— J'ai confié Anaëlle à une vieille dame qui l'a prise dans ses bras. Elles sont parties en camion avec les autres invalides.

— Les invalides…, ai-je glissé.

Je savais ce que cela signifiait. J'ai hurlé. De douleur. De culpabilité.

— Ta fille est sauve, Elzear, a repris Clara *pour me calmer, elle est ici. Rassure-toi ! Elle est dans le camp !*

Elle ne comprenait pas ma réaction. Je ne pouvais rien lui dire mais j'ai dû la regarder avec tellement de terreur et de désespoir qu'elle a eu un mouvement de recul.

Je me suis levé, comme un fou. J'ai regardé inconsciemment vers le ciel où flottait un peu de fumée, de cette fumée qui avait l'odeur de la mort. Sans réfléchir, je me suis précipité vers le crématoire le plus proche, celui qui jouxtait le camp des femmes. Frank m'a couru après, m'ordonnant de m'arrêter. J'étais incapable de me calmer. J'ai couru… couru, jusqu'à l'entrée du crématoire IV. J'ai à peine vu le S.S. qui me barrait la route au portail grillagé. Un obstacle m'a fait tomber, je me suis affalé. Puis j'ai ressenti une vive douleur dans le crâne. On me frappait.

Je suis resté dans le coma deux jours. Je n'en ai nul souvenir si ce n'est un apaisement salvateur. Quand je suis revenu à moi, le chagrin m'a coupé la respiration. J'ai tenté de me lever mais je suis tombé dans l'allée du dortoir. Mes plaies au crâne étaient rouvertes. Frank est venu me voir chaque soir et je l'ai harcelé en répétant : « Où est-elle ? Où est Anaëlle ? »

— Écoute, mon vieux, a-t-il fini par lâcher. *Tu dois être courageux. Je me suis renseigné au secrétariat, puis au crématoire. Ta petite a fait partie des premiers convois exécutés. Elle est entrée dans la chambre le premier soir, avec des femmes invalides et d'autres enfants de Pithiviers et de Drancy. Les Sonderkommandos sont formels. Tous les enfants sont gazés. Il en arrive des convois de mille tous les jours depuis l'évacuation des camps français. Et bientôt il en arrivera de l'Est.*

Mais je ne l'écoutais plus. La lame était dans le cœur. Je ne pouvais rien entendre d'autre. Je me souviens que j'ai souhaité être fou, à ce moment précis, fou ou dans un mauvais rêve. Ou mort. Il n'était pas envisageable pour un esprit sain d'imaginer des adultes pousser des enfants dans ce gazage systématique, méthodique. Je me suis frappé la tête des deux poings. Frank a tenté de m'immobiliser. J'ai écrasé ma tête contre la paroi jusqu'à perdre de nouveau connaissance.

XXIII

— Mais qu'avez-vous, très chère ? demanda Henriette en se penchant sur Esther. Depuis que nous avons décollé de New York, vous avez une mine sinistre. Vous êtes à faire peur ! C'est le prétendant qui vous manque ?

Esther regardait par le hublot, incapable de parler. Le récit d'Elzear qu'elle avait lu la veille l'avait pétrifiée. Elle n'avait pas fermé l'œil de la nuit. Le carnet lui était tombé des mains et elle avait été incapable de faire un geste des heures durant, figée par l'horreur de l'histoire de cet homme et de sa fille. Elle était demeurée dans le fauteuil de sa chambre où elle s'était installée le soir pour lire le carnet. L'aube l'avait tirée de cet état douloureux de compassion immense et de puissant chagrin. Elle s'était préparée machinalement pour rejoindre l'aéroport avec Henriette mais elle avait une boule au fond de la gorge en pensant à ce qu'avait enduré Elzear. Elle ne savait plus quoi penser. Elle ne le haïssait plus. Elle ne pouvait plus. Elle était trop touchée, trop atteinte.

Ce qui l'intriguait plus que tout, c'était pourquoi Anaëlle – Gladys – était encore vivante. Et bien vivante puisqu'elle l'avait rencontrée.

— Mais enfin, très chère, reprit Henriette, en lui tapotant la main. Vous vous sentez mal ? Vous n'avez plus envie de rencontrer l'ami de votre défunt père ?

— Si… J'ai envie de le rencontrer plus que jamais, finit-elle par répondre avec un pâle sourire qui mourut sur ses lèvres à peine esquissé.

Elle frissonna. L'envie de lire plus loin le récit d'Elzear lui brûlait les doigts. Elle attendit qu'Henriette s'endorme pour s'emparer de la housse contenant les carnets glissée dans son sac à main.

XXIV

1ᵉʳ octobre 1942.

— Remue-toi, mon vieux ! Lève-toi ! La femme de Lechman veut sa musique.
Cela faisait quatre jours que Frank tentait de me faire réagir. Je restais figé sur ma paillasse. Je pensais à ma femme, à Pithiviers, à cet état de désespoir qui l'avait poussée à se laisser mourir. Je savais désormais ce qu'elle avait ressenti. Je ne parvenais pas à me pardonner. J'avais perdu toute estime de moi-même.
Ce matin, Frank a vraiment insisté :
— Le commandant te veut pour la musique ! Vas-y ! Je ne peux plus te couvrir !
— Qu'il en trouve un autre ! Je m'en fous ! ai-je crié.
— Arrête ! Je vais devoir te renvoyer en kommando ! a-t-il crié plus fort que moi.
— Je m'en fous. Je ne dois rien à ceux qui tuent les enfants des autres.
— Viens !
— Je ne jouerai plus jamais pour ces monstres ! ai-je hurlé.
À ce moment précis, j'ai entendu le pas botté du commandant Lechman dans la baraque. Il s'est avancé jusqu'à ma paillasse et il a jeté son regard sur moi. Sa tête était à ma hauteur. Il m'a ordonné de me lever et de

le suivre. Il n'a pas eu à répéter ni à crier. Je l'ai suivi. J'ignore pourquoi.

J'ai marché, j'ai chancelé. J'avais l'impression de sentir mon sang battre et cogner dans ma tête.

Quand je suis parvenu devant chez lui, il a gravi les marches de sa villa en premier. Au moment où je montais moi aussi, j'ai vu qu'une enfant était assise sur la terrasse. Cette vision m'a surpris. Je l'ai regardée en m'immobilisant. Une onde d'espoir m'a submergé, une onde d'espoir qui s'est muée en bonheur éclatant. C'était Anaëlle.

Derrière elle, Frida avait un discret sourire entendu.

— Nous ne voulons pas vous anéantir en tant qu'individu, a déclaré Lechman qui avait rejoint sa femme. Nous voulons vous anéantir en tant que race.

Je n'ai pas compris ce qu'il voulait dire. Je n'avais pas la tête à ça.

— Tu me reconnais? ai-je glissé à Anaëlle en m'asseyant près d'elle et en touchant son visage comme on atteint un rêve.

La petite a eu un petit geste de recul à mon contact. Elle a mis ses yeux dans les miens et elle a réfléchi. Elle revenait de loin. De très loin. Elle n'a pas eu de geste de tendresse. Elle a demandé Clara.

— J'ai modifié votre statut, a dit Lechman. Vous vivrez désormais dans cette partie du camp, dans une pièce située sous notre villa. Vous y aurez votre fille avec vous. Mais elle ne doit jamais quitter cette partie du camp. Jamais.

— Oui, commandant.

— La journée, elle restera avec les deux femmes qui s'occupent des enfants des S.S. Elle ne doit jamais dire qu'elle est juive.

— Elle parle à peine.

— Elle doit apprendre l'allemand… Une seule erreur et elle est perdue. Surtout pas de yiddish.

— Elle ne le parle pas.

— Pour tout le monde, maintenant, vous êtes le musicien attitré de ma femme. Vous ne quittez plus le camp allemand. Vous êtes un prisonnier français, non juif.

— D'accord.

— J'attends une obéissance totale aux ordres de mon épouse et aux miens. J'ai sauvé votre fille à la demande de ma femme qui a besoin de vous, en tant que musicien. Je n'ai pas pu refuser. Elle fait un énorme sacrifice à vivre ici, avec moi, coupée du reste du monde. Je ne veux pas qu'elle s'ennuie. Elle doit chanter. Vous ne relevez désormais de personne d'autre que d'elle, et de moi.

— Bien, commandant.

— Vous avez la journée avec votre fille pour vous installer en bas. Frank vous apportera vos affaires ce soir. À partir de demain, vous jouerez quand ma femme le demandera.

— Bien, commandant.

J'ai pris Anaëlle dans mes bras et je suis parti dans la pièce du bas. Quand j'y suis entré, la petite dormait déjà contre mon épaule. Je me suis couché près d'elle et j'ai dormi aussi.

XXV

L'avion qu'Esther et Henriette avaient pris faisait une escale en Floride, à Miami. Les deux femmes eurent envie de connaître cette ville très fréquentée que l'on disait surprenante.

— J'ai peur qu'il y ait trop de vieux, avait plaisanté Henriette en éclatant de rire.

Elles longèrent le grand boulevard sur le front de mer. Il y avait là un alignement d'hôtels luxueux, d'appartements, de bars branchés, de restaurants. Elles prirent un cocktail et Esther sentit l'angoisse relâcher son emprise. Au fond, elle était soulagée de la tournure que prenait l'histoire d'Elzear et de sa fille. Elle eut soudainement envie de prendre un bain de mer. Henriette fut enchantée par cette idée. Elles entrèrent dans un magasin de maillots et essayèrent plusieurs modèles en riant beaucoup. Henriette essaya des petits modèles dans le vent, très dénudés, dans le style hippie.

— Je me demande s'il n'y aurait pas une idée à saisir, murmura Esther en contemplant les modèles et en tâtant les textiles.

— Une idée de quel genre?

— La jeunesse est de plus en plus libérée, non?

— Il y a encore du travail à faire, surtout pour les femmes, vous savez. Mais c'est vrai que les choses changent et que la jeunesse a soif de liberté sexuelle, de sensualité, de vacances.

— Les plages sont pleines, ici. Elles le seront bientôt en France.

— Le littoral est déjà très fréquenté et le tourisme est appelé à se démocratiser, c'est certain. Vous avez raison.

— Donc il va se vendre des milliers de maillots de bain.

— C'est déjà le cas, je suppose, la tempéra Henriette.

— Oui, mais des maillots plus modernes, type Bikini, et non plus des combinaisons et des shorts de bain en coton qui mettent des heures à sécher. Regardez ici, les jeunes filles achètent des maillots deux pièces !

— Oui, et si vous me permettez, le tissu ne doit pas coûter trop cher aux fabricants vu la faible quantité utilisée !

Esther éclata de rire et acheta deux ou trois modèles différents. Elle prit aussi deux serviettes de bain et les deux femmes marchèrent jusqu'à la plage, en face de la boutique. Il leur fallut un certain temps pour traverser la rue où des voitures rutilantes roulaient toutes vitres baissées.

Cette ville avait quelque chose de superficiel, de trop guindé, de trop bâti. La proximité de la mer avait conduit à bien des débordements immobiliers.

Henriette et Esther s'assirent côte à côte, le plus près possible de la mer. Henriette fut vite dans l'eau. Son naturel, sa spontanéité déroutaient Esther. Elle mesurait sa liberté, sa modernité et elle l'admirait. La vieille dame n'avait aucun complexe et elle nagea longtemps, sans trop s'éloigner du rivage toutefois.

— Où avez-vous appris à nager ? lui demanda Esther qui la rejoignit dans les vagues, sur le rivage.

— J'ai pris des leçons, en Angleterre. Oh, à l'époque, ça avait un peu défrisé le maître nageur qui était un macho avéré mais il a bien fait son boulot. J'aimais me baigner en mer lors de mes pérégrinations autour du monde. L'eau me permet de me retrouver moi-même, seule, face à ma conscience. J'aime ça. Allez vous baigner vous aussi, Esther. Cela vous détendra ! Je prends votre place pour surveiller nos serviettes et nos sacs sur la plage.

Esther entra dans l'eau avec délice. Elle y enfonça la tête et ressortit comme lavée par les flots. Elle se sentait de mieux en mieux. Elle eut le souvenir fugace des bains de mer qu'elle prenait avec Bertrand et ses deux frères quand ils allaient au Touquet, quelques jours en août. Honorée les suivait, fidèle au poste, mais elle demeurait loin de la mer, à l'ombre, à tricoter ou à faire des mots croisés.

Esther nagea longtemps. Elle aima le contact de l'eau sur sa peau, le goût salé de la mer, le silence, sa solitude. Ses muscles travaillaient et ses idées noires s'enfuyaient. Elle se concentrait sur le bleu de la mer, sur le travail de son corps, sur ce plaisir qui en naissait. Bientôt, elle oublia ses soucis, elle oublia le journal, elle oublia le manque de son père. Quand elle reprit le fil de ses pensées, elle songea pour la première fois qu'elle pouvait vivre sans Bertrand et s'accomplir. Le deuil était presque fait. Sa rencontre avec Jacques lui avait permis de progresser.

Elle rejoignit Henriette en souriant, les cheveux dégoulinants, collés au visage. Elle se laissa tomber sur le sable et s'y roula, puis replongea pour se rincer.

—Vous allez mieux, chère Esther, constata Henriette.
—Je vais rebondir. Je vais me remettre. Je le sais.
—À la bonne heure !

Avant de reprendre l'avion, elle téléphona longuement à Jacques. Il lui manquait déjà. Elle expliqua son ivresse soudaine dans l'eau, ce déclic d'être une autre et cette certitude que sa vie devait évoluer sans son père, pour elle. Jacques lui répéta qu'il l'aimait et que tous deux ne devaient plus se séparer. Il voulait vivre avec elle. Être avec elle. Tout le temps. Esther se sentit encore plus forte grâce à ces mots.

XXVI

26 octobre 1942.

Je suis heureux, maintenant, je suis tranquille. Soulagé. Le commandant nous a mis à l'abri, Anaëlle et moi. Les jours coulent. Sans éclats de bonheur mais, malgré tout, avec des petits plaisirs et des moments de joie. Je joue chaque matin avec la femme du commandant. Nous ne brisons jamais le silence qui nous lie. Je lui suis reconnaissant mais je ne peux le lui prouver que par ma musique. Et je me donne à elle. Par le violon.
La journée, Anaëlle part avec les enfants des S.S. dans un baraquement qui sert de garderie et d'école. Personne ne sait qu'elle est juive. On m'a signalé à plusieurs reprises qu'elle ne parlait pas. Qu'elle fuguait et qu'on la retrouvait au pied de la villa de Frida. Une S.S. m'a laissé entendre qu'elle serait largement retardée. Qu'elle s'isolait. Qu'elle ne jouait jamais avec les autres enfants.
Comment pourrait-elle parler et jouer avec ses bourreaux ?
Je pense qu'Anaëlle est au contraire d'une rare intelligence. Elle connaît les limites de l'humain et elle sait où est le mal, d'un coup d'œil.
Nous mangeons ensemble tous les soirs, dans notre logis. Elle sait parler, malgré ce que croient les autres. Comme je n'ai aucun livre, je noircis des pages et des

pages pour lui inventer des histoires de petite fille. Je les lui lis le soir avant que nous éteignions la lumière. J'aime ces moments. Ils sont ceux que je rêvais de partager avec ma fille.

Parfois, si le commandant exige que je joue pour lui, en veillée, Anaëlle m'accompagne. Elle sait qu'elle doit être sage. Au contact des Allemands, elle devient de marbre. Elle demeure des heures assise, à m'écouter. Elle ne s'endort pas. Elle m'attend. Elle pose ses yeux de fillette sur le violon et elle s'en sert comme d'une vision rassurante.

XXVII

Esther referma le journal et le posa discrètement dans son sac à main. À côté d'elle, dans l'avion, Henriette sortait de son somme. Elle bâilla, rechaussa ses lunettes et tourna la tête vers Esther en souriant.
— Henriette…
— Oui, très chère ?
— Est-ce que vous pensez que les nazis, j'entends par là les pires des criminels de guerre, les endoctrinés, les durs, les chefs de camp, pouvaient ressentir de l'admiration, voire de l'amitié pour les détenus juifs ?
— En voilà une question !
— De par votre vécu, vous avez un exemple de cette situation ?
La vieille dame soupira, retira ses lunettes, se frotta un peu les yeux et expliqua :
— Les Juifs et les résistants étaient considérés comme des nuisibles, comme des ennemis mais en tant que groupes. Pas forcément en tant qu'individus. C'était la masse que les nazis voulaient anéantir.
— Par exemple, dans un camp, il était envisageable qu'un nazi partage une passion avec un détenu ?
— Une passion ? Quel genre de passion ?
— La musique.
— C'est-à-dire ?

— Qu'un détenu joue pour un nazi et que ce dernier y trouve un réel plaisir. Qu'il le respecte pour son talent.

Henriette réfléchit un long moment et dit :

— Je crois que c'est envisageable. L'art est une passerelle entre les êtres, bien souvent au-delà des idéologies. La musique est un plaisir universel. On le partage où que ce soit, un amateur européen aura le même plaisir qu'un habitant de l'autre bout de la planète… Pourtant…

— Oui ?

— Je suis certaine qu'un véritable nazi ne pouvait pas considérer un Juif comme un musicien de génie car cela remettait en cause tout son credo sur l'inégalité des races. Je crois donc qu'un nazi pouvait apprécier la musique d'un Juif, mais en conservant du mépris et de la méfiance envers lui. Un nazi ne pouvait pas envisager qu'un Juif soit doué sans avoir des arrière-pensées : c'était par profit, par intérêt, par vice.

Esther n'ajouta rien. Henriette venait de lui donner confirmation de ce qu'elle pensait sur le ressenti de Lechman vis-à-vis d'Elzear.

XXVIII

2 mai 1943.

Il y a des mois que je n'ai pas touché à ce journal. Mais aujourd'hui je dois y coucher une histoire invraisemblable.

Le miracle s'est produit ce matin. Il faisait doux. Ici, le printemps est tardif mais il entrait dans les yeux, les cœurs, courait sur les peaux, dans le sang avec un soleil doux et blanc, un soleil que nous avions quasiment oublié durant cet interminable hiver polonais.

Frida chantait dans la villa. Elle avait ouvert les fenêtres. Elle regardait au loin, vers l'espace baigné de douceur. Sans doute chantait-elle pour ses enfants, pour son passé, avec une teinte de mélancolie qui ne la quittait guère depuis quelques mois. Je l'accompagnais au violon, machinalement, noyé dans mes propres pensées. Soudain, Frida s'est arrêtée de chanter. Intriguée. Elle a fait un pas de plus vers la fenêtre ouverte et elle a écouté à l'extérieur. J'ai cessé de jouer, laissant le violon retomber le long de mes jambes, surpris par son trouble.

À l'extérieur, on discernait une voix claire qui chantait. Elle paraissait monter et entrer par la fenêtre ouverte depuis la cour. Une voix d'enfant. Juste et belle. Angélique. Elle reprenait l'air que Frida chantait tous les matins, en ouverture de son travail. Cet écho était comme irréel, comme un songe. J'écoutais, à la fois surpris et comblé. Je me suis avancé jusqu'à la fenêtre et je me suis penché par-dessus pour voir qui chantait.

C'était Anaëlle.

Elle était assise contre le mur de la villa, suffisamment proche de l'ouverture pour que nous l'entendions et pour qu'elle entende notre musique. Depuis combien de temps nous écoutait-elle répéter ? Depuis combien de temps savait-elle chanter ?

Je l'ignorais. Elle avait dû s'esquiver plus d'une fois de la garderie du camp pour nous écouter. Elle avait dû profiter de chaque minute passée à nos côtés, certains matins, pour enregistrer le savoir de Frida. Lorsque je jouais pour le commandant, le soir, elle devait apprendre aussi.

C'était étonnant. Touchant. Cette petite fille d'à peine cinq ans qui était une chanteuse.

Frida m'a souri d'un air entendu.

— Nous devons nous occuper de cette enfant, a-t-elle dit. Elle a un don.

XXIX

23 décembre 1943.

Nous sommes désormais trois à travailler le matin. Anaëlle chante avec Frida. Elle a du mal à prononcer les mots, alors elle fredonne. Mais sa voix porte. Sa voix est juste. Elle parvient à monter dans les tons et Frida me regarde souvent d'un air complice pour me montrer sa surprise et son étonnement. Elle répète qu'Anaëlle est douée. Elle lui fait une heure de solfège par jour. Elle semble s'épanouir dans ce rôle de formatrice. Elle a retrouvé son entrain. Surtout, elle chante avec la même passion qu'à mes débuts au camp.

Quant à la petite, elle paraît faite pour le chant. Cette enfant qui ne joue pas, qui parle mal et peu, cette enfant martyre, cette enfant à l'innocence brûlée, cette enfant est bienheureuse dans la musique. Elle apprend. Lentement. Difficilement. Mais elle progresse, elle s'accroche. La musique sera sa survie, à elle aussi, après m'avoir sauvé moi-même.

Je vois de jour en jour combien Frida s'attache à Anaëlle. Le commandant n'apprécie pas leur lien. Il me le fait comprendre par l'air agacé qu'il adopte en rentrant quand nous sommes encore chez lui. Il suffit d'ailleurs qu'il passe la porte pour qu'Anaëlle cesse de travailler. Il lui fait peur. Son uniforme a la couleur de la souffrance.

Je ne sais ce qui blesse le plus Lechman. Est-ce de sentir une partie des sentiments de sa femme lui échapper ? Ou est-ce qu'elle puisse avoir un quelconque sentiment pour un enfant juif qui le gêne profondément, qui contrecarre son idéologie nazie ? Les Juifs ne sont-ils pas des monstres de perfidie déguisés en humains ? Des communistes mus par le désir de faire succomber la pureté et la réussite aryennes ?

Il a un regard tellement méprisant vis-à-vis d'Anaëlle. Parfois accusateur. Souvent porteur de son antisémitisme. Il ne mesure que trop le danger de l'attachement de sa femme à une Juive.

Il y a quelques jours, Frida lui a glissé alors qu'il rentrait de Birkenau :

— Cette petite a appris plus que je n'ai jamais pu faire apprendre à nos enfants. C'est impressionnant.

— Les Juifs ont une grande capacité à s'élever pour mieux nous faire tomber, a-t-il lâché en s'éclipsant dans son bureau.

Quatrième partie

LE VENT DU TEXAS

I

Esther et Henriette étaient arrivées à l'aéroport de Dallas en début d'après-midi. Il y faisait une chaleur écrasante. Elles s'engouffrèrent dans un taxi qui les attendait à la sortie pour les conduire à Tyler. Il leur fallut une heure pour sortir de la ville. Elle s'étirait sur plus de cinquante kilomètres et se confondait avec sa voisine Fort Worth. Esther observait à la dérobée la ville traversée. Elle n'en perdait pas une miette, fascinée. On décelait partout les mutations de cette cité que l'or noir transformait. Il ne demeurait presque plus rien des premiers temps de la ville née de l'élevage. Partout des gratte-ciel s'élevaient, symboles de la puissance financière et de la réussite. Dans les avenues, on rénovait les façades des anciens immeubles. L'acier, la fonte remplaçaient les vieux matériaux. Les assurances, les banques, les places financières affichaient leurs enseignes sur rue. À la périphérie, des entreprises aérospatiales et aéronautiques agglutinaient des automobiles et des autobus devant leurs entrées. Des panneaux publicitaires paraissaient manger l'espace. Le taxi traversa une nouvelle zone d'industries immenses, celles de la pétrochimie et de l'agroalimentaire. C'était la profusion, à perte de vue. Enfin, la ville sembla céder la place à la nature, à l'immense plaine parcourue par du bétail.

Esther eut l'impression de toucher un peu au Far West. On respirait mieux. Pourtant, elle était dans un état d'excitation permanent. Elle demanda au chauffeur de rouler toutes vitres ouvertes. Elle laissa une main ouverte à travers la fenêtre et elle fermait régulièrement les doigts comme pour en saisir l'atmosphère.

Ils roulèrent longtemps sur la TX 31 puis sur la grande Interstate 20. Pendant tout le trajet, Henriette ne fut pas très bavarde. Elle avait posé sa tête renversée sur l'accoudoir et somnolait. Esther se rendait bien compte que le voyage la fatiguait, malgré sa bonne humeur permanente.

L'air était sec et les vastes étendues verdoyantes jaunissaient un peu. Ils parcoururent cent soixante kilomètres où il n'y avait pas âme qui vive, seules des vaches à longues cornes, çà et là, regardaient passer le taxi avec leurs gros yeux vides. Parfois, ils croisaient un hameau constitué de quelques bâtisses ingrates construites autour d'une station d'essence.

Les prairies cédèrent la place à un paysage vallonné parsemé de bois de pins. Des lacs faisaient des taches sombres dans l'étendue. On percevait aussi les passages de rivières, de petits ruisseaux qui rompaient la monotonie des lieux.

Puis, soudain, ce fut un émerveillement : sur les prairies apparurent des tapis de couleurs. Des milliers de fleurs occupaient l'espace, ravissant la vue et dégageant mille parfums qui entrèrent par les vitres baissées de la voiture.

— Que c'est beau, lâcha Henriette.

— Tyler, c'est la ville du pétrole et des fleurs ! expliqua le chauffeur en anglais. Mais nous n'y passerons pas, on continue tout droit.

— Ces étendues me rappellent la Louisiane, dit Henriette.

— Nous n'en sommes pas très loin..., dit le chauffeur.

L'espace était plus fertile ici, plus boisé aussi. Il y avait d'immenses plantations de coton ou d'arbres fruitiers. Le taxi entra dans Marshall. La ville possédait un vaste échantillonnage de maisons construites à la fin du XIXe siècle, en ce temps où des colons faisaient fortune dans le coton, la banque ou le commerce. C'était une succession de villas qui affichaient leurs vérandas, leurs galeries, leurs colonnes dans des styles variés : colonial, créole ou victorien. Certaines rappelaient l'art grec ou roman. On sentait partout les influences éclectiques d'une ville peuplée de colons venus de divers horizons. Les parcs étaient somptueux, plantés d'arbres et de magnifiques bosquets de cornouillers et de buissons d'azalées.

Esther et Henriette se firent déposer devant l'hôtel central sur l'avenue principale de la localité. La chaleur étouffante de Dallas et du trajet avait cédé la place à un air doux, sous le soleil couchant qui colorait l'espace en rouge. Dans un autre contexte, Esther aurait sans doute aimé l'endroit.

Après le bouillonnement permanent de New York, il y avait dans cette petite bourgade de la torpeur, un calme que le climat semblait imposer, comme un appel à l'indolence. De-ci de-là, on voyait derrière les vitrines des cafés des clients assis, une bouteille de bière à la main. Les voitures ne faisaient pas le même vacarme qu'à New York. Tout paraissait ralenti et reposant.

À peine descendue à l'hôtel, Esther avait laissé Henriette se reposer dans la chambre et elle était ressortie.

Elle voulait mener son enquête elle-même, sans avoir à consulter l'administration, craignant qu'Elzear ne soit alerté et qu'il ne lui file entre les mains. Elle voulait procéder discrètement. Elle entra dans le bar principal de la ville et commanda un verre. Elle s'installa au comptoir et discuta avec la serveuse dans un anglais hésitant. Elle dit qu'elle était étudiante et qu'elle faisait des recherches sur les anciens combattants du débarquement. La serveuse plissa les paupières pour montrer qu'elle n'en connaissait pas. Alors Esther montra la photo d'Elzear, en expliquant qu'elle avait été prise un peu après la Libération, dans une rue de Paris. La jeune serveuse observa le visage d'Elzear et rendit la photo en haussant les épaules pour signifier qu'elle ne reconnaissait pas l'homme. Le soir, lors du repas au restaurant, Esther réitéra sa demande auprès d'un serveur et du patron. Elle se heurta encore à la négative. Le chauffeur de taxi qui la ramena à l'hôtel, avec Henriette, n'avait lui non plus jamais vu ce soi-disant ancien combattant de la Seconde Guerre.

Henriette conseilla à Esther d'être patiente et de mieux orienter ses recherches. Après tout, Elzear ne devait pas fréquenter les bars ni les restaurants. Il vivait sans doute en reclus dans sa propriété. Il fallait interroger les commerçants, ceux qui étaient susceptibles d'avoir des échanges avec Elzear.

Le lendemain, Henriette et Esther arpentèrent bras dessus bras dessous les rues de la ville et entrèrent dans les deux épiceries et le petit supermarché de la ville. Personne ne reconnut Elzear sur la photo. À midi, elles avaient fait chou blanc. Elles entrèrent dans un petit établissement pour y prendre un repas. Esther était silencieuse, extrêmement déçue.

— Je crois que nous faisons fausse route, Henriette, finit-elle par lâcher en s'appuyant lourdement au dossier de la banquette du restaurant où elles étaient installées.

— On n'a pas pu se tromper, l'encouragea Henriette. Il faut poursuivre les recherches. On va bien finir par trouver quelqu'un qui a vu notre Elzear.

— Il n'y a pas d'Elzear Bensoussan dans cette ville! lança Esther plus fort qu'elle ne l'aurait voulu.

À ce moment, le client qui était à la table d'à côté la regarda de biais.

— Ce type n'est pas dans cette ville et je ne le retrouverai jamais! ajouta Esther hors d'elle.

Le gars d'à côté intervint en anglais:

— *Are you looking for Elzear Bensoussan?* demanda-t-il poliment.

Esther lui lança un regard agacé. Elle se releva et prit sa veste pour quitter l'endroit.

— *Wait! Miss!* insista le gars.

— *What do you want?*

— *I know him. I know Elzear.*

Henriette se tourna vivement vers lui et lui posa deux questions rapides dans un anglais qu'Esther eut du mal à comprendre. L'homme était sérieux. Il était grossiste en produits pour l'agriculture et avait livré M. Elzear Bensoussan plusieurs fois. Il expliqua que

Bensoussan avait acheté une propriété qui était sur la route de Jonesville. Il voulait y faire des fruits.

Esther se laissa retomber sur la banquette où elle avait dîné.

—Je dois y aller au plus vite ! murmura-t-elle, abasourdie.

—Je vous accompagne, naturellement, ajouta Henriette. Mais attendons demain matin.

II

6 juillet 1944.

Ce soir, à l'heure du crépuscule, nous avons vécu un moment d'enchantement. Là, dans notre situation incongrue et folle, là, tout près de la barbarie mise en œuvre, là, sous ce ciel de Pologne qui jetait une lumière de feu dans le salon de la villa. Nous interprétions une sonate de Bach sur laquelle Anaëlle posait, coulait, adaptait, faisait vriller sa voix d'enfant. Elle tremblait un peu, parfois, dans les tons élevés, comme si elle allait se briser, comme si elle était trop jeune encore pour tenir un tel niveau et assumer une telle émotion dans la musique. Les progrès qu'elle a faits sont impressionnants.

Lechman est entré. Il avait une expression étrange. Différente, en tout cas. Il nous a fait signe de sortir, à Anaëlle et à moi, de la main, sans un mot. J'ai rangé mon violon dans son étui, Anaëlle a mis les partitions dans le cartable. Lechman a lâché à sa femme, avant que nous ayons franchi la porte :

— Nous partons, ça y est ! Je suis muté. J'ai le sous-commandement de la S.S. à Berlin.

Frida a eu un cri de joie :

— Je vais revoir mes enfants...

Alors j'ai eu mal. Mal de mon propre sort. Mal pour le sort de ma fille. Mal pour Anaëlle. Mal pour tout ce que l'on allait encore endurer.

Je n'ai pas fermé l'œil de la nuit.

Il fallait que je tente ma chance dès le lendemain, bien avant le départ de Frida. Pour Anaëlle. Pour sauver sa vie.

III

7 juillet 1944 (midi).

Au matin, seul, j'ai rejoint Frida sur sa terrasse. Elle lisait. Son mari était déjà « à son travail », en face, dans l'enfer.
Frida m'a souri. Elle était calme et lumineuse. Je ne lui connaissais pas ce regard sans chagrin ni manque.
— Je ne chanterai pas aujourd'hui, cher Elzear, m'a-t-elle dit en souriant. Je n'en ai pas besoin.
Je suis resté là, pantois, debout à la regarder. Elle attendait mes mots. Je crois qu'elle savait exactement ce que j'allais demander.
— Je sais que vous allez rentrer en Allemagne…, ai-je fini par prononcer tout bas.
— Oui, cher Elzear.
— Je voudrais que vous preniez Anaëlle avec vous, ai-je lâché soudain, d'un trait.
Elle a fouillé mes yeux.
— Il faut la sauver, ai-je insisté.
Elle m'a encore contemplé longuement sans rien dire. Elle a fini par poser son livre sur ses genoux, elle a croisé ses longues jambes et elle m'a demandé en me fixant droit dans les yeux :
— Anaëlle n'est pas votre fille, n'est-ce pas ?
Un drôle de sentiment m'a gagné. Entre l'effroi et le soulagement. Cette fois-ci, il n'y avait pas la musique

entre nous pour communiquer et éviter de nous parler pour nous comprendre. Je me sentais nu face à elle.

Alors je lui ai fait confiance. J'ignore encore pourquoi. J'espère que j'ai eu raison.

— Non, Anaëlle n'est pas ma fille…, ai-je lâché. Et elle n'est pas juive.

Frida a retenu un petit cri. Elle s'est relevée promptement, comme piquée, elle a fait quelques pas nerveux sur la terrasse, visiblement bouleversée. Elle a longuement soupiré et m'a avoué :

— Je m'en suis toujours douté.

— Comment ça ?

— J'ai pu vous observer avec cette petite, Elzear. J'ai vu votre relation se construire, je vous ai vus vous attacher l'un à l'autre. Ici. Je sais que vous avez appris à aimer cette enfant, dans ce camp. Mais quand elle est arrivée ici, elle était une étrangère pour vous. Vous avez été soulagé de la sauver mais il n'y avait pas ce débordement d'amour et de joie qu'on a à retrouver son propre enfant.

— C'est vrai. Mais je l'aime désormais énormément. Je veux la garder en vie. Je veux qu'elle soit comme ma fille.

— Où est votre véritable fille, Elzear ? m'a interrogé Frida en me scrutant au fond des yeux.

Je me suis tu, incapable de répondre.

— Vous m'avez dit que vous aviez une fille, un soir que nous faisions de la musique, insista-t-elle sans lâcher prise sur mes yeux. Où est votre fille ? Je sais que vous êtes père. Je le sens.

J'ai senti l'eau me monter aux yeux, l'émotion déborder, le chagrin me briser. Un sanglot m'a coupé le souffle. Une plainte est sortie de moi, comme un cri étouffé. J'ai murmuré avec ce qu'il me restait de souffle :

— *Je l'ai laissée à mon meilleur ami, Bertrand, le soir de la rafle.*

J'ai éclaté en sanglots. Par pudeur, j'ai détourné la tête. J'avais honte de moi. Je me suis appuyé au balcon de la terrasse en regardant au loin, pour cacher mon trouble.

— *Mais alors, a insisté Frida en se rapprochant de moi, qui est cette petite Anaëlle ?*

Aucun mot ne pouvait sortir de moi.

— *Je dois savoir, Elzear, insista-t-elle en se rapprochant de moi, presque menaçante.*

Elle a touché mon épaule avec un peu de violence.

Alors je me suis retourné vers elle et j'ai trouvé le courage d'avouer :

— *Anaëlle est une fille de prostituée. Bertrand, mon meilleur ami et mon associé, l'a recueillie la nuit de la rafle. La maman venait de mourir et le père était sur le front russe... C'était un soldat de la Wehrmacht.*

— *Mon Dieu ! souffla Frida en plaçant ses deux mains sur sa bouche comme pour y étouffer un autre cri.*

— *Quand les policiers sont arrivés dans l'immeuble pour nous emmener, ma femme, ma fille et moi, nous nous sommes réfugiés chez Bertrand qui vivait à l'étage au-dessus, avec sa mère et ses deux fils. Mais les policiers et le milicien nous y ont retrouvés. Ils cherchaient un couple et une fillette. Autrement dit ma femme, ma fille et moi. Au dernier moment, j'ai saisi la petite fille que mon ami avait recueillie. Elle dormait dans le lit à barreaux où j'avais déposé ma fille... elles avaient le même âge. Et j'ai laissé mon enfant à Bertrand. Ma femme et moi avons été déportés... avec cette petite inconnue qui a pris le nom de ma fille : Anaëlle.*

Frida était consternée par mon récit. Pendant un court instant, j'ai pensé qu'elle allait appeler son mari, tout lui révéler, me renvoyer vers la mort. Après tout, que savais-je vraiment d'elle mise à part sa passion folle pour la musique ? Son extrême sensibilité ?

Est-ce que toutes les heures de musique, de partage, de bien-être passées ensemble suffiraient à acheter son silence ?

Je me sentais démoniaque à ses yeux.

— Anaëlle n'est pas juive, finit-elle par articuler. Elle ne devrait pas être ici. C'est infâme…

Je me suis tu.

Que trouvait-elle infâme ?

— Vous l'avez fait condamner à la place de votre fille ! insista-t-elle en me regardant bien en face. Je ne vous juge pas, finit-elle par articuler. Je connais la puissance de l'amour parental. Mais je suis atterrée par l'injustice subie par Anaëlle.

— Il ne s'agirait donc pas d'une injustice si elle était vraiment juive ? lançai-je avec trop de véhémence en découvrant mon visage.

Elle ne me répondit rien.

— Prenez-la avec vous, l'implorai-je. Vous pouvez racheter ma faute. Si je sors de cet enfer vivant, je lui donnerai une vie de princesse. Je l'aimerai.

Frida se taisait. Elle s'était assise à nouveau. Elle triturait nerveusement ses doigts.

— Elle a du sang allemand, je le jure, ajoutai-je en désespoir de cause.

Frida m'a fait signe de partir. J'ai pensé que c'était par colère et déception. J'ai pensé que j'avais perdu son soutien. Je me suis vu perdu.

IV

Esther laissa le carnet lui glisser des mains. Elle sentit monter en elle une terrible angoisse mêlée à la colère. Heureusement, elle était seule dans sa chambre d'hôtel. Il était très tard.

Elle tomba à genoux et poussa un hurlement qui lui monta du fond du cœur.

Elle vomit sans avoir le temps de parvenir aux toilettes.

Bertrand n'était pas son père.

Elle haïssait Elzear.

Cet intrus.

Cet assassin.

Il avait tué Bertrand, l'homme qui avait élevé sa fille. Il avait tué son père de cœur. Mais pourquoi donc ?

Et Maud !

Parce qu'elle savait pour l'échange des fillettes, sans doute ?

Elzear ne lui inspirait plus aucune pitié ni aucun autre sentiment que de la rancune et de la haine. Son histoire ne la touchait plus. Il était redevenu un étranger pour elle. Un parasite. Un homme qui était venu briser le lien entre Bertrand et elle. Il n'en avait pas le droit.

Elle irait le trouver, pour le lui dire.

Elle lui hurlerait qu'il n'était rien pour elle. Que Bertrand était son unique et seul père. À jamais.

Malgré son bouleversement, elle reprit le carnet.

V

7 juillet 1944 (minuit).

Nous étions déjà au lit quand Frida a frappé à la petite porte de notre chambrée. J'étais assis sur la paillasse d'Anaëlle et je lui contais un de ces mille récits que j'inventais, pour elle, le soir. Elle me regardait avec ses yeux intelligents et perspicaces, sur son visage de petite fille. Je me suis tu en voyant Frida entrer. Elle avait un pâle sourire. Elle ne semblait pas en colère. Elle s'est approchée du lit d'Anaëlle, a caressé ses cheveux et s'est assise près de nous. Elle a prononcé tout bas en se penchant sur la fillette :

— Tu veux partir avec moi, Anaëlle ?
— Où ?
— Hors de ce camp. Dans une ville magnifique, ma ville : Berlin.
— La ville d'Hitler…, a prononcé la petite avec une lueur d'angoisse dans les yeux.
— Personne ne te fera du mal. Tu seras toujours avec moi et tu connaîtras mes enfants. J'ai une fille merveilleuse de douze ans et un fils de dix ans. Tu feras du chant. On ira à l'opéra.

La petite a écarquillé les yeux, comme si elle ne comprenait pas. Elle s'est redressée contre son oreiller. Elle me regardait puis elle regardait Frida, tour à tour.

— *Ton papa doit rester ici quelque temps encore, a ajouté Frida. Mais toi, tu peux venir avec moi, en Allemagne. Tu ne risqueras rien. Je te le jure.*

— *Mais... pas sans Elzear,* a-t-elle murmuré dans un sanglot.

— *Je viendrai te chercher dès que je sortirai d'ici,* ai-je dit précipitamment en la prenant dans mes bras. *Bientôt. Tu seras mieux avec Frida et sa famille. Tu vivras dans une jolie maison.*

Je l'ai serrée très fort contre moi pour cacher mes yeux. Elle pleurait. Moi aussi.

Frida s'est relevée et a fait quelques pas dans la chambre. Elle avait une certaine distance vis-à-vis de moi, évitant mon regard.

— *Vous êtes fâchée contre moi, Frida ?* osai-je en reposant la fillette contre son oreiller.

Elle se taisait toujours.

— *Vous êtes déçue de moi, n'est-ce pas ?* insistai-je. *Le Juif est sournois. Le Juif est menteur, perfide.*

— *Taisez-vous !* a-t-elle hurlé.

Elle s'est approchée du lit, elle s'est immobilisée en me fixant.

— *Je vous sais gré de m'avoir dit la vérité... Votre vérité. Aussi insupportable soit-elle,* lâcha-t-elle.

— *Peut-être... Mais vous m'en voulez, je le sens.*

— *Oui,* avoua-t-elle soudain très calme. *Je vous en veux... Comment avez-vous pensé un instant que je partirais d'ici sans me préoccuper de votre sort et de celui de la petite ?*

J'étais perplexe.

— *Elzear,* a-t-elle continué, *pendant plus de deux ans vous m'avez portée dans cette vie isolée. Je n'allais pas bien. Vous m'avez aidée à supporter la séparation d'avec mes enfants. Pendant ces deux années, vous m'avez permis de vivre de vrais moments de bonheur, par la musique, la vôtre, la mienne puis celle d'Anaëlle. Son talent m'a permis d'exercer ma profession, encore ici, pour la former, pendant des mois et des mois. Je ne suis pas une ingrate. Bien sûr que j'allais vous proposer de prendre Anaëlle, de l'emmener avec moi pour la faire travailler et la sortir du camp. On ne peut pas laisser dormir son don. Je l'inscrirai à l'école de musique, je veillerai sur elle. Je vous en fais la promesse absolue. Elle sera protégée. Et elle vous attendra.*

— Je ne sortirai sans doute jamais d'ici.

Frida baissa les yeux. Elle avoua :

— Je n'ai rien pu obtenir de Lechman, mon mari, pour vous, mise à part la certitude que vous resterez à l'orchestre. Nous ne pouvons pas vous faire sortir d'ici. Ce serait dangereux pour la carrière de mon mari, vous comprenez. L'enfant, ça passera. Pas vous. Cependant, vous ferez partie des protégés. Le successeur de Lechman fera de vous un prisonnier privilégié. Votre vie n'est plus en péril.

— Je n'ai pas de vie, ici, et surtout pas d'avenir. Vous le savez, Frida.

— Oui. Mais je ne peux rien de plus sans me mettre en danger moi-même. Pourtant, vous allez me manquer. Terriblement.

Elle eut un mouvement vers moi mais elle retint sa main qui allait agripper la mienne. Elle se dirigea vers la porte.

— Puis-je vous remettre mon journal intime ? lui demandai-je avant qu'elle ne parte. J'y ai tout noté. Gardez-le et donnez-le à Anaëlle, à ses vingt ans, si je meurs.

Elle s'approcha et prit la housse noire contenant les trois carnets désormais recouverts d'écriture, de mots. Elle caressa la couverture, évasivement, en fixant Elzear.

— Je le prendrai demain. Vous avez sans doute à y écrire ce soir, non ?

— Peut-être.

Elle me le rendit.

— Vous pourrez le lire, lui ai-je dit.

— Peut-être… En tout cas, j'en prendrai soin jusqu'à votre sortie de ce camp.

Elle sourit pour saluer et ouvrit la porte en lançant :

— Nous partons demain matin à 9 heures. Un lieutenant de la Feldgendarmerie vient nous chercher en automobile. Nous prendrons le train à la gare de Gleiwitz. Nous serons à Berlin après-demain.

— Vous allez revoir vos enfants.

— Oui… Au revoir, Elzear. Merci… pour la musique.

— Au revoir, Frida. Ou adieu.

— Alors au revoir.

Elle sembla hésiter mais finit par ajouter :

— Si je suis ici, Elzear, dans ce camp isolé, au fond de la Pologne, c'est parce que je suis interdite d'opéra dans tout le Reich. La nomination de mon mari à Auschwitz est une… punition. Une mise à l'épreuve de la part du parti. Il paye pour une de mes erreurs, une erreur que je paye aussi, chaque jour… ici, loin de mes petits. Une erreur qui n'en est pas une.

— Quelle erreur ?

— J'avais caché trois musiciens juifs chez nous, à Berlin, au cours de la Nuit de Cristal, en 1938. À l'insu de mon mari, bien sûr. Nous avons été pris.

Elle me fit un dernier sourire et referma la porte.

VI

8 juillet 1944, à l'aube.

C'est donc ma dernière page sur ce carnet. Tout à l'heure, je le confierai à Frida. Elle partira avec ce précieux document qui fut mon meilleur confident depuis presque deux années. C'est curieux, à l'idée de m'en séparer je ressens une sorte de terreur. Terreur de ma solitude à venir. Terreur du manque. Cette même terreur qu'au moment de ma séparation d'avec Bertrand. Je me souviens encore précisément de son regard, de ce dernier regard qu'il m'a jeté quand la police nous a emmenés. J'ai su à cet instant combien il était malheureux de me perdre. Il avait toute la honte de son pays dans les pupilles et j'ai perçu la force de son amitié.

Il avait le destin de ma fille entre ses mains. À son expression, j'ai su qu'il l'aimerait. Parce qu'elle était ma fille.

Je n'ai pas passé une journée sans penser à elle, ici. Ma petite. Celle qui se nomme désormais Esther… Chaque fois que j'y songe, une douleur intense me terrasse. J'essaye de l'imaginer aujourd'hui, plus de deux ans après que la vie me l'a arrachée. Si je sors vivant de cet enfer, mes pas me mèneront à elle. Par instinct. Par amour.

Aujourd'hui plus que jamais, son souvenir me pousse dans cette volonté de survie qui m'anime dans ce bagne.

Cette volonté je la lui dois parce que je veux la retrouver. Cette volonté, que je dois aussi à Anaëlle, pauvre être égaré par ma faute. Je suis rassuré que Frida la prenne avec elle. Je crois qu'elle a compris mon histoire, aussi infâme soit-elle. Elle finira par comprendre que tout ce malheur vient de son peuple, de son idéologie, de son régime.

Des rumeurs circulent dans le camp. J'ai entendu des S.S. parler des bombardements alliés en Allemagne.

Serait-ce possible ?

Que la bête soit un jour abattue ?

Qu'un jour on nous ouvre les portes de l'enfer et que nous retrouvions notre liberté, la maîtrise de notre vie ?

Que je puisse courir chercher Anaëlle chez Frida ?

Que je puisse retrouver ma fille et Bertrand ?

Que je sois encore et à nouveau heureux ?

VII

Esther hésita. Elle jeta un dernier regard sur le domaine. De hautes haies le cachaient depuis la route où elle avait stationné la voiture. On avait beau tenter de glisser un œil, difficile de percevoir quoi que ce soit dans la propriété.

— Il vaut peut-être mieux que j'y entre avec vous, murmura Henriette qui cherchait elle aussi à voir la villa derrière le pare-brise.

Les deux femmes étaient assises dans l'automobile qu'Esther avait louée pour venir chez Elzear.

— Non, prononça la jeune femme. Je dois y aller seule.

— Je comprends. Tu lui expliqueras que je suis dans la voiture. Tu verras s'il a envie de rencontrer une ancienne de Pithiviers… Je ne peux pas m'imposer à lui, après tout.

— Oui… je tâterai le terrain.

— À plus tard.

Elle sortit, claqua la porte, fit quelques pas et approcha du grand portail blanc qui barrait l'entrée. Elle posa sa main dessus et le poussa. Il grinça en s'ouvrant et elle dut forcer un peu. Il donnait sur une immense allée plantée d'arbres qui aboutissait à une somptueuse villa.

Esther s'immobilisa. Elle tenta de se calmer. Elle avait peur. Pas d'Elzear. Il ne pouvait pas lui faire du mal. Mais elle avait peur de ce qu'elle allait découvrir. Elle avait peur de ses sentiments pour lui. Elle avait peur, au moment crucial, de ne plus le haïr. Ce père qui l'avait abandonnée pour son plus grand bonheur. Ce père qui avait tué Bertrand. Cet inconnu.

Esther passa sa main sur ses yeux qu'elle frotta un peu. Elle était harassée de fatigue, la fatigue de ses recherches effrénées conjuguée à son angoisse, harassée de ses nuits sans sommeil, de ses nuits de lecture. Harassée de ce qu'elle venait de lire dans le journal d'Elzear. Bouleversée par sa nouvelle identité.

Elle s'engagea sur le bord de l'allée qui conduisait à la villa. Partout autour, sur des hectares et des hectares, elle voyait des plantations de jeunes arbres. Des parcelles étaient cultivées de cotonniers mais ils semblaient être sur le point d'être arrachés. Elle ne rencontra personne et arriva au pied de la terrasse, nouée d'appréhension. Elle jeta son regard sur la façade. La bâtisse était imposante. Elle était faite d'un seul bloc dans un style victorien italianisant. Les murs de brique lui donnaient une belle couleur orangée. Il y avait trois étages percés de hautes fenêtres blanches, ornées par des linteaux de fonte. Les gouttières étaient profondes et relevaient la présence massive du toit. Ce dernier était surmonté d'un fronton creux qui surélevait la maison. Les ouvertures du dernier étage, ovales, n'avaient pas de balcons ni de balustrades. Ce dénuement faisait ressortir les autres fioritures, colonnes et bas-reliefs collés aux parois sud.

Esther monta les marches du perron et se retrouva sur une terrasse avec une balustrade en fonte forgée qui faisait le tour de la maison. Elle jeta un regard furtif derrière les fenêtres, aux angles de la villa mais ne décela aucune présence.

Elle appela :

— Il y a quelqu'un ?

Nulle réponse.

Il y avait un salon de jardin et un rocking-chair qui se balançait un peu à cause du souffle chaud du vent courant sur le pays depuis la veille. Elle hésita. Elle tenta de voir à l'intérieur au travers de la porte-fenêtre. Un épais rideau barrait la vue.

— Il y a quelqu'un ? réitéra-t-elle en élevant la voix.

Elle demeura un moment immobile, laissant ses yeux se perdre sur l'immensité du domaine qui s'étalait au pied de la demeure. C'était une belle propriété, songea-t-elle. L'acquisition était bonne pour qui voulait se faire une retraite dorée et se faire oublier. Il fallait le vouloir pour parvenir jusqu'au domaine. Elle avait dû demander sa route à trois reprises pour trouver le chemin qui menait ici.

Un bruit venu de l'intérieur la glaça d'effroi et la ramena au présent, comme un avertissement. Elle devait entrer. Il était là. Elzear était là. Cet homme avec qui elle vivait depuis des mois. Son géniteur. Le meilleur ami et l'assassin de son père.

Elle poussa la porte qui grinça un peu. Tel un rire d'outre-tombe. Elle ne voulut pas y voir de signe mais elle trembla. Le hall était baigné d'obscurité. Ses pupilles mirent quelques secondes à s'habituer au manque de lumière avant de lui renvoyer la vision d'un corridor qui s'enfonçait devant elle, entre plusieurs pièces ouvertes.

Elle avança.

Un autre bruit se fit entendre depuis la pièce du fond. Elle tenta de reprendre une respiration plus calme. Elle frotta ses mains l'une contre l'autre pour en ôter la moiteur. Elle eut la certitude qu'Elzear la guidait et l'attendait. Elle fit deux pas, s'arrêta, se força au courage et marcha encore vers le fond du couloir. Elle était mal à l'aise dans ce lieu sombre. Les rideaux étaient tous tirés.

— Elzear ? dit-elle d'une voix qui se brisa.

Elle n'eut pas de réponse.

— Elzear. Je sais que vous êtes là. Je sais que vous m'attendez.

Silence.

— Je dois vous parler. Vous me devez des explications.

Rien.

— Pourquoi vous ne répondez pas ? Je sais tout ! Vous avez tué mon père. Je veux savoir pourquoi !

Que cherchait-il ? Voulait-il fuir ?

Esther sentait une tension qui était à son comble. N'y tenant plus, elle se précipita dans la pièce du fond et y pénétra en furie. Elle stoppa net.

Il y régnait une ambiance sombre et feutrée. C'était le salon. Des canapés de velours rouge occupaient l'espace avec un large bureau appuyé contre la grande fenêtre aux volets fermés. Trois grands cadres baroques dorés étaient suspendus aux murs. Une alcôve s'enfonçait dans le dernier angle. Elle dessinait un autre petit salon ovale donnant sur une porte-fenêtre dont les rideaux étaient à moitié fermés. Un fauteuil était disposé de manière à regarder sur l'extérieur quand on y était assis. Esther n'en distinguait que le dossier. Elle fit un pas et réalisa que l'homme était dans le fauteuil. Elle perçut ses cheveux blancs qui dépassaient du dossier. Il n'avait pas bougé et paraissait contempler la propriété. Elle ne pouvait voir son visage car Elzear était tourné vers la fenêtre.

— Vous me devez des explications, prononça-t-elle en s'approchant encore.

L'homme restait de marbre. Pourtant, Esther n'avait plus peur. Attirée. Impatiente. Au bord de sa vérité.

— Vous avez tué mon père, poursuivit-elle en faisant encore un pas.

Elle entra dans l'alcôve. Bientôt, elle fut derrière le fauteuil.

— Bertrand était toute ma vie, lança-t-elle plus fort. J'ignore encore comment je vais vivre, après lui... Sans lui.

L'homme ne disait rien. Prise de colère, Esther contourna le fauteuil et se jeta devant lui en hurlant :

— Je vous hais !

Elle poussa un cri.

L'homme qui se tenait dans le fauteuil était Bertrand.

— Papa..., articula-t-elle.

Elle fixa son regard sur lui pour se convaincre de cette vérité. Celui qu'elle pourchassait était son père. Voilà pourquoi l'employée de l'hôtel grec, à Greenwich, n'avait pas reconnu son client Bensoussan sur la photo qu'elle lui montrait.

Voilà pourquoi personne dans cette ville ne l'avait reconnu sur le cliché.

Voilà pourquoi ses annonces dans la presse new-yorkaise étaient demeurées sans réponse.

Esther se laissa tomber à genoux, passa ses deux bras autour des jambes de Bertrand et posa sa tête dessus, en serrant cet être qui lui revenait. Bertrand mit ses deux mains ouvertes sur ses cheveux et les caressa avec une main tremblante d'émotion.

— J'ai eu si peur de te perdre…, ma fille, murmura-t-il. Je pensais ne jamais te revoir. Il aurait mieux valu, tu sais…

VIII

Esther se releva péniblement et fit quelques pas dans le salon obscur. Son cœur battait la chamade. Elle doutait de la réalité de l'instant. Toute sa longue quête, obsessionnelle, après Elzear, venait de la conduire à Bertrand. Il était là, vivant, aimant, face à elle.

— Calme-toi, Esther, lui murmura-t-il en s'approchant et en prenant sa main.

Elle la retira, dans le doute, sous le choc, en articulant :

— Mais enfin… papa… tu n'es donc pas mort dans cet incendie ?

— Le corps calciné était celui d'Elzear.

— Elzear… Je comprends mieux, articula Esther… C'est pour ça que le docteur m'a dit qu'il avait le crâne marqué…

— Il a été tabassé à Auschwitz.

— J'ai lu son journal.

— Écoute… Je ne voulais pas le tuer. C'était mon meilleur ami.

— Raconte-moi.

— Je savais qu'Elzear avait survécu au génocide. Il m'avait écrit. Mais il était parti refaire sa vie loin.

— En Israël…

— Oui, avec sa petite Anaëlle. Et c'était le bon choix pour qu'il se reconstruise... Il m'a manqué, pourtant.

— Je sais combien tu l'aimais.

— Quand il est revenu, il y a quelques mois, j'ai eu peur. J'aurais pourtant dû être heureux de le savoir à Paris.

— Peur de quoi ?

— Qu'il revienne pour me demander des comptes. Pour reprendre ce qui était à lui.

— Quoi ? L'entreprise ?

Bertrand détourna les yeux et se releva péniblement du fauteuil. Il ouvrit la fenêtre et poussa les rideaux pour laisser entrer la lumière. Esther se demanda quels mots il allait trouver pour tout lui avouer.

— Oui. J'ai d'abord eu peur pour l'entreprise.

— Il te l'avait donnée, non ?

— Dans des circonstances qui furent à mon avantage.

— J'ai lu l'acte de donation. Il n'y a rien de circonspect.

— En 1942, les lois antisémites spoliaient les Juifs de leurs entreprises. Des administrateurs étaient nommés pour gérer les biens juifs. L'Allemagne ou la France de Vichy s'appropriaient les affaires juives. Elzear a anticipé. Il m'a tout donné pour éviter de tout se voir confisquer. Dans un autre contexte, il n'aurait pas agi ainsi. Alors... Des années après, quand il a resurgi dans ma vie, j'ai cru qu'il allait tout balancer à la presse et reprendre son bien. J'ai eu peur pour ma réputation, pour la tienne, j'ai eu peur de tout perdre.

J'ai été lâche. Je m'en veux, tu sais. Je crois qu'il ne me voulait aucun mal.

— Mais pourquoi est-il revenu ?

— Il voulait simplement me prévenir que sa fille Anaëlle connaissait notre secret... sur...

— L'échange des fillettes, le soir de la rafle, lâcha Esther pour l'aider.

— Tu es donc au courant, toi aussi.

— J'ai lu le journal d'Elzear. Anaëlle a fait en sorte de me le faire parvenir. Elle voulait que je le lise. J'ai compris la vérité, page après page.

Bertrand se releva et s'approcha de sa fille. Il prit sa main, la serra de toutes ses forces dans ses bras en murmurant :

— Tu dois me détester...

Elle posa sa tête contre son épaule et s'y laissa bercer.

— Tu peux partir, tu sais, articula-t-il dans ses cheveux. Tu peux ne pas me pardonner. Je comprendrai.

— Un père, c'est celui qui aime et qui aide à grandir. Mon unique père, c'est toi, prononça tout bas Esther.

— Tu comprends maintenant pourquoi je t'ai fait unique dépositaire de mon testament. Toute l'entreprise te revient. À toi, pas à tes deux frères. C'était celle d'Elzear... J'avais une dette d'honneur vis-à-vis de lui, vis-à-vis de toi. Tu es son sang.

— Je me fous de son sang ! dit Esther en se détachant de Bertrand. C'est toi mon père ! Ne me reparle jamais de cet... imposteur !

— Ne dis pas ça, la reprit Bertrand vivement. Elzear était un type extraordinaire. Il t'adorait. Quand il est parti avec les miliciens, la nuit de la rafle, il t'a laissée à moi. J'ai lu dans son regard la confiance qu'il me faisait. Je n'ai pas hésité une minute, au nom de notre amitié. Bien des nuits, je me suis réveillé, brisé de culpabilité. La culpabilité d'avoir laissé Elzear partir avec une fillette que nous avions condamnée à vivre l'enfer. Et puis cette culpabilité aussi de t'avoir aimée comme ma propre fille, peut-être même plus que ma propre fille, de t'avoir volée à lui, à cause de tous ces événements tragiques. J'avais le sentiment d'avoir dépouillé Elzear de ses droits de père, de lui voler une partie de sa vie. J'étais hanté par l'idée qu'il te reprenne un jour. Quand il est sorti du camp, il m'a écrit pour me dire qu'il renonçait à venir te chercher. Quel soulagement cela a été pour moi ! Car je me suis attachée à toi de manière insensée. Je n'ai jamais aimé quelqu'un plus fortement que toi. J'en avais honte parfois. Mais on ne commande pas nos sentiments. Autrefois, j'ai ressenti ce même attachement démesuré pour Elzear, cette impression de ne pas pouvoir me séparer de lui sans en souffrir. Tu l'as remplacé en quelque sorte. Tu m'es tombée dans les bras au moment où il a été envoyé en camp… C'est comme cela que je m'explique cet amour immense et exclusif pour toi… Et puis je le retrouvais en toi. Tu lui ressembles.

— Non ! Je ne veux pas lui ressembler !

— Tu as sa détermination, cette volonté de réussir coûte que coûte, cette passion pour le travail.

— C'est toi qui m'as tout appris.

— J'ai aimé travailler avec toi, c'était constructif, comme avec lui. Mon Dieu, dire que je l'ai abattu comme un chien… Comment vais-je continuer à vivre ?

— Où l'as-tu tué ?

— Il m'avait donné rendez-vous près des ruines de la petite chapelle du haut. Je n'aurais pas dû y aller armé… On a commencé à parler, avec beaucoup de distance. J'ai paniqué quand il m'a parlé de notre secret. J'ai cru qu'il allait tout détruire. J'ai tiré sous l'effet de l'affolement. Je voulais te protéger.

— Mon Dieu…, articula Esther, effarée et choquée.

Son père venait de changer de visage. Il devenait un autre. Un criminel. Et cette idée, plutôt que de l'anéantir, la faisait grandir, la poussait vers son avenir, seule. Bertrand perdait son image de modèle. C'était comme une icône de verre qui se fissurait.

— Après…, poursuivit-il, j'ai tenté de gérer la situation pour ne pas éclabousser mes enfants par un scandale. J'ai passé ma vie à construire une fortune pour vous laisser du bien et une belle situation. Tu comprends, c'était mon obsession. Je ne voulais pas faire de vous des enfants d'assassin, de collabo, de profiteur de guerre. Je n'ai trouvé qu'une solution pour vous préserver du scandale : disparaître.

— C'est toi qui as mis le feu à la grange ?

— Oui. J'ai caché le cadavre dans les ruines de la chapelle pour la nuit. Le dimanche matin, tôt, je suis allé retirer mes économies chez le banquier. Puis j'ai mis le corps d'Elzear dans la grange, j'ai passé ma gourmette à son poignet et j'ai allumé l'incendie. Le fait de brûler le corps me permettait d'anéantir la preuve de mon usurpation : le tatouage qu'Elzear avait sur le bras.

— Son numéro de détenu à Auschwitz…

Esther manqua d'air. Elle avait envie de pleurer, de vomir. La douleur d'Elzear décrite dans son journal lui martelait la tête. Cette fois-ci, elle avait pitié de lui, pleinement, elle mesurait la brisure de sa vie et la déception qu'il avait dû ressentir en voyant Bertrand tirer sur lui. Il n'avait pas mérité pareil traitement. Esther ne verrait plus jamais son père comme un modèle, mais comme un lâche.

— Ensuite, je suis parti pour Le Havre le lendemain, poursuivit-il.

— Mais… Maud?

— J'ai eu peur qu'elle parle. Elle était là la nuit de la rafle. Elle nous a vus échanger les fillettes. Il a fallu que je la tue pour pouvoir partir serein.

Esther déglutit, parcourue par un frisson. Pourtant, elle ne parvenait pas à ne pas juger son père. Elle voyait l'inacceptable, l'impardonnable dans le meurtre de Maud, même si Bertrand l'avait tuée pour la protéger, elle. Elle songea à Jacques, à sa peine infinie, à sa peur, à ses doutes après l'assassinat de sa grand-mère. Elle aurait aimé qu'il soit là, avec elle, pour entendre le récit de Bertrand et pour l'aider à trouver la force : la force de quitter ce père qui était devenu un meurtrier injuste. Esther comprenait qu'elle ne serait plus jamais la petite fille chérie de Bertrand. Il était allé trop loin. Il avait fait trop de mal. Elle devait s'affranchir de lui, de son attachement pour lui, elle devait le quitter et mûrir.

— Grand-mère sait que je suis la fille d'Elzear, n'est-ce pas? articula-t-elle.

— Oui. Elle était là, elle aussi, la nuit de la rafle. Elle ne m'a jamais pardonné l'échange. Mais je savais qu'elle ne te parlerait jamais. Honorée est faite de ces vieux bois auvergnats qui meurent avec leurs secrets de famille. Et puis elle aussi s'était attachée à toi. Mais elle pensait souvent à cette petite que nous avions envoyée en déportation à ta place…

— Qui était exactement cette gamine, cette Gladys ?

— Tu sais sans doute que j'avais une sœur, plus âgée que moi. Elle vivait à Paris depuis 1940.

— Personne n'en parlait jamais de cette Arlésienne…

— Disons qu'elle faisait un métier peu recommandable…

— C'est-à-dire ?

— À vingt et un ans, elle avait voulu quitter l'Auvergne, pleine d'ambitions, d'envies de richesse, de belle vie. Un beau matin, elle n'était plus là. Elle avait fugué vers Paris… Elle rêvait de devenir une chanteuse célèbre. De fait, elle était vraiment jolie, charmeuse, je dirais. Je l'ai vue rêver et faire son cinéma durant notre jeunesse, quand elle gardait les vaches, quand elle faisait les marchés, quand elle partait à l'école. Elle était coquette. Elle adorait lire et elle voulait devenir une sorte d'héroïne, riche et aimée. Elle aurait pu mais la chance ne sourit pas à tout le monde. Elle est montée à Paris, elle s'est fait embaucher dans des cabarets comme chanteuse. Le succès ne venait pas. Elle buvait beaucoup, la nuit, avec des hommes… Petit à petit, elle a sombré dans une mauvaise vie.

— Elle se prostituait ?

— Elle était une sorte d'entraîneuse. Elle me le cachait mais j'ai fini par tout comprendre quand je me suis installé à Paris. Je suis allé lui rendre visite. Elle vivait avec une amie dans un petit appartement décoré de tissus roses, rouges, de miroirs. Il y avait des toiles osées, si tu vois ce que je veux dire. J'étais triste et déçu pour elle, mais je n'ai pas pu la ramener à une vie plus saine. Je lui ai pourtant proposé de venir travailler avec nous, à la boutique. Nous recrutions des couturières. Elle a refusé.

— Tu l'as revue ?

— Oui... Elle est venue, le soir de la rafle. Elle avait une petite fille avec elle, une gamine de trois ans. C'était l'enfant de la prostituée qui partageait son appartement. La malheureuse venait de mourir d'une sale maladie. Ta tante a voulu mettre la petite fille à l'abri. Elle ne savait plus à qui la confier.

— Mais... le père ?

— Un S.S. allemand.

— Oui, je sais. Mais où était-il cet Allemand ?

— Il était reparti combattre à Stalingrad, incorporé de force dans la Wehrmacht pour raison disciplinaire. Il y est mort. La mère demeurait à Paris, seule, avec le bébé, et mourante.

Esther ne disait rien. Pressentant le pire. Comprenant désormais à quelles extrémités son père avait été capable d'aller.

— J'ai accepté de protéger cette fillette et je l'ai couchée dans le petit lit de l'appartement, dans ma propre chambre. C'est là qu'Elzear t'a déposée aussi quand il a trouvé refuge chez moi. Et... c'est toi qui es demeurée à Paris. Tu es devenue Esther. J'ai fait mettre à jour ton identité. J'ai soudoyé un secrétaire de mairie pour que tu prennes mon nom de famille. Il connaissait un passeur qui travaillait avec des résistants pour faire des faux papiers. Il a fait faire un nouvel acte. Puis il a fait refaire ton état civil avec ce faux.

— Un employé de mairie a accepté d'enregistrer un faux ?

— Tu sais, en 1942, beaucoup de secrétaires de mairie ont fait des fortunes bien malhonnêtement. Ils se faisaient payer pour changer les noms d'origine juive sur les cartes... J'ai fait noter que tu étais née en Auvergne, comme tes deux frères, juste avant le décès de ma femme.

— Mais... quelqu'un pourrait découvrir la vérité !

— Qui veux-tu qui s'en préoccupe ?

— Jamais je n'ai douté de mon identité... Mais... mes frères...

— Oui.

— Que savent-ils ?

— Tout.

Esther ouvrit de grands yeux écarquillés de surprise.

— Comment ça ?

— Ils avaient cinq ans quand tu es entrée dans notre vie, rue des Charmilles. Ils connaissaient la petite d'Elzear. J'ai dit que je t'avais recueillie et adoptée parce que tes parents étaient morts. Je leur ai ordonné de ne jamais t'en parler. Tu es devenue leur petite sœur. Ils ne m'ont jamais posé davantage de questions.

— Ils ont vu l'échange des fillettes ?

— Non. Ils dormaient tous les deux dans l'autre chambre... Tu as grandi avec eux, c'est tout. On s'est attachés à toi, tous. J'ai réussi à me faire une fortune, une famille. J'en étais fier. Tu sais, je reviens de loin. En 1940, j'étais veuf, avec deux petits, sans situation, perdu dans cette France qui venait de capituler. Grâce à Elzear, j'ai eu un nom, une fortune, de la considération, de l'amitié. Il a été tout ça pour moi. Et pourtant j'ai passé ma vie à trembler de le voir resurgir, un jour. Il était celui qui me manquait mais aussi celui que je redoutais. Et quand il m'a fixé rendez-vous près de la chapelle, j'ai perdu tous mes moyens, tout mon calme.

— Et tu es venu aux États-Unis où tu as acheté ce domaine.

— Je ne pensais pas que tu me retrouverais. Je ne sais pas si j'en suis heureux ou effondré.

— Moi, je suis soulagée de te savoir en vie, papa, mais je suis choquée. Tu es un assassin. Tu as tué Elzear, qui ne te voulait rien de mal, c'était un être tendre et courageux, qui avait le droit de finir sa vie après le martyre enduré… Tu as tué Maud, sous le coup de la panique. Tu as eu tort. Profondément tort. Elle n'aurait pas parlé. Elle n'a rien dit, même à son petit-fils qu'elle adorait. Tu as brisé deux vies, papa, deux êtres bons qui t'aimaient. Je peux comprendre que tu as eu peur, je peux comprendre que tu aies voulu me protéger mais, aujourd'hui, j'ai perdu un père que j'admirais.

Bertrand baissa les yeux et murmura :
— Que vas-tu faire ?
— Rien.
— Que veux-tu dire ?
— Tu restes Elzear Bensoussan. Je ne veux pas te perdre une autre fois. Je vais rentrer à Paris et poursuivre ma vie, dans l'entreprise. J'en ferai une réussite. Je me sens prête maintenant. Je me sens vraiment accomplie, adulte. Je saurai me passer de toi.

— Si la police lance une enquête, elle peut me retrouver. Tu as bien réussi à me retrouver, toi ? Non ?

— La police n'aura jamais mon opiniâtreté. Je vais parler au docteur. Il n'a pas signalé à la police la balle retrouvée dans le cadavre calciné. Il ne parlera pas si je le lui demande. S'il avait voulu le dire, il l'aurait fait avant de m'informer. L'affaire va être classée. Elle demeurera un accident et la réputation de mon affaire sera sauve. Je vais lancer mes ventes par correspondance. Je vais travailler de nouveaux modèles, de nouvelles tendances. Je me sens renaître. Mais tout cela, je veux le faire seule. Complètement seule. Je ne prendrai pas le risque de venir te voir.

— Je t'attendrai chaque jour, pourtant.

— Ce sera en vain, comprends-moi.

Bertrand serra sa fille longuement contre lui et murmura :

— Sache simplement que tu es toute ma vie et que tout ce que j'ai fait, c'est pour toi que je l'ai fait.

Esther se dégagea. Elle venait de comprendre que les bras de son père n'étaient plus un refuge ni un support. Ils avaient fait trop de mal.

— Il y a une autre ombre au tableau…, déclara-t-elle en fixant Bertrand.

— Qui ?

— Anaëlle. Elle doit être très malheureuse. Il faut que je la retrouve. J'ai besoin de parler avec elle. C'est aussi une victime malheureuse de ton complot, papa. Tu as détruit sa vie.

— Je voulais sauver la tienne…

— À quel prix…

— Sois prudente.

— Elle ne me fera aucun mal. Elle voulait simplement que je connaisse la vérité. C'est pour ça qu'elle est entrée dans notre famille par le biais de Thierry.

Elle devait m'approcher pour me confier le journal. Et puis je suis bien accompagnée désormais dans la vie… J'aime un homme. Qui m'aime aussi. Je ne lui dirai pas la vérité car j'aurais trop honte. Maud était sa grand-mère… Mais je ne marcherai pas seule dans ma nouvelle vie. Il sera près de moi.

Bertrand la contempla avec un sourire de soulagement. Il était apaisé de pouvoir la confier à un autre homme, aimant et protecteur. De son côté aussi, Bertrand avait compris que leur relation était finie. Leurs vies se séparaient là. Il en souffrait énormément mais sa fille devait devenir femme et il la sentait prête.

IX

Quand Esther retourna à la voiture, elle lança à Henriette qui l'attendait :

— J'ai fait fausse route. Ce pauvre homme n'est pas Elzear.

— Encore une déception, alors.

— Non. Une étape décisive. J'arrête mes recherches. Je dois vivre au lieu de courir après un fantôme.

— Enfin ! Depuis le temps que j'espérais que vous renonceriez.

— C'est chose faite.

Et elles rirent en chœur.

Esther était soulagée. Ce poids terrible qui l'oppressait depuis la mort de Bertrand, l'obsédant, la clouant de haine contre l'assassin présumé, s'apaisait. Elle était libérée. Surtout, le chagrin la lâchait. Et elle avait envie de hurler, au vent, par la fenêtre de la voiture : « Mon père est vivant, mon père est vivant ! » Pourtant, elle savait qu'elle ne le verrait plus et elle avait conscience qu'il était un assassin. Bertrand n'était plus son père. La vérité qu'elle venait de découvrir la projetait dans la vie. Elle pouvait passer outre sa quête effrénée et revivre pleinement même si, au fond, ce qu'elle avait découvert gâcherait ses jours.

Elle sortait la tête de l'eau. Elle revenait à la vie. Elle redevenait Esther.

Soudain, toute son envie d'entreprendre, sa volonté de travailler revinrent. Elle se retrouvait. Elle redevenait ce qu'elle avait toujours été.

— Tu me parais bien heureuse, chère Esther, lui glissa Henriette quand elles eurent parcouru quelques kilomètres.

Elle se contenta de lui sourire.

— Il faut savoir sortir du passé, ma petite, ajouta Henriette en lui rendant son sourire. La vie fonctionne comme un engrenage qui tire vers le futur. Il faut laisser la force de la vie nous y mener, sans réticence, sans détour, sans hésitation. Sans gripper les rouages, sinon on se perd. Je sais de quoi je parle… Qui eût dit qu'en sortant de camp j'allais oublier ? Personne. Eh bien ! je t'assure que j'ai oublié dès que ma détention a été finie. J'ai oublié le mal. Bien sûr, j'ai les souvenirs. Mais j'arrive à les envisager sans peine.

— Je sais que vous êtes capable de ce tour de force.

— C'est certainement ma nature… qui me pousse vers demain.

Esther se demanda comment elle allait vivre avec tout ce qu'elle avait lu dans le journal d'Elzear. Elle ne souhaitait plus pouvoir gommer chaque phrase de sa mémoire. Elle était désormais imprégnée par ce récit. Il faisait partie d'elle, il la rendrait plus forte, plus courageuse. Ce journal était la mémoire de son père. Elle n'en voulait plus à ce père génétique, à cet Elzear, de lui avoir transmis ce lourd héritage du souvenir indicible, de ce passé terrible. Elle ne lui en voulait plus de lui avoir fait connaître cette vérité qu'elle ne voulait pas sienne mais qui était constructive, qui ferait partie d'elle pour s'accomplir en tant qu'adulte.

Elle se sentait plus forte vis-à-vis de ce personnage qui était entré dans sa vie tellement brutalement, tardivement : Elzear. Elle avait des sentiments pour lui. Il n'était plus seulement un étranger dont l'histoire l'avait touchée. Il était son véritable père. Elle mesurait leur lien de sang, cet homme était devenu quelqu'un à ses yeux, dans son cœur. Elle le mesurait d'autant plus maintenant qu'elle avait retrouvé un Bertrand devenu fourbe et maladivement méfiant. Pourtant, il resterait celui qui l'avait élevée, construite. Elzear avait fait le choix de la lui confier quand elle était enfant, il était devenu son père. Voilà tout. C'étaient les heures passées ensemble, la ressemblance qui s'était construite, l'éducation et la vie commune qui avaient fait de Bertrand son père. Esther ressortait de cette quête comme un animal à deux têtes. Comme un être maintenant abouti, construite par le temps passé avec Bertrand mais aussi avec l'héritage des mots d'Elzear qui lui avait inculqué des valeurs de courage, de solidarité et l'amour de la vie.

Finalement, seul le sort d'Anaëlle la mettait mal à l'aise. Elle avait vraiment l'impression de lui avoir volé sa vie, sa chance, auprès de Bertrand. Elle n'était responsable en rien mais la culpabilité était là, poignante, maintenant qu'elle connaissait l'entière vérité. Elle devait la retrouver.

X

Depuis qu'elle avait atterri à Paris, Esther se sentait bienheureuse. Comme autrefois. Elle était là pour finir son enquête, pour l'aboutissement et elle y parvenait petit à petit. Jacques lui manquait mais elle savait qu'elle le retrouverait bientôt, enfin débarrassée de ses anciens démons, guérie, prête pour qu'ils construisent ensemble une vie commune.

Elle arpentait les couloirs du métro avec légèreté, mille projets en tête. Jacques était toujours dans sa tête. Partout. Il était une partie d'elle-même. Il lui semblait sortir d'un mauvais rêve.

Elle arriva en taxi à la villa qui était déserte. Elle revit les lieux avec joie, comme on retrouve le nid de son enfance et de sa jeunesse. Elle entra dans le bureau de son père, s'assit sur son fauteuil et put regarder chaque objet en place sans avoir cette perpétuelle envie de pleurer qui l'avait anéantie depuis l'incendie. Elle ne souffrait plus. Mais elle savait qu'elle devait taire son secret à jamais et à tous.

Elle monta chez sa grand-mère pour l'avertir de son retour.

— Te voilà, ma petite ! s'exclama Honorée en la voyant entrer.

Elle était sur le balcon à s'occuper de ses fleurs. Elle ne lui posa aucune question. Esther vint s'asseoir dans le fauteuil en paille où elle prenait le soleil en fin d'après-midi. Elle inclina son visage pour s'y chauffer.

— Tu vois, ma petite, j'ai toujours eu besoin de ce contact avec la terre, dit Honorée en retournant un bulbe et en l'enfonçant dans un pot.

— Tu es une vraie paysanne…

— Oui, je crois vraiment.

— Tu aurais préféré rester en Auvergne, n'est-ce pas?

— Oui, ma petite. Les grands espaces me manquent. La vie du village aussi. Je me suis toujours sentie seule à Paris.

— Pourquoi as-tu accepté de rejoindre papa, alors?

— Pour ne pas être séparée de mes petits-enfants. J'aurais trop langui… je crois. Et je ne regrette rien.

Esther soupira d'aise, releva un peu les manches de sa chemise pour recevoir la caresse du soleil.

— Tu sais où j'étais partie, finit-elle par demander à sa grand-mère.

— Je pense que oui.

— Sur les pas de mon passé…

Honorée la regarda avec une infinie tendresse, en lui prenant la main:

— Tu es ma seule et unique petite-fille.

Esther fut touchée. Il était très rare que sa grand-mère ait des gestes et des marques d'affection à cause de la rusticité de sa propre enfance.

Honorée se laissa tomber sur le fauteuil qui jouxtait celui de sa petite-fille. Elle avait encore de la terre sur les mains.

— Si tu savais, ma petite, si tu savais…, murmura-t-elle comme pour elle-même.

— Quoi?

— Comme je m'en veux…
— De quoi?
— De tout, dit sa grand-mère en se relevant, haletante. De tout… de ne pas avoir eu le courage de mettre les miliciens dehors, le jour de la rafle, de leur reprendre cette petite fille qu'on venait de nous confier, quitte à me faire tuer, quitte à me faire battre, humilier… Je suis indigne.
— Tu ne pouvais rien.
— Je n'ai pas passé un jour de ma vie sans me demander où était cette pauvre enfant qu'on avait laissée partir avec les raflés, cette petite innocente… Et le pire…
— Oui?
— C'est que cette enfant à laquelle je pensais chaque jour est revenue… Je l'ai reconnue tout de suite, tu le sais, je te l'avais dit… Cette Gladys qui était Anaëlle. Je l'ai senti immédiatement.
— Oui. Tu me l'avais dit.
— Eh bien, je n'ai pas eu le courage de lui ouvrir ma porte. Elle m'a fait tellement peur…
— Peur?
— Elle m'inquiétait. Elle fouinait, elle tournait, elle observait tout. Tu comprends, j'imaginais qu'elle nous voulait du mal. Alors que j'aurais dû lui ouvrir ma porte et m'excuser de tout ce que nous lui avions fait.
— Anaëlle doit surtout en vouloir à Elzear.
— Elle a tort. Nous sommes tous responsables. Bertrand, Maud, Elzear et moi. Nous aurions pu intervenir. Je ne me pardonnerai jamais, ni même je ne pardonnerai à mon défunt fils.

Honorée se signa. Elle se releva et repartit vers ses bacs à fleurs.

— C'est pour ça que tu en voulais à papa, hein ? Cette défiance qu'il y avait entre vous, non ?

— Oui. Je n'ai jamais accepté ce mensonge éhonté. L'amitié entre ton père et Elzear avait quelque chose d'excessif. Elzear avait un ascendant énorme sur Bertrand et… inversement. Ils sont allés trop loin tous les deux.

— Ils se devaient beaucoup.

— Cela ne suffit pas.

— Qu'est-ce qui te gêne vraiment ? L'immoralité de leur acte ?

— Oui.

— Elzear a eu une réaction de père en laissant son enfant.

— C'est pourquoi j'en veux à Bertrand. C'est lui qui aurait dû refuser de te garder.

Esther se tut.

— Je crois qu'il t'aimait déjà passionnément, lâcha Honorée.

— Que veux-tu dire ?

— Tu n'avais que trois ans mais tu voyais souvent Bertrand et vous vous aimiez beaucoup. Il partageait de nombreux repas avec Elzear, à son appartement. Tu étais toujours dans leurs pattes et il s'était attaché à toi. Il aimait te prendre sur ses genoux, il te regardait jouer avec une infinie tendresse. Je m'étais rendu compte de son regard sur toi. Il y avait tellement de choses dedans, déjà. Tu ne faisais rien pour gagner son affection. Rien. Lui non plus, mais ce fut comme si vous vous attiriez l'un l'autre. Un soir, Elzear ne te trouvait plus. Tu étais partie de la boutique alors que tu marchais à peine. Affolé de ton absence, Elzear s'était rué dans votre appartement. Tu n'y étais pas. Inquiet, il s'était précipité chez Bertrand pour demander son aide et là, il t'avait vue, endormie sur le palier devant chez nous. Il avait frappé à la porte et nous étions sortis, Bertrand, tes frères et moi. Nous avions tous beaucoup ri de te voir ainsi recroquevillée devant chez Bertrand, les yeux encore pleins de sommeil. Ce soir-là, Elzear a fait jurer à Bertrand de prendre soin de toi s'il lui arrivait quelque chose. Comme s'il avait eu une prémonition. Je ne pensais pas que cette promesse faite entre deux portes prendrait une telle importance et surtout aurait les conséquences qu'elle a eues.

— Je m'étais endormie devant chez vous ?

— Comme je te le dis. Tu savais à peine monter les marches. Par la suite, tu es venue dormir chez nous, assez souvent. Elzear avait même acheté un autre lit à barreaux pour le laisser chez nous. Tu comprends, Judith et Elzear aimaient sortir un soir ou deux par semaine. Beaucoup de salles d'opéra ou de théâtre leur étaient fermées à cause de leur étoile jaune, mais Elzear trouvait des endroits discrets pour entendre de la musique. Il aimait beaucoup cela.

— Il était violoniste.

— Oui, dans sa jeunesse et avant de reprendre la boutique. Il m'avait expliqué cela et ce besoin d'entendre des récitals, des concerts, des opéras. Alors, malgré l'étoile, il dénichait des églises, des petites salles de répétition, n'importe quel endroit dans Paris pour avoir sa musique : des parcs, des jardins, des couloirs de métro. Judith le suivait volontiers. Elle savait que cela le rendait heureux. Alors tous les deux te confiaient à Bertrand pour qu'il te garde à dormir, dans le petit lit de sa chambre. Cela leur simplifiait la vie. Au tout début, quand tu étais encore tout bébé, ils avaient demandé à Maud de venir te garder chez eux. Tu avais fait des crises épouvantables. Tu pleurais sans cesse. Elzear avait tenté de te confier à d'autres jeunes femmes, des vendeuses de la boutique mais c'était chaque fois la même comédie dès que tes parents quittaient l'appartement. Ils renonçaient au bas de l'immeuble à t'entendre hurler de la sorte…

— Ah bon ?

— Un soir, alors qu'une autre jeune fille essuyait une nouvelle crise de larmes, Bertrand est descendu te chercher. Dès qu'il t'a prise dans ses bras, tu t'es arrêtée de pleurer. Il est resté tout le soir à l'appartement et tu t'es endormie contre lui, sans un cri ni une larme. Sa présence te rassurait. Il y avait quelque chose comme ça, d'inexplicable. La semaine d'après, ce fut presque sans poser la question qu'Elzear t'emmena chez nous pour pouvoir sortir serein. Et tu es restée sans un pleur. On t'a couchée dans le petit lit et tu as dormi… Par la suite, une fois ou deux par semaine, tu venais dormir à l'appartement et tes parents pouvaient sortir se détendre et écouter de la musique. Ces soirs-là, quand tu étais chez nous, Bertrand était différent… Il lâchait ses papiers, son bureau, ses soucis et il jouait avec toi et tes frères. Tu étais pourtant si petite… si petite… Mais il y avait déjà cet attachement immense et inexpliqué entre toi et Bertrand, je n'ai jamais compris pourquoi. À peine passé la porte de chez nous que tu étais bienheureuse, et lui aussi… C'était étrange, très étrange. Cette attirance entre vous deux… Un jour où nous étions au parc de la Croix-Blanche avec tes frères qui faisaient du toboggan et que je surveillais d'un œil en discutant avec d'autres dames, Elzear nous a rejoints avec toi. Tu étais assise dans ton petit landau. Tu avais des grands yeux curieux qui observaient les autres petits avec un peu de recul, inquiétée par leurs jeux bruyants. Tu esquissais une risette quand Thierry et Jean-Paul venaient te chatouiller. Tu connaissais leurs visages. Et Elzear te contemplait, ému. Il t'asseyait un peu sur la balançoire, te faisait faire quelques pas en accrochant tes mains. Il était touchant. C'était rare de voir un homme s'occuper de sa petite et venir aux jeux d'enfants. Mais lui, il prenait un peu de son temps avec toi, pour soulager Judith.

— C'est sûr que ça ne devait pas être commun à cette époque…

— Ce jour-là, Bertrand, en rentrant rue des Charmilles, longeait le parc. Il revenait d'une négociation sur des toiles et des tissus dans le 13e. On était début 42 et c'était lui qui menait presque toutes les transactions, c'était plus sûr. Elzear était sur le point de lui céder la boutique et l'affaire avant la spoliation organisée. Bertrand nous a vus dans le parc et il est venu embrasser tes frères. Il a longtemps discuté affaires avec Elzear puis il est parti en premier pour aller fermer la boutique. Tu t'es mise à hurler. Elzear en fut déconcerté. Il t'a prise dans ses bras et il a fait les cent pas pour te calmer. Il était désarmé face à tes crises de larmes. Bertrand est revenu, inquiété par tes cris. Tu as tendu tes petits bras vers lui et il t'a portée jusqu'à l'immeuble. Tu as posé ta tête contre son épaule et tu as même dormi un peu. Tu vois, en te laissant à lui, Elzear a aussi répondu à ce besoin que tu avais de lui. Il t'apportait la sécurité, cet homme, va-t'en savoir pourquoi. Je me souviens d'un chien que nous avions gardé des années et des années à la ferme avec ton grand père. Il était futé, bon gardien de troupeau, affectueux. Il était né d'une de nos vieilles chiennes border collie qui l'avait rejeté à sa naissance et il avait trouvé refuge sous le ventre d'une autre chienne, comme ça…

— Merci pour la comparaison, glissa Esther.

— Nous avons beaucoup à apprendre des animaux, ma petite. Sache qu'ils se comportent bien mieux que les humains entre eux. Quand ils se battent, c'est toujours pour leur survie. Que pour ça. Eh bien ! ce petit chien, pourquoi sa mère ne lui convenait pas ? Pourquoi il est allé chercher et donner l'amour ailleurs ? Je l'ignore, mais tu as fait pareil avec Bertrand, je peux te l'assurer.

— Je te crois…

— Je me souviens aussi des soirées où Elzear venait à l'appartement pour écouter la T.S.F. Pour entendre les nouvelles, il préférait s'éloigner de Judith qui était trop inquiète déjà. Alors il montait chez nous avec toi et il s'asseyait sur le canapé. Il buvait un whisky avec Bertrand et ils discutaient tous les deux, des heures entières. Comme ils le faisaient souvent. Toi, tu finissais par t'endormir, toujours blottie contre Bertrand, alors que ton papa était à côté. Il n'en prenait pas ombrage. Je crois que ton attachement pour Bertrand le soulageait. La charge de père était dure dans ce contexte de guerre. Il était juif et il avait peur. Très tôt, il a su qu'il pourrait compter sur Bertrand. Pour toi.

Esther demeurait muette, cherchant en vain des souvenirs de cette période si lointaine. Elle fixait le jardin de la villa, sans rien y regarder vraiment. C'était son âme qu'elle scrutait, qu'elle sondait. En vain.

— Je crois malgré tout avoir une explication…, reprit Honorée… sur ton attachement à Bertrand alors que tu étais si petite.

— Laquelle ?

— Tu comprenais beaucoup de choses, déjà bébé. Tu étais comme une éponge. Il y avait chez ta maman, Judith, une inquiétude permanente, à cause de la guerre et de son statut de Juive. Elle n'était jamais apaisée ni calme. Tu le sentais, j'en suis persuadée. Elle se disputait avec Elzear car elle souhaitait quitter Paris. Lui, il refusait obstinément. Tu ne baignais pas dans un climat familial rassurant et je crois que c'est pour ça que tu étais mieux chez nous. Bertrand, lui, il n'avait pas peur. Il cachait ses émotions derrière son physique puissant. Tu as trouvé en lui l'assurance qui manquait chez tes parents.

— Peut-être, dit Esther en réfléchissant.

Elle avait beau tenter de se rappeler cette période, elle n'y parvenait pas.

Soudain, elle fut envahie d'une peur panique : elle se souvint de la crise d'angoisse et d'hallucination faite rue des Charmilles avant son départ pour l'Amérique. Cette impression affreuse que les murs voulaient lui parler. Elle devait y retourner.

XI

Esther gara sa voiture tout au bout de la rue des Charmilles, non loin du petit parc pour enfants de la Croix-Blanche. Elle était nouée par l'angoisse de faire une nouvelle crise, de se sentir mal dans ces lieux de son enfance. Elle mit du temps à descendre de voiture et à lever les yeux sur la rue. Quand elle la regarda vraiment en face, et en détail, elle la trouva charmante, telle qu'elle l'avait connue depuis toujours, sans visions sordides ni hallucinations. Elle était guérie.

Elle fut submergée d'émotions, de nostalgie. Elle mesura combien son enfance et ses jeunes années avaient été heureuses ici. Pourtant, elle n'était pas mélancolique. Elle n'était plus malheureuse ni assaillie d'images sinistres. Elle voyait simplement la rue de son enfance, au plus beau moment de l'année, à savoir lorsque les charmes sont bien verts. Leurs haies débordaient sur les trottoirs, sur les terrasses, la rue, les balcons. Les couleurs et les odeurs envahissaient les sens. Les façades, sans unité, paraissaient s'accorder. Tout paraissait intime et coquet. Esther marcha sur les trottoirs proprets. Elle se réappropriait son passé, tentant de le concilier avec le lourd secret sur son identité. Elle longea les bâtiments des brasseries, les riches villas Saumur, les petits immeubles, les maisonnettes sur jardin. Elle se souvenait de certains visages des enfants de cette rue, de leurs parents, de tous ces êtres qui avaient croisé son enfance, sa jeunesse.

Elle se remémorait ces après-midi au parc, sous l'œil d'Honorée qui la surveillait dans le bac à sable. Elle passa devant la porte cochère de son école, surplombée par la devise républicaine. C'était un établissement d'avant-guerre. Esther s'arrêta un moment devant la cour de récréation, elle aussi ombragée de charmilles. Elle contempla le grand chêne au milieu de la cour et elle eut un frisson de plaisir. Elle revit Bertrand qui l'attendait à la sortie, appuyé à l'arbre, une jambe repliée sur l'autre.

Dès qu'elle quittait sa classe, c'était sous ce grand chêne qu'elle regardait en premier. Quand elle y voyait son père, elle ressentait une bouffée de joie. Si c'était Honorée qui l'attendait, près de la porte cochère, avec les mamans, elle était toujours déçue.

Esther poursuivit son chemin jusque devant la boutique. Elle eut là un autre souvenir poignant. Il ne restait pas grand-chose du magasin initial qui avait été refait à neuf après guerre, si ce n'était le vieux comptoir en bois sombre que Bertrand avait tenu à conserver, à la même place. C'était un meuble massif, présentant une face lisse aux clients qui entraient. Mais, de l'autre côté, il y avait un intérieur plein de tiroirs qui faisait office de bureau. C'était là que Bertrand s'asseyait pour recevoir les clients, les fournisseurs et faire ses comptes. Esther restait à ses côtés après l'école. Elle prenait un tabouret et se glissait près de lui. Elle attendait qu'il ait fini pour monter manger à l'appartement. Honorée rouspétait chaque fois de devoir la servir aussi tardivement alors que ses deux frères étaient déjà dans leur chambre prêts à dormir. Esther privilégiait ces moments de solitude avec Bertrand. Ils ne se disaient rien. Mais ils étaient bien. Là. Tous les deux.

Elle dépassa la devanture de la boutique et s'approcha de la porte d'entrée de l'immeuble qui permettait de monter aux appartements. Elle s'immobilisa, regarda le trottoir, la vieille porte, le corridor, au-delà, les murs, le ciel, les fenêtres et, plus loin, les charmilles qui longeaient une petite allée ombragée conduisant au parc. Elle ne fut pas troublée ni déstabilisée. Elle n'eut pas de visions d'horreurs comme lors de sa précédente venue. Elle avait apprivoisé et accepté son passé. Elle s'engouffra dans l'immeuble, gravit l'escalier et parvint sur le seuil de l'ancien appartement d'Elzear. Elle posa sa main sur la poignée, la caressa, toucha le bois, le mur.

— Tu ne me fais plus peur, murmura-t-elle à cet endroit. Je n'ai plus rien à apprendre de tes murs…

Elle monta sur le palier du troisième et regarda longuement la porte de l'ancien appartement familial. Elle se plaça sur le recoin où on l'avait trouvée endormie, un soir, alors qu'elle marchait à peine. Elle s'y laissa glisser, s'y blottit, se recroquevilla, posa sa tête sur ses genoux repliés et ferma les yeux. Elle chercha à dormir. Mais elle ne dormit pas.

Elle pleura.

Elle pleura de toutes ces choses qu'elle venait de découvrir. Elle pleura sur cette petite fille instable et inquiète qu'elle était. Elle pleura sur tous ces mots qu'on ne lui avait pas dits… Elle demeura ainsi, longtemps. Puis elle fouilla sa mémoire profonde, se concentrant. Elle tenta d'y retrouver le souvenir de cette nuit où elle était venue trouver le sommeil et la sécurité sur ce palier. Elle ne parvint pas à en avoir la moindre réminiscence mais, à force de se torturer, elle se sentit redevenir la petite fille de la rue des Charmilles, avec ses failles, ses angoisses, ses peurs. Elle ressentit le même manque et le même besoin de Bertrand que ce soir-là. Elle songea aux mots d'Honorée: «J'ignore pourquoi certains êtres se reconnaissent sans se connaître, se nouent sans pouvoir jamais se dénouer, s'imbriquent au point de ne plus pouvoir vivre l'un sans l'autre. Ce fut ton cas, avec Bertrand, et *vice versa*.»

Esther se releva. Elle savait qu'elle devait compter sans Bertrand désormais. La page était tournée.

XII

Esther avait réservé une place à l'Opéra pour la représentation des *Noces de Figaro*. Elle se sentait un peu maladroite dans le grand hall d'entrée en attendant son tour au guichet, mais elle avait tenu à venir seule. Elle rejoignit sa place dans un des balcons et s'y installa, nouée d'appréhension. Elle craignait ce qui allait se passer après le spectacle. Mais elle avait pris son courage à deux mains pour venir dès qu'elle avait su que la troupe d'Anaëlle donnait une semaine de représentations à Paris.

Elle tenta de respirer calmement et de se ressaisir pendant l'opéra. Mais à aucun moment elle n'y parvint. Nouée, elle ne prit pas conscience du talent des chanteurs ni de la beauté de la représentation. Les voix l'agaçaient même un peu et elle ne fut pas fâchée à la fin du dernier acte. Elle se laissa porter par la foule jusqu'au rez-de-chaussée et se dirigea vers les loges. Elle chercha un moment le nom d'Anaëlle sur les portes et finit par tomber dessus : *Anaëlle Bensoussan*. Elle se figea devant ces lettres, faillit s'en retourner mais se contrôla.

Elle frappa à la porte.

— Entrez, lui répondit une voix qu'elle ne reconnut pas.

Elle poussa la porte et fit un pas à l'intérieur. Le plafond semblait bas, les tapisseries étaient rouges, percées d'immenses miroirs devant lesquels étaient posés des fauteuils, du matériel de coiffure et du maquillage. Sur l'un d'eux, il y avait une dame d'un certain âge, qui fit pivoter son assise pour être face à Esther. Elle posa ses yeux sur son visage. Sans un mot. Elle avait un regard très clair sans être agressif. Il était au contraire chargé de bonté, d'une sorte de bienveillance qui transperçait immédiatement. Sa bouche fine avait une esquisse de sourire qui ne la quittait pas. Ses cheveux étaient blancs, relevés en un chignon strict au-dessus de sa tête, ce qui prolongeait son buste paraissant déjà immensément long. Sa peau, très pâle, était striée de petites rides qui ajoutaient la maturité et une forme de sagesse à son expression.

— Mademoiselle ? Que désirez-vous ? demanda-t-elle avec un fort accent allemand.

Elle se leva pour venir serrer la main d'Esther. Elle était grande quoiqu'un peu voûtée par les années. Sa robe noire, longue et étincelante, était d'une rare élégance. On voyait encore la finesse de la silhouette malgré les légers bourrelets qui arrondissaient le ventre et les hanches, sans les alourdir. Cette femme avait une espèce d'aura, un charisme, une sympathie qui l'auréolaient, sans avoir à prononcer un mot. Esther fut intimidée, elle articula :

— Bonjour, madame. Je voudrais parler à Anaëlle.

— Oh, je vois. Anaëlle est en interview dans la salle d'audition. Elle va venir sans tarder. Vous êtes sans doute une amie ?

— Non.

— Une admiratrice ?

— Non.

— Une journaliste, sûrement ?

— Non.

— Mais alors qui êtes-vous mademoiselle ?

— On va dire que je suis… comme sa sœur.

La vieille dame la considéra avec attention et se rassit dans le fauteuil en désignant l'autre à Esther. Elle garda le silence de longues minutes. Elle avait une expression nouvelle sur le visage, une sorte de curiosité mêlée à de l'émotion. Esther crut voir ses yeux se mouiller.

— Vous lui ressemblez tellement, finit par lâcher la vieille dame en fixant Esther avec une infinie tendresse.

Elle se releva, saisit un boa qui traînait sur un paravent et gagna la porte en ajoutant :

— À Elzear, bien sûr.

Et elle sortit sans un mot de plus en laissant Esther perplexe. Anaëlle entra tout de suite après. En découvrant Esther dans sa loge, elle prononça :

— Je savais que vous viendriez.

— J'ai tant de choses à vous dire, souffla Esther complètement retournée.

— Vous avez assisté à l'opéra.

— Oui. J'ai été touchée par votre talent. Je me dis que, finalement, vous avez réussi à trouver votre voie. Façon de parler.

Elles rirent un peu.

— Je voulais surtout vous rendre le journal d'Elzear, reprit Esther en posant sa main sur son sac à main où elle l'avait glissé.

— Je ne le veux pas.

— Moi non plus.

Elles s'observèrent à la dérobée, sans mauvais sentiments. Ce fut la première fois qu'elles sentirent un lien entre elles.

— Il m'a fait beaucoup de mal ce fichu journal, avoua Esther.

— Il fallait que vous sachiez.

— Et vous, comment avez-vous su ?

— J'ai compris toute la vérité très tard. Peut-être trop tard, ou trop tôt. Je ne sais pas. Il y a deux ans. J'ai trouvé le journal, un soir, dans la chambre d'Elzear. Il était sur sa commode. J'ignore si c'était volontaire de sa part de l'avoir laissé traîner ou non. Je sais qu'il s'était promis de nous le faire connaître, à vous comme à moi. Je l'ai lu d'une traite. Une nuit entière. Je suis ressortie brisée de cette lecture. J'étais retournée, anéantie, incapable de pouvoir adresser la parole à Elzear sans hurler… J'allais sur mes vingt et un ans et je devais faire une tournée en France avec l'Orchestre bleu. Elzear était heureux pour moi. Il m'avait rêvée cantatrice. Je l'étais devenue. Mais il m'avait aussi rêvée heureuse et je ne parvenais pas à l'être. Il le voyait. Il en souffrait.

— On comprend à la lecture du journal combien il voulait se racheter vis-à-vis de vous…

— Quand nous sommes arrivés en Israël, j'avais six ans. Il m'a offert tout ce dont rêvait un enfant. Nous avions une belle maison, un jardin, des jeux à profusion, une professeure de musique, des enseignantes. Tout. Mais je n'ai jamais eu l'innocence qui permet de jouer sans soucis, sans souvenirs, sans peur. Je n'ai jamais eu de nuits complètes et pleines, de celles qu'ont les enfants après une belle journée de promenade ou de jeux. Je n'ai jamais réussi à construire une vraie relation amicale ni amoureuse. J'étais mal. Quelque chose était brisé en moi. Et l'est toujours.

— Je comprends...

— Elzear le comprenait mieux que quiconque et imaginait sa culpabilité... Il se sentait responsable. Bien entendu.

— Moi aussi, je me sens coupable vis-à-vis de vous.

— Je ne vous en veux plus. Croyez-moi. Quand je suis venue chez vous, je vous ai été hostile ainsi qu'à toute votre famille parce que je découvrais une vérité qui m'accablait, qui me remuait. J'en voulais à la Terre entière. J'ai été jalouse de vous, Esther, j'ai eu de la rancœur à votre égard. Mais... vous êtes une victime vous aussi, une victime de cette guerre, de l'antisémitisme, du sort... Ma vie était déjà pourrie avant qu'Elzear m'emmène à votre place en camp. Je n'avais plus de parents. Une mère pute. Un père boche...

— Vous avez des renseignements sur eux?

— Après être venue mener mon enquête chez vous, j'ai voulu retrouver les traces de mon père génétique. Je suis partie en R.F.A. Je voulais approcher ma famille paternelle, la connaître. Je me suis rendue dans la ville d'origine de mon père allemand, Hambourg. J'ai fait des recherches. Avant la guerre, il vivait en appartement avec ses parents, tous les deux employés dans une usine d'armement. Il a été appelé sur le front polonais dès septembre 1939. Il appartenait aux jeunesses hitlériennes. Il a été blessé lors des premiers combats et il est resté un an en hôpital militaire. On l'a ensuite affecté en zone d'occupation française. Il était chargé de la garde de la Kommandantur à Paris. Il a rencontré ma mère dans un cabaret. Il a dû tomber amoureux. Il a quitté son poste une ou deux fois de trop. Les chefs nazis n'acceptaient aucun relâchement. Il a été muté sur le front russe où il est mort pendant le siège de Stalingrad. J'ai vérifié. Quant à ses parents, tous les deux ont été tués lors du bombardement de Hambourg par les Américains. Leur immeuble s'est effondré. Je n'ai pas trouvé trace d'autres apparentés. C'est mieux ainsi.

— Alors vous êtes rentrée en France.

— Non. Je suis demeurée encore un peu en Allemagne. Je voulais revoir Frida.

— Frida…

— C'est elle, la vieille dame dans ma loge.

— Mon Dieu ! Elle semble si… inoffensive… pour une ancienne nazie…

— Ne vous trompez pas sur elle. C'est la seule personne qui m'ait réellement aidée. Tous les ans, à Noël, je recevais une carte postale d'elle et de ses enfants. Immanquablement. Elle écrivait à Elzear aussi. De longues lettres. Elle lui envoyait des cassettes et des enregistrements de ses récitals. Il les écoutait, toujours le soir, seul, dans le salon et il pleurait.

— Il pleurait ?

— Je n'ai jamais compris ce qu'ils ressentaient l'un pour l'autre. Pas de l'amour. C'est sûr. Mais une sorte d'attachement fait d'admiration et de complicité mutuelles. Oui… C'est cela. Cette femme le touchait et inversement. Pourtant, ils ne se sont jamais revus après la guerre. Comme s'ils le redoutaient, l'un et l'autre… Jusqu'à un soir à Madrid…

— Ils se sont retrouvés ?

— Ils auraient pu… Je devais avoir douze ou treize ans. Nous étions en voyage, avec Elzear. Nous partions souvent en Europe. J'avais déjà séjourné à Rome, à Athènes ou à Amsterdam. Lors de ces voyages, Elzear me conduisait toujours à l'opéra ou au théâtre. Il aimait ça et il voulait parfaire mon goût pour la scène, ma connaissance des arts. De fait, je partageais sa curiosité et son ouverture culturelle. Il y a des choses que je lui dois, tout de même… J'essaye de ne pas trop être ingrate. Aujourd'hui encore, grâce à lui, je me sens un peu de tous les pays, du monde entier, de tous les peuples. Mon passé en camp avec tous ces déportés d'origines variées m'aura aussi sans doute construite dans la passion des autres langues, des autres visages, des autres civilisations. Et puis la musique est un vecteur commun à l'humanité. Quand on l'aime, on partage ce plaisir au-delà des différences, dans une salle. Tout est dans la lueur des yeux ou la lumière des visages, on vit un instant avec le même frisson de bonheur. Il n'y a que deux pays où Elzear refusait de retourner. L'Allemagne et la Pologne, bien entendu. Sans que nous en parlions jamais ouvertement, je comprenais et je partageais ce rejet. Cette impossibilité émotionnelle à revoir des lieux où l'on a tant souffert.

— Je peux comprendre, oui…

— Nous étions donc à Madrid ce soir-là. Un soir de mai. Je me souviens nettement de la chaleur qui nous avait surpris en cette fin de printemps. L'été s'abattait déjà sur la ville, avec un vent violent mais chaud. Nous sommes allés à l'opéra. Nous nous sommes installés au balcon. C'était toujours là qu'Elzear réservait nos places. Il aimait entendre monter les sons, les dominer, les saisir au vol en quelque sorte. L'atmosphère était pesante, il faisait aussi chaud qu'à l'extérieur. Les dames agitaient nerveusement leur éventail sous le visage. On entendait des cliquetis qui m'agaçaient. Je ne supporte aucun bruit qui brouille la musique, les voix. Elzear s'épongeait le front avec son mouchoir, en souriant de temps en temps. Il avait ce visage d'avant la musique : radieux, impatient. L'expression de ceux qui savent qu'ils vont passer un moment de bonheur, de plaisir, ailleurs. Il me prenait tendrement la main et me souriait avec affection. J'aimais bien ces moments de complicité avec lui. Pourtant, il y avait toujours un peu de retenue dans la démonstration de nos sentiments, chez l'un comme chez l'autre. Je percevais, ou plutôt je pressentais la faille. Notre vérité. Je comprends mieux cette retenue aujourd'hui que je sais tout. Finalement, le cœur se souvient de ce que la mémoire occulte. Mon cœur savait qu'il n'était pas mon père et je crois qu'il savait aussi qu'il m'avait injustement entraînée dans son tragique destin. Son cœur à lui ne le lui rappelait que trop. Il en débordait. Combien de fois ai-je surpris Elzear à dévisager une fillette de mon âge, en pleine rue, à la terrasse d'un café ou devant un magasin. Comme ça. Il la fixait. Il pensait à sa fille, j'en suis certaine maintenant. Il s'interrogeait. Il languissait. À quoi ressemblait-elle en ce jour ? Était-elle heureuse ? Il était certainement miné par ces questions que je ne devinais pas à cette époque. J'avais du mal à interpréter ces longs silences, ce regard qui se figeait sur un visage inconnu, qui fixait aussi parfois le vide, de longs moments, en quête, sans rien regarder vraiment, en proie à des questions vertigineuses et certainement à des remords violents. Je le sentais déchiré, sans savoir exactement pourquoi. Pourtant, ce soir-là, à Madrid… j'ai pressenti son secret, le mien, le nôtre. Notre tragédie. Toute cette vérité que je pressentais sans la maîtriser vraiment, sans oser l'imaginer, sûrement. Au deuxième acte, une cantatrice blonde est entrée sur scène. Immédiatement, son visage m'a interpellée. Elzear s'est figé. Cette grande femme blonde, aux cheveux qui blanchissaient, a commencé à chanter. Le son de sa voix m'a giflé. Des images m'ont inondée. Celle de ma captivité à Auschwitz. Elzear s'est levé, haletant. Il a hésité à sortir, a reçu des mots de mécontentement de la part des autres spectateurs qu'il troublait, il s'est assis. Pâle. En sueur.

— C'était Frida sur scène ?

— Oui. Nous l'avions reconnue tous les deux, glacés d'effroi, de stupeur et de surprise. Avec elle revenait Auschwitz. Avec elle revenait toute cette mémoire que nous aurions voulu nous arracher. Avec elle revenaient ces sentiments destructeurs d'injustice, de culpabilité à survivre aussi. Cette survie que nous lui devions. Jamais nous ne l'avions revue. Elle écrivait, c'était tout. Et, ce soir-là, j'avais là sous les yeux celle qui m'avait sortie de l'enfer et celle qui m'avait appris à chanter. Celle qui m'avait permis d'être ce que je suis devenue, aujourd'hui. Celle qui m'avait guidée, finalement.

— À Pithiviers, une autre femme vous a aidée quand vous étiez internée. Clara Dentern.

— Oui. J'ai tenté de la retrouver mais elle est morte à Auschwitz. Je n'en ai aucun souvenir. C'est trop lointain, sûrement. Je n'ai pas de souvenir de Pithiviers. Sans doute que mon esprit se protège. Par crainte d'un débordement, d'un déferlement trop douloureux qui viendrait s'ajouter au reste. Je n'ai que des images fugaces, de lointaines réminiscences, et elles concernent Auschwitz. C'est vague. Pourtant, j'avais quatre ans. J'ignore pourquoi la petite enfance a si peu de mémoire. Je crois qu'elle est de toute façon imprimée dans notre subconscient. J'en paye le prix tous les jours. Jamais le bonheur ne me sera accessible. J'y suis résignée. Je tente de vivre malgré tout.

— Mais rien ne vous revient sur Auschwitz ?

— Mes premiers souvenirs sont liés à la musique… et au chant. Oui, c'est ça. Les voilà, mes premiers souvenirs : je suis blottie sous la fenêtre de la villa de Frida et je l'écoute chanter, accompagnée par Elzear. Il était le seul adulte fiable à mes yeux, le seul adulte que j'avais réussi à aimer et à croire. J'avais peur de tous les autres… de ça je me souviens aussi. De la terreur des uniformes… Elzear, il était présent auprès de moi et c'était le seul qui me rassurait. Avec calme. Les enfants sont plus perspicaces que les adultes, finalement. Je savais que c'était un homme de valeur et de bien. Il avait les yeux couleur argent, ces yeux chargés de bonté. Il était doux, aussi. Je me rappelle que, lorsque nous avons déménagé dans le camp pour vivre parmi les nazis, j'avais des cauchemars insupportables, chaque nuit. Elzear venait se coucher près de moi pour me rassurer. Au début, il fut d'abord ça pour moi : une présence contre la solitude et l'angoisse. La confiance est venue très vite. À cause de sa façon d'être là. De fait, nous sommes entrés dans une relation forte. J'avais besoin de la sentir, de le voir. Partout. Alors je m'échappais pour être près de lui, à son insu parfois. Je l'attendais. En tremblant. Ainsi, je l'entendais jouer et j'entendais la voix de Frida. Elle m'apparaissait comme quelque chose de merveilleux.

Frida et Elzear étaient les seuls adultes que j'ai vus se respecter et s'émouvoir, en camp. Le reste n'était que bestialité.

— Oui.

— Frida était belle. Elle était douce, dans ce monde infernal. C'est pour cette raison que j'ai voulu chanter, avant même de savoir parler... Pour faire comme elle. Pour entrer dans son monde à elle. Pour lui ressembler. Je voulais faire partie du cercle qu'elle refermait avec Elzear, je voulais partager leur émotion, vous voyez ? Ils passaient des heures et des heures dans la musique, elle à faire des vocalises, des bouts d'essais, des bouts d'opéra. Lui, il la suivait, il se perdait avec elle dans la beauté, sans personne d'autre. Ils s'extirpaient de l'enfer, ils s'envolaient. Alors j'ai voulu partir avec eux. La musique est entrée en moi, à force de la côtoyer. Et elle m'a emmenée avec ces deux êtres artistiquement doués, ces deux êtres qui se ressemblaient. Par leur sensibilité exacerbée. Par cette musique qui les liait. Au début, j'ai commencé à les écouter. Passionnément. C'était ma façon de trouver un peu de bonheur alors que les autres gamins du camp S.S. faisaient des rondes et jouaient entre eux en riant aux éclats. J'ai commencé à fredonner, à chanter, à les imiter... sans même m'en rendre compte. Pour faire comme eux. Quand Frida a commencé à découvrir ma voix et mes dispositions à chanter, elle m'a prêté attention. J'ai tout fait pour lui plaire, pour la satisfaire, pour garder ses yeux sur moi et pour rester avec elle. Cette femme allemande qui chantait comme un ange dans ce monde de brutes, je l'ai prise en affection, je l'admirais. Elle m'impressionnait. Et je crois avoir cherché en elle la reconnaissance d'une mère, la fierté aussi. Tout ce qu'une mère ne me donnerait pas. J'ai progressé très vite dès qu'elle a commencé à me donner des cours. Je ne parlais pas, sauf à Elzear. Mais je comprenais les adultes. Alors que les mots ne me venaient pas, le chant m'envahissait de plaisir et j'aimais chanter. J'avais soif de ce que Frida m'apprenait et je m'en nourrissais. Depuis, j'ai toujours eu besoin de chanter. C'est ma façon de crier, sans doute. De me défendre des agressions… de vivre… Alors, quand j'ai reconnu Frida dans ce théâtre de Madrid, tout m'est revenu en tête, avec tellement de violence.

— Mais que s'est-il passé après votre sortie de camp ?

— Oui, j'y viens. Pardonnez-moi tous ces détours incessants. C'est curieux, à vous j'ai envie de tout dire. Toutes ces choses qui ne sont jamais sorties de moi.

— Je vais peut-être vous aider… à guérir.

— Un matin, Elzear m'a emmenée à la villa. Frida m'attendait sur le seuil. Son mari était déjà installé à l'avant d'une automobile que conduisait un S.S. J'ai fait un pas en arrière. Pourtant, Elzear m'avait rassurée, il m'avait juré de venir me chercher et je le croyais. Je l'ai toujours cru. Mais je ne supportais pas l'idée de le laisser seul, dans ce camp. Ce matin-là, il avait le regard terriblement triste. Frida m'a tendu la main pour que je la suive à la voiture. Son mari s'impatientait mais il n'a pas daigné nous jeter un regard. Il me haïssait. De cela, j'étais certaine. Je me suis agrippée à Elzear, longtemps, incapable de desserrer mon étreinte. Je m'accrochais éperdument à ses jambes, les encerclant avec tout ce que j'avais de force. On ne peut pas lâcher la bouée qui vous sauve de la noyade. Lui aussi me serrait très fort. Je crois qu'il a dû pleurer. Mais il a fini par me porter à la voiture et il a été rude pour que je le lâche. Il m'a assise de force à l'arrière, près de Frida. Je me souviens que c'est ça qui m'a fait le plus pleurer. D'avoir pu penser qu'il m'abandonnait, lui aussi. Qu'il pouvait se passer de moi, même si j'avais perçu son chagrin.

Anaëlle fut interrompue par quelqu'un qui frappait à la porte de la loge.

— Entrez ! autorisa-t-elle en souriant à Esther.

Un petit homme replet entra, l'air intimidé, un immense bouquet de roses en main. Il avait le dos courbé par l'âge mais il était très élégant dans un costume trois pièces avec un nœud papillon.

— Mademoiselle Anaëlle, dit-il en tendant les fleurs, les joues légèrement rougies par l'émotion. Vous avez été magnifique !

Anaëlle prit le bouquet et serra la main du vieux monsieur en le remerciant.

— Votre voix devient exceptionnelle, de jour en jour. Elle prend une force impressionnante, ajouta-t-il.

— Je la puise au fond de moi, cher monsieur.

— En tout cas, bravo, et j'espère vous revoir bientôt à Paris, ajouta-t-il d'un air obséquieux.

Anaëlle se tourna vers Esther et lui expliqua :

— M. Lazare est un ancien critique d'opéra. Il est un auditeur fidèle et m'encourage lors de mes passages en France.

Le vieil homme fit un pas de côté, contempla Esther, revint sur Anaëlle et demanda :

— Cette charmante jeune femme est votre sœur peut-être ?

Aucune des deux ne put répondre.

— C'est flagrant, il y a comme un air de… famille sur vos visages, ajouta le vieil homme.

— Nous ne sommes pas vraiment sœurs, avoua Esther. Mais nous avons une histoire en commun, une histoire qui a fait de nous des presque sœurs.

M. Lazare les regarda d'un air curieux, interloqué. Devant sa mine étonnée, Esther et Anaëlle éclatèrent de rire. Elles raccompagnèrent le critique d'art jusqu'à la porte de l'opéra, bras dessus bras dessous. Elles sortirent suivant le flot des spectateurs. On reconnaissait Anaëlle, on jouait des coudes pour la voir et on se murmurait que c'était la jeune cantatrice qui avait si bien chanté ce soir-là.

— Tu peux être fière, lui murmura Esther, admirative.

— Je ne le suis pas… Mais je suis heureuse et guérie.

Les deux jeunes femmes marchèrent en silence sur les boulevards, jusqu'à atteindre les bords de la Seine. Il faisait doux. Elles ne tenaient pas à se séparer. Pour la première fois, il n'y avait plus d'animosité entre elles, au contraire, l'attachement, le respect mutuel, l'amitié se construisaient. Elles étaient passées au tutoiement sans s'en rendre compte.

Elles s'assirent sur un banc et Esther parla de Jacques, de son envie de vivre avec lui, du manque de lui depuis qu'elle était rentrée à Paris. Elle se confia à Anaëlle et elle en fut soulagée, touchée même.

Le secret qui les éloignait et qui les dressait l'une contre l'autre était déballé, le sac était crevé, la vérité allait faire naître l'amitié.

XIII

Esther prenait son petit déjeuner avec Honorée quand elle entendit une voiture dans la cour. Interloquée, elle se précipita à la fenêtre. Jacques était là, à lui sourire, devant son automobile. Elle se précipita sur la terrasse, incapable de répondre aux questions d'Honorée, et courut jusque dans les bras de son amour. Jacques la serra contre lui un long moment, embrassant ses joues, ses lèvres, ses cheveux, frénétiquement, comme s'il avait manqué d'air depuis son départ.

—J'en pouvais plus de ton absence, il a fallu que je vienne… Hier soir, j'ai pris un avion. J'ai loué une voiture à l'aéroport. Je n'ai que la journée devant moi… Demain, j'ai une conférence importante à New York. Je volerai de nuit, ce soir.

Esther avait des larmes de joie. Ils rejoignirent Honorée qui accueillit le fiancé de sa petite-fille avec une grande gentillesse, ce qui surprit Esther. Sa grand-mère était d'ordinaire plus distante, plus fermée, moins communicative. Elle demeura avec le jeune couple en leur servant du café, en leur apportant du pain grillé, en souriant sans cesse. Au fond, Esther la sentait soulagée. La vieille femme, avec son bon sens et sa perspicacité, venait de comprendre que sa petite-fille s'était remise de la disparition de son père et qu'elle était prête pour sa vie de femme.

Elle s'éclipsa pour laisser le couple seul, se doutant bien de leur envie d'intimité. Ils firent l'amour longuement, dans la chambre d'Esther, jusqu'à être rassasiés l'un de l'autre. Ce fut doux et intense, à la mesure de leur attachement.

Esther fit visiter l'usine, les bureaux, l'entreprise à Jacques. Il était distrait, trop heureux de voir Esther. Elle le lui reprocha et il sourit en disant qu'il ne voyait qu'elle, qu'il ne voulait plus entendre parler de son entreprise, qu'il la voulait avec lui, aux États-Unis, pour toujours. Il ne pouvait lâcher sa main et il lui faisait des petits bisous dans le cou dès qu'il le pouvait.

Ils partirent dîner dans Paris. Leurs minutes, leurs secondes, leurs heures ne furent que du bonheur. Quand Esther raccompagna Jacques à l'aéroport, elle dut lui jurer de le rejoindre le plus vite possible en Amérique, pour l'épouser.

Elle ne se fit pas prier.

XIV

Anaëlle attendait Esther sur un banc du jardin du Luxembourg, comme convenu. Quand elle la vit approcher, elle lui fit un beau sourire, franc et amical. Elles discutèrent de leurs projets en marchant dans les allées de graviers blancs, isolées du tumulte de la ville dans ce lieu un peu magique, en retrait du vacarme et de la foule. Anaëlle allait repartir pour Berlin avec Frida tandis qu'Esther annonça son mariage futur avec Jacques et son installation aux États-Unis. Elles marchèrent au hasard. Inconsciemment, leurs pas les ramenèrent à la rue des Charmilles. Elles avancèrent jusqu'à la boutique et demeurèrent silencieuses un moment devant la porte qui conduisait aux appartements. Anaëlle avait pâli.

— Je ne me souviens de rien, ici, pourtant je suis nouée d'angoisse.

— Je te comprends. J'ai mis du temps, moi aussi, à redevenir sereine dans ces lieux. Mon médecin m'a dit que notre corps se souvenait des mauvais moments, alors que notre conscience les repousse pour nous protéger. J'ai fait plusieurs malaises ici. Je sais pourquoi, maintenant.

Anaëlle prit son bras et l'entraîna plus loin.

— Tu n'y es pour rien. Tu étais enfant. Ce sont les adultes qui étaient responsables, pas nous, ni toi ni moi. Et puis, tu vois, maintenant que je vais bien, que je me suis construite, que j'ai trouvé ma voie, ma passion, je me dis que cette sale histoire d'échange des bébés a eu du bon.

— Du bon? Tu as passé des années en camp!

— J'y ai connu Frida…

— Tu es restée longtemps chez Frida, à Berlin, par la suite? Tu n'as pas fini de me raconter.

— Presque une année… Mais je n'étais pas vraiment chez elle. Lechman ne tenait pas à tout mélanger. Il m'a tolérée pour ne pas contrarier sa femme mais il y avait une condition: je devais vivre au sous-sol de la maison de Berlin, avec leur gouvernante. Je n'habitais pas l'appartement du couple.

— Qu'en pensait Frida?

— Elle me faisait monter dès que Lechman tournait les talons. Je passais mes journées en haut, avec les enfants de Frida. Quand la voiture de Lechman se faisait entendre, le soir, je regagnais le bas de la maison. Je n'étais ni heureuse ni malheureuse. J'attendais Elzear, chaque matin, chaque soir, chaque instant. Les enfants de Frida m'ignoraient sans être méchants car j'étais beaucoup plus petite qu'eux. Ils étaient scolarisés et ils étaient peu à la maison, incorporés aux jeunesses hitlériennes après la classe. Finalement, je demeurais à la villa entre la gouvernante que je suivais et Frida que j'écoutais répéter. Elle avait un violoniste qu'elle connaissait d'avant-guerre pour le matin. J'ai tout de suite compris que leur lien n'était pas dans l'émotion, comme avec Elzear. Cet homme l'accompagnait au violon, mécaniquement, sans partage. Je voyais même qu'il l'agaçait, qu'il la décevait. Puis, assez vite, Frida a repris sa vie de cantatrice. Elle répétait les après-midi à l'opéra. Elle m'emmenait systématiquement. Je m'asseyais sagement dans la salle vide et je l'écoutais, sans bouger. Le soir, quand elle donnait des récitals, je l'accompagnais dans sa loge, je faisais sa petite main, puis je passais dans les coulisses pour la regarder. Parfois, elle me laissait monter sur scène pour tourner les pages de ses partitions et c'étaient des petits instants de joie. Le personnel de l'opéra s'était habitué à ma présence. On me souriait. On avait des gestes de tendresse envers moi, l'un me caressait les cheveux, l'autre m'adressait un petit clin d'œil complice et j'étais bien dans cette grande maison artistique parmi tous ces chanteurs, ces musiciens, ces décorateurs ou ces maquilleurs qui formaient une grande famille. D'ailleurs, c'est cette vie que j'ai choisie, aujourd'hui. Comme quoi, on ne cesse de vouloir retrouver le milieu dans lequel notre enfance a été heureuse.

— Sûrement…

— Quand Frida a recommencé à former les petits chanteurs des chœurs de l'opéra, elle m'a fait inscrire dans ses cours. Les enfants étaient plus âgés que moi. Ils parvenaient à lire les notes beaucoup plus vite. J'avais du mal. J'étais capable de chanter par imitation mais pas en lisant moi-même. Alors Frida m'a appris. Pendant neuf mois, elle m'a donné des leçons de solfège, chaque matin, avant de partir à l'opéra. J'ai vite compris. Elle me répétait que j'étais douée. Elle me regardait parfois avec tellement de tendresse et de satisfaction. À l'opéra, elle me demandait parfois de faire entendre ma voix à ses collègues. Je surprenais. Je commençais à comprendre que j'avais du talent dans ma petite tête d'enfant. Ce fut une période agréable de mon enfance, de cette période de laquelle j'ai de vrais et bons souvenirs. Les choses ont commencé à se gâter au printemps 1945.

— La défaite allemande…

— Oui. Frida devenait nerveuse, inquiète. Elle avait des disputes fréquentes avec Lechman que j'entendais depuis l'appartement du bas, celui de la gouvernante. Dans les rues, à l'opéra, il y avait une sorte d'agitation fébrile, dans laquelle je percevais la peur. J'entendais les adultes parler des Américains qui avaient libéré la France, des Russes qui étaient en Pologne, des bombardements. Et leur inquiétude me gagnait. Je ne pouvais pas comprendre que leur défaite serait notre victoire, à nous, les opprimés des nazis. Le bruit des premiers bombardements me terrifia, une nuit de mars… On me fit descendre dans la cave avec toute la famille. Lechman n'était presque plus jamais à la maison, même la nuit. Il était mobilisé par le haut commandement de la ville constamment. Je passais des heures terrée dans la cave avec Frida, ses enfants et la gouvernante. Pour tromper la peur, nous chantions. J'ai mesuré l'arme qu'était la musique dans ces instants d'angoisse exacerbée. Frida n'arrêtait jamais de chanter, même si elle chantait en pleurant de peur. Même si son chant était couvert par le bruit des bombes. Elle chantait.

— C'était courageux.

— C'était sa défense… Une nuit, l'immeuble d'à côté a explosé littéralement. J'ai pensé en rouvrant les yeux que j'étais morte. Nous étions dans le noir total et j'ai crié le nom d'Elzear. J'ai pleuré pour lui. Il risquait de mourir dans ces bombardements. Je savais qu'il n'y avait aucune cave dans le camp. J'avais du mal à comprendre qu'il était aussi loin, en Pologne. Pourtant, je me souviens que pour venir à Berlin nous avions beaucoup roulé et pris plusieurs trains. Mais c'était vague pour moi… Alors j'imaginais Elzear seul dans son lit, sans défense, sans protection, à la merci de cette pluie meurtrière du ciel… Et j'avais le cœur brisé. Je criais. Je hurlais son nom. Ces soirs-là, Frida m'a murmuré en serrant ma main : « Tu le reverras ton père, plus tôt que tu ne le penses… » J'ai levé les yeux sur elle, dans l'obscurité, j'y ai cherché la vérité. Elle a ajouté : « L'Allemagne est en train de perdre la guerre, Anaëlle… Les Russes sont en Pologne. Ils vont ouvrir les camps… Elzear va être libéré. » Elle a lâché cela d'un ton monocorde, presque indifférente. Elle paraissait épuisée. Je ne comprenais rien à la situation mais l'espoir était entré en moi. J'ai su à la lueur du regard de Frida qu'elle ne mentait pas. Alors j'ai souri. J'ai souri toute la nuit. Malgré ma peur. Malgré le bruit des bombes, toujours plus proche et puissant. J'ai souri à l'idée de revoir Elzear… Au petit matin, nous sommes remontés dans la villa, hagards, les yeux cernés, éreintés de cette nouvelle nuit de terreur. Frida nous a ordonné d'aller nous coucher. Elle était livide. Elle a interdit à ses enfants de sortir. J'allais descendre dans l'appartement de la gouvernante quand Lechman est entré dans la villa. Il avait quelque chose de brûlant et de violent dans les yeux. Il a crié à Frida que, cette fois-ci, elle devait accepter de quitter Berlin et de partir rejoindre sa mère en Bavière, au calme. Elle est restée figée en face de lui. Il était agressif. Il l'a traitée d'inconsciente, d'irresponsable. Elle a rétorqué calmement qu'elle ne voulait plus quitter Berlin, plus jamais. Que sa vie et sa place étaient ici. Qu'elle avait trop souffert dans son isolement à Auschwitz et qu'elle ne voulait plus de ça. Il a tenté de la raisonner en lui demandant au moins d'accepter que les enfants partent. Elle faisait non de la tête. Elle ne voulait plus en être séparée. Je sentais que leur amour était fissuré. Je percevais que cette guerre brisait tout sur son passage. Les êtres et les sentiments. Elle retournait les cœurs.

— Tu es donc restée à Berlin avec eux ?

— Oui, et je dois dire que j'ai été édifiée par le courage des Berlinois, leur entêtement, leur volonté de continuer à vivre malgré les pluies continuelles des bombes, la nuit. Frida se rendait toujours à l'opéra et des représentations avaient encore régulièrement lieu. C'était vrai qu'il y avait une forme d'inconscience dans les rues. Comme si les Berlinois s'accrochaient encore à leur rêve, en niant l'évidence. Lechman dépérissait. Il portait la défaite sur son visage tandis que Frida semblait se réfugier dans son métier, sans rien voir autour. Pour ma part, je comptais les jours qui me séparaient encore d'Elzear et je l'attendais de tout cœur. Bien sûr, je ne savais rien de ce qui se passait en Pologne…

— La libération des camps ?

— Oui. Elzear ne m'a raconté tout ça que beaucoup plus tard. Il a commencé à croire qu'il allait peut-être sortir du camp lorsque les combats entre l'armée allemande et l'armée soviétique ont commencé à se faire entendre à Auschwitz. En juillet, les Russes n'étaient plus qu'à deux cents kilomètres. Elzear, qui était reparti vivre avec les musiciens de l'orchestre, sentait la panique qui s'emparait des S.S. et des chefs.

Ils brûlaient les listes des victimes et de nombreux papiers dans des grandes bassines.

— Ils voulaient détruire les preuves du génocide…

— L'ordre était venu d'Himmler. Les Nazis tremblaient face à l'avancée des ennemis. En août, les prisonniers polonais et russes ont été évacués vers les camps situés en Allemagne. Les Allemands craignaient qu'ils se révoltent pour soutenir leurs peuples qui faisaient reculer l'armée d'Hitler. Mais surtout, en novembre, les Allemands ont rasé les bâtiments de quarantaine d'Auschwitz. Les gazages se sont arrêtés, ils ont dynamité les crématoires comme Himmler en avait donné l'ordre. À partir de ce moment-là, Elzear a vraiment su qu'il allait survivre, que c'était possible. Il ne se doutait pas que d'autres épreuves terribles l'attendaient.

— Les marches de la mort ? tenta Esther.

— Oui… Le 17 janvier, au matin, les S.S. ont rassemblé les déportés qui pouvaient marcher. Ils ont abandonné les malades dans le camp.

— Où a été emmené Elzear ?

— D'abord dans le camp de Gross-Rosen, en Silésie, à soixante kilomètres de Breslau. Là, ce fut difficile pour lui. Il n'avait plus de statut de musicien pour le protéger. Il est retombé dans les blocs dortoirs sinistres, entre violence, privations et humiliations. L'avancée des Russes se faisait toujours plus pressante, poussant les S.S. à des comportements encore plus sauvages et cruels. Ils avaient peur. En mars 1945, ils ont encore rassemblé les prisonniers en convoi pour les évacuer à Dachau. La moitié des détenus mourut avant d'atteindre ce camp. Des bombardements grondaient toutes les nuits, au loin. Elzear disait qu'il aimait leur bruit comme une chanson d'espoir. Le 29 avril, les Américains ont ouvert les portes du camp. Elzear est demeuré dans le camp une semaine, pour s'alimenter et reprendre des forces. La Croix-Rouge était présente. Puis il a convaincu des soldats américains de le prendre avec eux jusqu'à Berlin.

— Il voulait te récupérer.

— C'était sa première préoccupation. Aussi, quand il est arrivé aux portes de la ville, il a commencé à se nouer de terreur. Il entrait dans une cité en ruine, pilonnée, rasée par endroits, en cendres et en flammes. Dans la rue où résidait Frida, il restait peu d'immeubles entiers. Il m'a raconté avoir mis du temps à avancer au milieu des gravats par peur de ne trouver qu'une ruine sous laquelle j'aurais pu mourir. Pourtant, il a trouvé le courage de me chercher. Il a toujours trouvé du courage… cet homme-là.

— Et il t'a trouvée ?

— Oui. C'était une fin de matinée. J'étais assise dans la cuisine avec la gouvernante qui épluchait des patates. Il a frappé et il a poussé la porte. Je me souviens du bruit de ses pas dans le corridor d'entrée. Il m'a appelée. Le son de sa voix… Mon Dieu… Ce que fut le son de sa voix à mon oreille. Une chape de bonheur. J'ai renversé la chaise en me relevant et j'ai couru vers lui, j'ai sauté dans ses bras. J'ai mis du temps avant de le relâcher. Je crois que je n'ai pas laissé sa main libre pendant des semaines…

— Vous êtes rentrés en France ?

— Pas immédiatement. Avant notre départ, Elzear voulait revoir Frida. Pour la remercier. Alors nous l'avons attendue tous les deux, blottis l'un contre l'autre dans un des fauteuils du salon. Je me suis endormie dans cette tranquillité retrouvée. Ce fut le bruit de la porte qui me réveilla. Frida rentrait. Elle allait très mal à ce moment-là. Son mari était prisonnier des Alliés. Elle lui rendait visite l'après-midi. Frida savait déjà qu'il allait devoir payer. Elle s'était résolue à éloigner ses enfants, pour les sauvegarder. J'ignore toujours quelle était sa position dans ce conflit. Je ne crois pas que la défaite de son pays l'affligeait. Elle souhaitait le retour à la paix, pour ses enfants, mais elle savait que son époux allait devoir supporter la honte d'un procès. Tourner la page du grand rêve nazi serait difficile pour sa famille, pour l'Allemagne entière.

— Elle était particulièrement impliquée, tout de même. Elle n'était pas idiote, que je sache.

— Je ne cherche pas à l'excuser. Les nazis n'ont aucune excuse. Aucune. Mais je crois qu'elle a mesuré trop tard l'ampleur destructrice de l'idéologie. Elle n'était pas très engagée. Je sais par exemple qu'elle a aidé plusieurs musiciens juifs à rejoindre les États-Unis avant la guerre. Elle a été généreuse et ouverte avec Elzear. Elle n'était pas extrémiste. Mais, au moment de la défaite allemande, elle était inquiète pour son avenir et celui de ses enfants. C'est certain. D'ailleurs, depuis l'arrestation de Lechman, elle ne chantait plus. Elle demeurait pensive pendant des heures, inerte, sur un des fauteuils. Il lui manquait. Elle était très seule face à ses doutes, ses remords.

— Comment a-t-elle réagi en voyant Elzear ?

— Elle a d'abord sursauté, surprise de nous voir tous deux dans son salon. Puis elle a eu un sourire immense et elle a murmuré : « Dieu soit loué, vous êtes vivant. » Elzear lui a répondu qu'il lui devait beaucoup et elle a détourné les yeux, comme si elle ne se sentait pas digne de ce compliment. Elle est venue s'asseoir près de nous, dans l'autre fauteuil, et nous sommes restés silencieux un long moment, tous les trois.

— Mais… ils devaient avoir des choses à se raconter, des questions, non ?

— Leur relation était troublante. Ils n'utilisaient pas les mots. Elzear s'est levé le premier. Il fixait le violon posé au pied du piano depuis un moment. Il a ouvert le boîtier et il a joué. Maladroitement au début. Il n'avait pas joué depuis son transfert d'Auschwitz. On sentait que ses doigts étaient engourdis. Puis la musique est entrée dans la pièce, elle nous a noyés d'émotions. Frida a rejoint Elzear, elle s'est mise si près de lui qu'elle devait parfois tourner un peu pour ne pas le gêner. Et elle a chanté. Des heures. Moi, je n'avais pas bougé du fauteuil, abasourdie de bonheur. Je les regardais. Ils étaient beaux. Ils étaient touchants. Lui, le rescapé, le Juif, le musicien, avec ce même regard ardent empreint de bonté. Elle, l'Allemande, la nazie, pâle, encore plus mince et gracieuse qu'auparavant, touchante par son chagrin mêlé de remords et de doutes. Ils étaient le symbole d'un monde divisé qui faisait la paix. Ils étaient le symbole d'un monde à l'agonie qui survivait avec des plaies terribles. Ils étaient la sensibilité, l'humanité profondes qui subsistaient, malgré tout… Nous sommes partis alors que la nuit tombait. Un camion de la Croix-Rouge française nous attendait à l'autre bout de la ville. Je me souviens que je tenais la main d'Elzear de toutes mes forces. J'avais retrouvé mon protecteur. Le seul être capable d'affection envers moi. Celui que j'allais appeler « père » pendant des années et qui fut mon père…

Frida nous a accompagnés sur le seuil. Elle avait sa main ouverte sur mes cheveux qu'elle a embrassés en me disant bonne chance en français. Je n'étais pas triste de la quitter. Elzear était là. Elle lui a tendu la main, pour le saluer. Il a pris cette main et il a tiré sur le bras jusqu'à pouvoir serrer Frida contre lui. Elle a laissé son visage reposer sur l'épaule d'Elzear. Celle sur laquelle reposait le violon. Et elle a pleuré. Elle lui a fait promettre d'écrire. Il a dit qu'il ne l'oublierait jamais. Elle est restée sur le palier à nous regarder nous éloigner aussi longtemps qu'elle pouvait nous voir. C'était la dernière image que j'avais d'elle, à Berlin.

— Mais le soir à Madrid, lorsque vous l'avez vue sur scène, vous n'êtes pas allés la saluer ?
— Non…
— Mais pourquoi ?
— Nous n'avons pas réussi.
— Comment ça ?
— À la fin du récital, Elzear et moi sommes demeurés un long moment assis, silencieux, alors que la salle se vidait. Nous pensions à la même chose. Nous avions les mêmes souvenirs glacials qui nous tourmentaient. Nous hésitions tous les deux sans pouvoir en parler. J'ai fini par murmurer à Elzear qu'il serait bien d'aller à la loge de Frida. Il a mis du temps à me répondre. Il était très mal. Nous avons fini par nous diriger vers l'arrière de l'opéra et nous avons erré dans les couloirs en cherchant la loge de Frida. Quand nous avons lu son nom sur une porte, aucun de nous deux n'a trouvé le courage de frapper. Nous entendions des bruits de voix venus de l'intérieur. Il régnait beaucoup d'agitation dans les couloirs. On

s'interpellait. On riait. On vivait. De cette vie faite de gaieté, de talents et de voyages. De cette vie que j'aime et que j'ai épousée. Pourtant, dans ce couloir de l'opéra de Madrid, Elzear et moi étions comme deux zombies incapables de renouer avec leur passé. Un gardien a fini par nous demander ce que nous faisions là. Elzear a bafouillé que nous nous étions égarés et nous sommes partis. Nous n'avons jamais reparlé de cet échec.

— C'est étrange.

— Ce renoncement m'a longtemps interpellée. Je n'étais encore qu'une enfant mais j'ai compris que mon passé était lourd, chargé de secrets. Frida en avait la clé. C'est pour ça qu'elle nous a terrorisés. Ni Elzear ni moi n'étions capables d'assumer notre histoire et de nous y replonger sans souffrir. En grandissant, j'étais de plus en plus torturée par cette impression de ne pas me connaître, de ne rien savoir de mes origines. Pourtant, je ne parvenais pas à obtenir des réponses d'Elzear. Il coupait court à toutes mes questions. Sans vraiment me mentir. Il me disait que ma mère était morte au camp de Pithiviers, que nous avions été déportés à Auschwitz, lui d'abord, moi ensuite. Que Frida nous avait protégés en nous faisant vivre dans le camp des nazis. Je me souvenais de la suite: mon départ pour Berlin, cette longue attente d'Elzear dans la terreur des bombardements, son absence, nos retrouvailles, notre voyage jusqu'en Israël, notre installation dans la maison de Tel-Aviv. La vie nous portait de l'avant. Mais nos bases chancelaient. Quand la lecture du journal m'a permis de découvrir ma vérité, j'ai cru devenir folle. J'ai haï Elzear.

— Tu l'aimais comme un père, non?

—Je l'aimais parce qu'il était le seul adulte à m'aimer et à me protéger. À être gentil. Mais je ne lui pardonnerai jamais de m'avoir menti sur mes véritables origines. Et surtout, je ne peux pas lui pardonner de s'être servi de moi pour vous sauver. Que suis-je, moi ? Une sacrifiée ? Malgré tout ce qu'il a pu me donner par la suite, en confort, en attention, en tendresse, rien ne peut racheter sa faute… Je lui en veux et je ne peux plus vivre auprès de lui. Mon regard ne sera plus jamais le même, comprends-tu ?

— Tu ne veux plus jamais le voir ? articula Esther.

— Quand j'ai fini la lecture du journal, j'ai fait ma valise. Je suis partie pour Jérusalem où j'ai pris un avion pour Paris. J'ai laissé une lettre à Elzear, en lui demandant de m'oublier, de tirer un trait sur moi. J'intégrais une troupe d'opéra et je voulais me construire, avec une nouvelle peau, en acceptant ce passé que je connaissais désormais. Bien sûr, il a été malheureux. Surtout, il a deviné que j'allais chercher à fouiller mon passé. Il a compris que j'allais tenter de t'aborder, de te connaître. Il ne s'était pas trompé. Un mois après mon arrivée à Paris, il me retrouvait.

— Je vous ai vus à la terrasse d'un café.

— Il a tenté de me raisonner, de me faire renoncer. Il m'a dit combien il m'aimait, toute sa culpabilité aussi. Je suis restée très ferme.

— Mais tu n'as pas eu pitié de lui ?

— Non. J'avais trop de pitié pour cette petite fille emmenée en déportation pour en sauver une autre.

— Je comprends.

— Il a fini par me laisser tranquille. Il m'a confié son journal pour que je te le donne en lecture, puis son violon… Voilà. Je suppose qu'il est rentré en

Israël. Il respecte ma volonté. Nous ne nous reverrons jamais. C'est le prix de ma reconstruction.

Esther ne put s'empêcher de ressentir un soulagement immense. Jamais Anaëlle ne découvrirait la vérité puisqu'elle ne voulait plus voir Elzear.

— Il ne te manque pas ? demanda Esther pour cacher son trouble.

— Non. Pourtant, je n'avais que lui. Tu vois, l'avantage de suivre une troupe d'opéra et un orchestre, c'est qu'on a une nouvelle famille. Cette vie itinérante, riche, me plaît. Je suis bien, maintenant.

— Et Frida ?

— Frida…

— C'est curieux de vous voir réunies, toutes les deux…

— Quand j'ai eu fini mes recherches en Allemagne sur mon père génétique, j'ai voulu la revoir. J'ignore pourquoi. Auparavant, je n'avais jamais eu ce besoin ; au contraire, l'idée de la revoir m'angoissait terriblement. D'avoir renoncé à Elzear a peut-être troublé mes idées. En réfléchissant vraiment, je comprenais que c'était surtout elle qui m'avait aidée à subsister et à devenir ce que je suis. C'était elle qui m'avait sortie de ce camp terrible où l'égoïsme d'Elzear m'avait entraînée. C'était elle qui m'avait appris ce métier que j'aime, c'était elle qui m'avait donné la passion de l'opéra et du chant. Elle m'avait construite pendant ces deux années passées à ses côtés. Frida avait comblé quelques-unes de mes failles, malgré tout. Je lui dois beaucoup.

— Comment l'as-tu retrouvée ?

— Par le biais de l'opéra de Berlin.

— Elle chantait encore ?

— Non. Elle vivait dans un petit appartement à Berlin. Seule et sans fortune.

— Seule ?

— Complètement. Lechman a été condamné à mort après son procès à Nuremberg.

— Mais… ses enfants ?

— Ils ont mal supporté d'être les enfants d'un haut dignitaire nazi…

— C'est-à-dire ?

— Son fils s'est tué en voiture, il y a une dizaine d'années. Il se droguait et buvait beaucoup. Sa fille s'est engagée dans une association humanitaire et vit en Afrique.

— Une association humanitaire… Effectivement, cet engagement en dit long sur sa culpabilité.

— C'est difficile d'être l'enfant d'un ancien nazi. Je peux comprendre le mal que cela doit faire, cette honte, cette incompréhension.

— Oui. Je comprends moi aussi. Et la culpabilité en sera encore portée par l'autre génération, à mon avis. Il y a des crimes qui ne s'effacent pas d'une filiation.

— Et celui-ci ne doit pas être effacé. Si on veut progresser, nous, en tant qu'humains…

Anaëlle s'approcha du bar et se servit un peu d'eau avant de poursuivre :

— J'en reviens à Frida… J'ai donc frappé chez elle, un soir, un peu tard, à Berlin. C'était curieux car je n'avais plus d'angoisse à la revoir. J'en avais envie, même.

— Elle t'a reconnue ?

— Dès qu'elle a ouvert la porte.

— Vrai ?

— Oui… Elle a prononcé mon prénom avec beaucoup de tendresse et elle m'a dit que ça faisait longtemps qu'elle m'attendait.

— Vous avez pu… parler, le premier soir ?

— Au début, elle ne m'a parlé que de ma carrière. Elle savait tout sur moi, en tant que chanteuse. Elle avait conservé des coupures de presse me concernant, des enregistrements, des affiches d'opéra. Elle suivait mes débuts en s'informant lors de ses propres passages à l'opéra.

— Elle avait arrêté sa carrière depuis longtemps ?

— Quelques mois à peine, quand je l'ai revue. Un soir, sa voix a décroché. Elle n'a jamais réussi à chanter à nouveau. Elle est comme « enrouée », en permanence.

— Quel malheur…

— Elle commençait à vieillir et à ne plus supporter le rythme des tournées, le trac des représentations, l'assiduité et le travail. Mais, une fois sa carrière arrêtée, elle était malheureuse d'être seule dans son appartement. Quand on est chanteuse, on n'est jamais seule. Elle avait passé sa vie entourée par des troupes d'opéra. Malgré les quelques mondanités et autres repas auxquels Frida était encore conviée, la solitude la dévorait depuis qu'elle ne chantait plus. Surtout, je crois qu'elle avait essayé toute sa vie de s'éviter les souvenirs, en chantant, en bougeant, en voyageant, jusqu'à l'épuisement pourvu qu'il n'y ait pas de regrets. Celui de Lechman, qu'elle aimait malgré tout. Celui de ce fils mort en voiture. Tué par sa filiation nazie. Celui de cette fille perdue à jamais dans le don de soi aux autres. Elle prenait des cachets pour dormir puis des cachets pour réussir à vivre dans la journée.

Je crois que ma visite a été salvatrice. Elle s'enterrait dans le chagrin et les regrets... Je lui ai parlé de ma carrière, de mes ambitions, de mon envie de partir en tournée avec mon orchestre. Ma jeunesse et ma passion faisaient écho aux siennes, elle me comprenait. Je le sentais dans sa façon de m'écouter, de me regarder. Et moi, je retrouvais en sa présence une espèce de débordement de joie, comme du bien-être qui aurait resurgi de mes vieux souvenirs d'enfant. Elle m'espérait depuis des années. Nous n'avons jamais pu nous séparer ensuite. C'est pour ça qu'elle est là, avec moi, en tournée. Et elle sera toujours avec moi, désormais. Cet été, quand notre première tournée sera finie, nous irons vivre à Berlin, dans son appartement. Puis elle reprendra la route avec moi, pour la tournée en Europe du Sud. Elle m'aide à répéter, elle m'aide à décompresser... Elle continue à mettre en moi tout son savoir, tout son espoir. Je me rends compte que, finalement, c'est sûrement sa présence qui m'a manqué quand je suis partie avec Elzear en Israël, mais je ne parvenais pas à l'analyser. J'avais perdu mon modèle, même si elle avait déjà inscrit en moi ce que j'allais devenir. Et, vois-tu, ce qui me gêne le plus, c'est que je ne considère que Frida comme l'adulte qui m'a aidée. Pas Elzear. Elzear m'a protégée après m'avoir jetée aux fauves.

— Tu es dure. Il t'a aidée et il t'aimait. Il l'écrit dans le journal.

— Il ne cherchait qu'à racheter sa faute et à tenter de t'oublier, toi.

— Je ne crois pas. Que t'en a dit Frida ?

— Nous avons mis du temps avant de parler de lui. Des jours et des jours. Et puis, un soir, alors que nous étions sur une petite place de Berlin à prendre une bière, en extérieur, à cette heure du soir où il fait un peu doux, Frida a parlé. Elle m'a dit tout ce qu'elle voulait me dire depuis toujours, je crois. Ce fut un flot continuel que je n'ai pas interrompu pour ne pas être impolie ni maladroite. J'étais de toute façon arrivée à un point de non-retour, à un moment de ma vie où j'étais suffisamment forte pour tout entendre, et cela Frida l'avait senti. Elle aurait pu se taire. Elle a parlé pour moi. Parce qu'elle savait qu'il manquait sa version pour que j'aie enfin les bases de ma reconstruction. Et je lui en sais gré parce qu'Elzear n'a jamais eu ce courage.

— Il était sans doute trop impliqué.
— Il avait peur.
— De te perdre. Et pour cause puisqu'il t'a perdue.
— Non. Il avait peur de s'entendre dire sa propre vérité à travers la mienne.
— Tu es un peu dure. Cet homme aura eu un moment de panique dans ce petit matin de la rafle, il aura voulu sauver sa fille. C'est instinctif, profondément humain. Il a sans doute fait ce que chacun aurait pu faire pour sauver son enfant.
— Non. Je t'accorde le moment de panique. De doute. Un moment. Un instant, va-t-on dire. Au pire, une minute. Peut-être une heure. Mais il aurait pu remonter à l'étage et reprendre sa fille dans ses bras. Il aurait pu dire la vérité à la police, au sortir même de l'appartement. Il aurait pu et il aurait dû me ramener auprès de Bertrand et partir avec toi. Sa femme le voulait. Elle le lui a dit. Elle est morte de douleur à Pithiviers. Il a été endurci, entêté, sur mon dos. Il n'est pas pardonnable ni excusable.

— Je ne sais pas. J'attends d'être mère pour avoir un avis sur la question.

— C'est justement ce que me disait Frida… Elle a tout de suite senti la faille, immense, en Elzear. Dans sa manière de jouer qui était comme pleurer. Elle a senti le père meurtri. Inconsolable. Presque au premier jour. Quand elle a persuadé Lechman de me récupérer, alors que j'allais entrer dans les chambres à gaz, elle croyait apaiser Elzear. Il a été soulagé que je sois sauvée mais pas comblé. Peu à peu, Frida a compris que je n'étais pas sa véritable fille, cette fille qui lui manquait par-dessus tout. Elle s'est tue, bien entendu. Leur relation était une relation de puissants silences. Une relation qui se construisait par la musique, pas par les mots. Mais ils avaient en commun l'amour parental qui explosait de larmes dans leurs yeux quand ils jouaient. Ils souffraient du manque de leurs enfants, tous les deux, et ils le partageaient. Et puis Frida voyait qu'Elzear ne savait pas comment s'y prendre avec moi, au début. Il cherchait trop à me rendre tout ce qu'il m'avait pris. Frida a compris le malaise. C'est peut-être pour ça qu'elle m'a aidée autant. Elle a senti la part d'abandon que je traînais. Curieusement, depuis que je l'ai retrouvée, je me sens mieux. Depuis que je suis dans cette troupe, aussi. Depuis que j'ai quitté Elzear, surtout. Il me rappelait sans cesse la part mauvaise de ma vie, la malchance, cette poisse dont je me suis dépêtrée.

— Je te souhaite heureuse, Anaëlle. Du fond du cœur.

— Je te crois. Je te remercie. Je peux y arriver maintenant que j'ai crevé l'abcès. Et puis Frida est là, à veiller sur moi.

Les deux jeunes femmes marchèrent encore longuement, au hasard de leurs pas. Elles prirent un café en terrasse, en se souriant. L'une comme l'autre pouvaient entamer leur nouvelle vie sur des bases saines, sans secret de famille dévastateur. Elles avaient su trouver la vérité qu'il leur manquait pour se construire.

Épilogue

Esther posa sa tasse de thé sur la table du salon de jardin. Elle laissa sa tête aller sur le dossier du fauteuil, heureuse de trouver un peu de repos. Les derniers mois avaient été difficiles. Il lui avait fallu du temps pour convaincre les banques. Son immense fortune, tirée des bénéfices des ventes par correspondance de l'entreprise *Lescure et Co* en France, avait plaidé en sa faveur.

Quand elle avait présenté son projet aux autorités américaines, on avait un peu ri d'elle, même si on respectait son esprit d'entreprise dans ce pays de toutes les audaces. Elle avait bel et bien réussi pourtant. On la surnommait désormais la « plage française ». Elle avait fait implanter de vastes ateliers sur le domaine qu'elle avait acquis, pour y produire des textiles en Nylon. Ils servaient à la confection de maillots de bain qui étaient expédiés dans le monde entier. Elle avait senti, au bon moment, que les générations des années 1960-1970 allaient s'émanciper, se libérer et que la jeunesse achèterait des maillots de bain nouveaux, moins couvrants qu'autrefois et pratiques. Elle employait plus de mille personnes sur place, plus tous les salariés qu'elle avait conservés en France pour la ligne de vêtements.

La première saison avait bien marché, toute la production ayant été écoulée. La deuxième était vendue d'avance alors que des bâtiments sortaient encore de terre pour la logistique. Esther était déjà en négociation pour vendre des produits en Asie, alors que les marchés européens et américains demeuraient florissants.

Elle releva la tête et laissa son regard caresser l'immensité rouge des toits des ateliers. Ses ateliers américains. Son pari. Pari réussi.

Sa vie en France lui apparut bien lointaine. Pourtant, elle avait besoin d'y retourner, deux ou trois fois par an, pour gérer les affaires de *Lescure et Co* et pour voir ses frères, sa grand-mère. Elle ne manquait jamais d'aller entendre Anaëlle chanter à l'opéra, si elle se produisait. Les deux jeunes femmes se voyaient ensuite, de longues heures, au restaurant ou au jardin du Luxembourg. Elles avaient pris l'habitude de ces rencontres durant lesquelles elles se confiaient l'une à l'autre, comme deux sœurs.

Quand elle se rendait à Paris, Esther attendait systématiquement que Jacques puisse l'accompagner. Tous deux ne supportaient pas de se séparer. Plus le temps passait, plus ils étaient dans la fusion, l'entente, l'amour profond et sans heurts.

Esther serra la main de Jacques un peu plus fort. Il dormait dans le même fauteuil qu'elle, son corps collé au sien, incapable de s'en éloigner. Il avait trouvé un emploi de journaliste à Dallas. Cela faisait des mois maintenant qu'ils partageaient leurs jours et leurs nuits. Le vent chaud du Texas agitait un peu ses cheveux. Il avait cet air de contentement et de paix qu'elle aimait lui voir.

Presque chaque jour, un inconnu passait devant leur propriété. Il demeurait debout à contempler les lieux. Il faisait un petit signe de la main à Esther qui lui souriait à distance, et il repartait, le dos courbé, le visage usé et marqué.

Bertrand avait toujours su que le projet d'Esther aboutirait. Il avait toujours cru en elle. Elle était ce qu'il lui restait de plus cher et de plus beau, la survivance de son meilleur ami.

Tous deux cultivaient en secret le souvenir d'Elzear, cet homme qui les avait liés, puis déliés à jamais.

Composition :
Soft Office – 5, rue Irène Joliot-Curie – 38 320 Eybens

*Achevé d'imprimer par N.I.I.A.G.
en février 2014
pour le compte de France Loisirs, Paris*

N° d'éditeur : 75968
Dépôt légal : mars 2014
Imprimé en Italie